Effects of Forage Feeding on Milk: Bioactive Compounds and Flavor

奶产品风味物质
全产业链溯源

[捷克] 帕维尔·卡拉克（PAVEL KALAČ） 著

张养东 王典 赵静雯 等 编译

中国农业科学技术出版社

图书在版编目(CIP)数据

奶产品风味物质全产业链溯源／（捷克）帕维尔·卡拉克著；张养东等编译. --北京：中国农业科学技术出版社，2024.1
书名原文：Effects of Forage Feeding on Milk：Bioactive Compounds and Flavor
ISBN 978-7-5116-6419-8

Ⅰ.①奶… Ⅱ.①帕…②张… Ⅲ.①乳制品-产业链-研究 Ⅳ.①F407.82

中国国家版本馆 CIP 数据核字（2023）第 166233 号

责任编辑　金　迪
责任校对　贾若妍　李向荣
责任印制　姜义伟　王思文

出 版 者	中国农业科学技术出版社
	北京市中关村南大街 12 号　邮编：100081
电　　话	（010）82106625（编辑室）　（010）82109702（发行部）
	（010）82109709（读者服务部）
网　　址	https://castp.caas.cn
经 销 者	各地新华书店
印 刷 者	北京地大彩印有限公司
开　　本	170 mm×240 mm　1/16
印　　张	14.25
字　　数	222 千字
版　　次	2024 年 1 月第 1 版　2024 年 1 月第 1 次印刷
定　　价	98.00 元

━━◆ 版权所有·翻印必究 ◆━━

Effects of Forage Feeding on Milk

Pavel Kalač

ISBN：978-0-12-811862-7

Original English language edition published by Academic Press.

Authorized Chinese translation published by China Agricultural Science and Technology Press Ltd.

Copyright© 2017 Elsevier Inc. All rights reserved.

《奶产品风味物质全产业链溯源》（张养东等编译）

ISBN：978-7-5116-6419-8

Copyright© Elsevier Inc. and China Agricultural Science and Technology Press Ltd. All rights reserved.

No part of this publication may be reproduced or transmitted in any form or by any means, electronic or mechanical, including photocopying, recording, or any information storage and retrieval system, without permission in writing from Elsevier Inc. Details on how to seek permission, further information about the Elsevier's permissions policies and our arrangements with organizations such as the Copyright Clearance Center and the Copyright Licensing Agency, can be found at our website: www.elsevier.com/permissions.

This book and the individual contributions contained in it are protected under copyright by Elsevier Inc. and China Agricultural Science and Technology Press Ltd. (other than as may be noted herein).

This edition Effects of Forage Feeding on Milk by Pavel Kalač is published by arrangement with ELSIVIER INC.

This edition is authorized for sale in China's mainland only (not including the People's Republic of China's Taiwan, Hong Kong SAR, and Macau SAR. Unauthorized export of this edition is a violation of the Copyright Act. Violation of this Law is subject to Civil and Criminal Penalties.

本版由 Elsivier Inc. 授权中国农业科学技术出版社在中国大陆地区（不包括中国香港、澳门以及台湾地区）出版发行。

本版仅限在中国大陆地区（不包括中国香港、澳门以及台湾地区）出版及标价销售。未经许可之出口，视为违反著作权法，将受民事及刑事法律之制裁。

本书封底贴有 Elsevier 防伪标签，无标签者不得销售。

注　意

本书涉及领域的知识和实践标准在不断变化。新的研究和经验拓展我们的理解，因此须对研究方法、专业实践或医疗方法作出调整。从业者和研究人员必须始终依靠自身经验和知识来评估和使用本书中提到的所有信息、方法、化合物或本书中描述的实验。特别是由于医学的快速发展，应该对诊断和药物剂量进行独立的验证。在使用这些信息或方法时，他们应注意自身和他人的安全，包括注意他们负有专业责任的当事人的安全。在法律允许的最大范围内，爱思唯尔、译文的原文作者、原文编辑及原文内容提供者均不对因产品责任、疏忽或其他人身或财产伤害及/或损失承担责任，亦不对由于使用或操作文中提到的方法、产品、说明或思想而导致的人身或财产伤害及/或损失承担责任。

《奶产品风味物质全产业链溯源》
编译者名单

主 编 译：张养东　王　典　赵静雯

编译人员（按姓氏笔画排序）：

王　典	内蒙古农业大学/内蒙古优然牧业有限责任公司
王连群	塔里木大学
田兴舟	贵州大学
刘慧敏	中国农业科学院北京畜牧兽医研究所
杨永新	青岛农业大学
李文清	河南农业大学
李珊珊	浙江大学
张元庆	山西农业大学
张佩华	湖南农业大学
张养东	中国农业科学院北京畜牧兽医研究所
郑　楠	中国农业科学院北京畜牧兽医研究所
孟　璐	中国农业科学院北京畜牧兽医研究所
赵圣国	中国农业科学院北京畜牧兽医研究所
赵艳坤	新疆农业科学院农业质量标准与检测技术研究所
赵静雯	扬州大学
胡志勇	山东农业大学
高艳霞	河北农业大学
郭同军	新疆畜牧科学院饲料研究所
韩荣伟	青岛农业大学
臧长江	新疆农业大学

前 言

嗅觉是胎儿在子宫内唯一发育完全的感官，胎儿靠"闻"认识世界。

风味是人类对食品是否接受的主要因素之一，闻到好闻的气味会心情愉悦，闻到不好的气味会掩鼻而去，风味在奶产品的消费中起着关键作用。

近年来，我国奶业发展取得长足的进步，但是奶产品中风味物质研究仍然处于起步阶段，据编译者了解，国内还没有专门针对奶产品风味研究的专业书籍，作者编译此书，一是让读者对奶产品中的风味物质有整体的了解，为研制和生产优质奶产品打牢基础；二是提醒读者奶业是一个全产业链生态循环系统，任何一个环节都是影响奶产品风味的重要环节，都应该引起重视；三是弥补我国奶业在"风味"研究方面出版物的空缺，在奶业全产业链上有可以学习参考的出版物。

本书的出版得到十四五国家重点研发计划项目"奶业全产业链高效优质生产关键技术"和"特色畜奶、禽蛋特征品质分析与特征标准研究"，以及北京蓝湖惠农科技有限公司和美国 DPI Global 公司的资助，特此致谢。

但愿此书能帮助读者掌握更多奶产品风味相关的基础知识，并激发读者从事风味研究的兴趣。鉴于编译者水平有限，译文中难免存在偏误，恳请读者批评指正。

编译者

2023 年 11 月

目 录
CONTENTS

第 1 章　概述……………………………………………………………… 1
　　参考文献……………………………………………………………… 4

第 2 章　食物链的简要概述：饲草—乳用动物—乳……………………… 6
　2.1　饲草……………………………………………………………… 6
　2.2　牧草青贮的主要过程…………………………………………… 10
　2.3　青贮饲料在乳用动物瘤胃内的主要代谢过程………………… 15
　　参考文献……………………………………………………………… 18

第 3 章　所需化合物……………………………………………………… 22
　3.1　牧草对乳脂肪酸组成的影响…………………………………… 22
　　3.1.1　导言………………………………………………………… 22
　　3.1.2　脂肪酸的特性……………………………………………… 23
　　3.1.3　新鲜和储存牧草中的脂肪酸……………………………… 27
　　3.1.4　奶牛机体中日粮脂质变化………………………………… 35
　　3.1.5　不同饲料的饲喂与牛乳脂肪酸组成的关系……………… 38
　　3.1.6　乳脂氧化稳定性…………………………………………… 48
　　3.1.7　脂肪酸作为奶牛乳制品鉴定的标记……………………… 48
　　3.1.8　山羊和绵羊乳脂脂肪酸…………………………………… 50
　　3.1.9　结论………………………………………………………… 58

3.2 维生素和维生素原 ………………………………………………… 58
    3.2.1 β-胡萝卜素和维生素 A ……………………………………… 59
    3.2.2 维生素 E：生育酚 …………………………………………… 69
    3.2.3 麦角固醇：维生素 D_2 原 …………………………………… 77
    3.2.4 水溶性维生素 ………………………………………………… 80
    3.2.5 结论 …………………………………………………………… 83
3.3 类胡萝卜素 ……………………………………………………… 84
    3.3.1 新鲜和储存牧草中的类胡萝卜素 …………………………… 85
    3.3.2 牛奶中的类胡萝卜素 ………………………………………… 88
3.4 植物雌激素 ……………………………………………………… 92
    3.4.1 异黄酮的特性 ………………………………………………… 94
    3.4.2 新鲜和储存牧草中的异黄酮 ………………………………… 95
    3.4.3 血浆和牛奶中的异黄酮和雌马酚 …………………………… 101
    3.4.4 牛奶中的木脂素和香豆素 …………………………………… 107
    3.4.5 异黄酮和雌马酚的环境影响 ………………………………… 107
    3.4.6 异黄酮的分析定量 …………………………………………… 108
    3.4.7 结论 …………………………………………………………… 108
参考文献 ……………………………………………………………… 109

第4章 有害化合物和细菌 …………………………………… 130
4.1 真菌毒素 ………………………………………………………… 130
    4.1.1 牧草中真菌毒素 ……………………………………………… 134
    4.1.2 奶畜机体中的真菌毒素 ……………………………………… 150
    4.1.3 牛奶中来自牧草的霉菌毒素 ………………………………… 152
    4.1.4 奶及奶制品中的黄曲霉毒素 M_1 …………………………… 154
    4.1.5 真菌毒素分析 ………………………………………………… 155
    4.1.6 结论 …………………………………………………………… 156
4.2 生物碱 …………………………………………………………… 157
    4.2.1 吡咯里西啶生物碱 …………………………………………… 159

4.2.2　反刍动物乳汁中其他生物碱的残留 …………… 163
　4.3　蕨类植物中的蕨根苷 …………………………………… 164
　4.4　牛奶中来自青贮饲料的有害细菌 ……………………… 165
　　4.4.1　梭状芽孢杆菌 ………………………………………… 165
　　4.4.2　芽孢杆菌 ……………………………………………… 166
　　4.4.3　单核细胞增生李斯特菌 ……………………………… 167
　　4.4.4　大肠杆菌 ……………………………………………… 168
　参考文献 ……………………………………………………… 168

第5章　影响奶及奶制品的风味物质 …………………………… 178
　5.1　挥发物的特性 …………………………………………… 179
　　5.1.1　烃类 …………………………………………………… 179
　　5.1.2　醇类和酚类 …………………………………………… 181
　5.2　新鲜牧草中的挥发物 …………………………………… 183
　5.3　干草和青贮饲料中的挥发物 …………………………… 185
　5.4　反刍动物的乙醇代谢 …………………………………… 190
　5.5　牛奶中的挥发物 ………………………………………… 191
　　5.5.1　牛奶中的萜类 ………………………………………… 193
　5.6　牛奶奶酪中的挥发物 …………………………………… 195
　5.7　山羊体内的挥发物、羊奶和奶酪 ……………………… 198
　5.8　结论 ……………………………………………………… 201
　参考文献 ……………………………………………………… 202

第6章　结论 ……………………………………………………… 207
　6.1　乳脂肪的脂肪酸组成 …………………………………… 207
　6.2　维生素 …………………………………………………… 208
　6.3　类胡萝卜素 ……………………………………………… 210
　6.4　植物雌激素 ……………………………………………… 211

6.5 霉菌毒素 …………………………………………… 211
6.6 生物碱 …………………………………………… 213
6.7 蕨类植物中的吡喹酮 …………………………… 214
6.8 从青贮饲料传递到牛乳的有害细菌 …………… 214
6.9 影响奶及奶制品风味的挥发性成分 …………… 215

第1章

概　　述

据联合国粮食及农业组织数据显示，由于发展中国家的需求增加，在未来40年里，动物蛋白的消费预计将增加60%以上。反刍动物在人类食品供应链中扮演着重要的角色，它们几乎是奶制品的唯一来源，并提供全球约30%的肉类产品。

历史上，奶及奶制品一直是西式营养的主食。然而，乳脂摄入量一直是消费者的一个顾虑，因为乳脂含有高比例的饱和脂肪酸，其摄入与高血脂、动脉硬化和心脏病有关。乳脂在整个饮食质量中的作用仍是科学界及公共领域争论的问题。然而，迄今为止的科学证据表明，牛奶的摄入至少对心脏代谢健康的影响是中性的（Visioli 和 Strata，2014；Chowdhury 等，2014；Lamarche 等，2016）。另外，摄入牛奶有助于预防骨质疏松症、2型糖尿病、部分癌症，并有助于改善认知和消化系统健康（Hess 等，2016）。

消费者普遍认为，在户外饲养并食用新鲜草料的牛所产的牛奶，比饲喂以储存粗饲料和精料为基础的全混合饲料更"天然"。在消费者的认知中，存在一种"绿色形象"，例如，在荷兰，自2011年以来，零售商销售标有"牧场牛奶"标签的奶及奶制品，而奶制品厂家则向给予牛只放牧权的农民支付奖金。这种"绿色形象"或"附加值"已成为在通常采用新鲜草料喂养的国家推广奶及奶制品的重要营销策略。目前可用于证实这一概念的科学信息有限，但这种"绿色形象"承载着能够追踪和鉴定来自草原的奶及奶制品的功能。然而，也出现了一些挑战，例如，所饲喂的牧草饲料成分的季节性和地域性变化，或在放牧生产系统中难以检测其他的非草类饲料。

牧草，尤其是放牧草地，是奶牛、山羊和绵羊最便宜的营养来源。反刍动物有将粗纤维饲料转化为高营养物质的独特能力。饲喂饲草可以减少反刍动物与人类和其他牲畜对谷物的竞争。牧草地占全世界土地面积的 27%，占农业用地总面积的 71%，包括天然草地和人工种植的牧草地（包括轮作播种牧草和长期建成的草地）。天然草地和人工种植牧草地在牧草生长季节为反刍动物提供放牧地，而轮作播种的牧草通常以青贮或干草的形式收割和储存（Guyader 等，2016）。2007 年，在欧盟 27 个国家中农业用地的面积中约有 33% 的面积用作永久性草地，11% 的面积种植饲料作物，如短期性牧草和青贮玉米。除了对肉类和奶制品生产的贡献之外，永久草地（草原）还提供了一定的环境和社会效益。与耕地相比，草地可以更好地保护土壤免受侵蚀，减少地表和地下水径流中营养物质的流失，并为防洪做出贡献。此外，草地构成了欧洲文化景观的特色元素。维持草原环境对保护生物多样性至关重要（Osterburg 等，2010）。

然而，奶制品、牛羊肉的生产也会对环境带来一定负面影响。最重要的是由于氮浸出造成的水污染、氨气污染以及土壤退化。例如青贮玉米的种植，以及过度放牧或不合理收割制度，为集约化饲养的反刍动物或青贮和干草生产提供新鲜饲料原料导致了生物多样性减少。反刍动物产生并排放大量的甲烷，这是一种重要的温室气体，2007 年甲烷排放占欧盟农业直接排放温室气体总量的 30%（Osterburg 等，2010）。然而，甲烷排放应该在整体的土地-牲畜同步性范围内进行评估，同时考虑抑制其他温室气体以及其他生态效益（Guyader 等，2016）。

牛、绵羊和山羊的存栏量和所占比例在不同国家有很大差异，主要是由于自然、社会和经济条件的影响。2007 年，欧盟 27 个成员国中饲养的反刍动物超过 80% 是牛，其中成母奶牛占 30%，后备奶牛占另外

15%。然而，20世纪90年代中欧和东欧国家处于向市场经济过渡阶段，1984年至2015年3月的这一时期，由于对牛奶生产的行政限制以及每头奶牛的单产不断增加，奶牛的存栏量和比例都有所下降。奶制品行业正经历着持续的结构性变化，许多小型奶制品农场改变为以哺乳牛为基础的肉牛生产，同时停止了牛奶生产。通过这个过程，就可以把饲料控制在可控范围之内。

反刍动物是将低品质饲草转化为高质量动物产品的最高效"转换器"。传统上，它们与放牧有关。世界上有总数大约超过10亿只绵羊和大约7.7亿只山羊，主要分布在温带牧草生长的地区。亚洲和非洲分别占世界绵羊和山羊养殖总数的65%和92%。绵羊和山羊的奶产量分别占世界总奶产量的1.3%和2.1%（Zervas和Tsiplakou，2011）。

牛奶产量在很大程度上取决于牧草摄入量和消化利用效率。放牧也面临着管理上的困难。饲料资源的数量和质量随着季节的变换而变化，不稳定，而且年度变化很大。因此，动物的生产性能可能会出现波动。对奶牛需要量、摄食能力和牧草营养价值范围的评估表明，高产动物无法单纯从放牧中满足其能量需求，且有利和不利情况可以根据牧草质量和可用性进行分类。浓缩饲料补充和在混合牧草中增加豆科植物的使用是最有前景的策略（Peyraud和Delagarde，2013）。

在饲料方面，奶牛等反刍动物的饲料是非常多样化的，从气候温和国家的全年放牧，到冬季前的新鲜和储存的草料组合，甚至是主要以玉米青贮饲料为基础的全年饲养。同时，畜牧系统也存在各种不同的类型，包括低投入（或低强度）系统和以及使用高比例精饲料的高投入系统。用于生产的低投入系统管理级别较低，例如施肥、农药和精饲料等外部投入较少。这些系统包括放牧、半放牧和有机农业。在欧洲，低投入畜牧放牧在贫瘠地区占主导地位，例如高地和山区、林地牧场和地中海地区。

大量文献论述了不同饲养方式对奶牛、山羊和绵羊产奶量、奶主要成分（即蛋白质、总脂肪、乳糖和矿物质），以及奶和奶制品感官价值和动物健康状况影响。但是，关于乳中次要生物活性化合物的数据很少，并且大多数涉及牛乳制品。Park（2009）在一本书中总结了许多乳品种类和特定生物活性物质的信息。该书涉及生物活性蛋白质和多肽、脂质成分、低聚糖、生长因子、维生素、激素、核苷酸等。

然而，在本书的章节中，采用了一种不太常见的表述。粗饲料-动物-奶及奶制品产业链中，描述了选定的相关物质集合或单个化合物。有关各种牧草对牛奶中脂肪酸、维生素、类胡萝卜素和植物雌激素影响的最新信息在第3章"所需化合物"中进行了整理，第4章"有害化合物和细菌"中对霉菌毒素、生物碱、有毒对苯二酚和有害细菌的影响进行了整理，第5章"影响奶及奶制品的风味物质"中对影响奶及奶制品风味的挥发性化合物进行了整理。为了获得更多信息，优先引用最新的文献，特别是文献综述，其中包含许多参考文献。

术语"转化"经常被用来描述一种化合物从饲料到牛奶的转移。有两种模式：携带因子（或转移因子、生物富集因子）和转化率（或转移率、生物富集率、回收率）。一种化合物的携带因子被定义为该化合物在乳中浓度与在动物日粮中浓度之间的比率。转化率将存在于一定数量牛奶中的化合物数量（例如，每单位时间的牛奶产量乘以牛奶中的化合物浓度）与动物的化合物摄入量（例如，每单位时间饲料摄入量乘以饲料中化合物浓度）联系起来。这两种模式都可以用百分数表示。

在许多情况下，需要可靠的分析方法以便量化或检测出通常浓度非常低的生物活性成分。任何分析程序应用的质量控制如果没有遵循一个统计学上合理的采样方案，则没有太大价值，但这对于新鲜和保存的饲料来说尤其困难。

牧草大多只占反刍动物总混合日粮的一部分。因此，它们的摄入只是影响本书各章所述化合物出现和含量的众多因素之一。饲料因素会对奶及奶制品的脂肪和蛋白质水平、感官特性和物理特性产生重要影响。因此，在饲料-奶牛-牛奶的生产链中，应当将生物、技术、质量和经济的复杂性作为所收集信息的一个方面。

参考文献

Chowdhury, R., Warnakula, S., Kunutsor, S., et al., 2014. Association of dietary, circulating, and supplement fatty acids with coronary risk. A systematic review and meta-analysis. Ann. Intern. Med. 160, 398406.

Guyader, J., Janzen, H. H., Kroebel, R., et al., 2016. Forage use to improve environmental sustainability of ruminant production. J. Anim. Sci. 94, 31473158.

Hess, J. M., Jonnalagadda, S. S., Slavin, J. L., 2016. Dairy foods: current evidence of their effects on bone, cardiometabolic, cognitive, and digestive health. Compr. Rev. Food Sci. Food Saf. 15, 251268.

Lamarche, B., Givens, D. I., Soedamah-Muthu, S., et al., 2016. Does milk consumption contribute to cardiometabolic health and overall diet quality? Can. J. Cardiol. 32, 10261032.

Osterburg, B., Isermeyer, F., Lassen, B., et al., 2010. Impact of economic and political drivers on grassland use in the EU. In: Schnyder, H. et al. (Ed.), Grassland in a Changing World. Proc. 23th General Meeting of the Eur. Grassl. Feder., Kiel, Germany, pp. 14-28, ISBN 978-3-86944-021-7.

Park, Y. W. (Ed.), 2009. Bioactive Components in Milk and Dairy Products. Wiley-Blackwell, 440 pp., ISBN 978-0-8138-1982-2.

Peyraud, J. L., Delagarde, R., 2013. Managing variations in dairy cow nutrient supply under grazing. Animal 7, 5767.

Visioli, F., Strata, A., 2014. Milk, dairy products, and their functional effects in humans: a narrative review of recent evidence. Adv. Nutr. 5, 131143.

Zervas, G., Tsiplakou, E., 2011. The effect of feeding systems on the characteristics of products from small ruminants. Small Rumin. Res. 101, 140149.

第2章

食物链的简要概述：饲草—乳用动物—乳

2.1 饲草

饲草可以作为植物源物质，主要是叶和茎，供放牧牲畜食用。饲草是反刍动物的廉价天然营养来源。动物的主要需求是获取能量（主要来源于各种糖类）和适当比例的蛋白质。饲料还应提供必要的纤维、矿物质和微量元素。

以草地为基础的奶制品生产系统可以实现经济效益和环境效益的有效结合。草地的特点是"专门用于生产牧草的土地，通过放牧/食草动物采食、收割或两者兼而有之来收获。"草地植被通常包括草、其他类似草的植物、豆科牧草和其他非禾本科植物；木本植物也可能存在。草地可以是永久性的，也可以是临时性的，可能包括原生植被、引进（改良）的牧草种类，或两者的组合。按管理方式不同可分为两类：①牧场，主要通过放牧获得牧草；②草地，主要通过刈割收获牧草。以草地为基础的耕作制度可提高小农户的经济稳定性，并提供高附加值的动物产品。草地系统对于保护生态系统至关重要。管理良好的草地具有重要的环境效益，如利于水的渗透和蓄积、改善养分循环、促进土壤有机质的积累和生物多样性（Porkeddu等，2016）。

一个牧区、低投入、以草地为基础的奶制品生产系统可以盈利，首先要保证气候适宜，并可以实现全年放牧。但是，仅饲喂新鲜牧草无法满足高产奶牛的能量需求。为了使动物最大限度地摄入能量和蛋白质，饲草应具有较高的营养浓度和可消化性（即在舍饲情况下，保持10%以上的剩料量，可被自由采食的能力）。可消化营养物质的最高含量通常可在禾本科植物的抽穗期（开始长出）阶段和豆科植物的现蕾期获得。随着成熟度的提高，消化率逐渐下降；豆科植物消化率下降速度比禾本科植物要慢。放牧时的牧草采食量是影响放牧性能的最主要因素。在早春通过适当的放牧管理增加草地底层的叶片质量可能在改善牧草质量和增加牧草采食量方面发挥重要作用，同时在整个生长季节保持较低的残留草皮高度。由于草的基部分生组织可以快速再生，因此可以耐受食草动物的采食。但再生长时间的延长，会降低牧草营养价值，导致动物对营养素的摄入更加不足（Peyraud 和 Delagade，2013）。

多数情况下，动物每天仅接受几个小时放牧。由于保存的牧草费用较高，采用半放牧加舍内限制饲养的方式，是降低牧场保存牧草数量的一种可选择的方法。从牧草产量的角度来看，目前尚不清楚采用几种草、豆科植物和杂类草的混合草地放牧系统是否比单一种植牧草的产量更多。一些定性方面的问题将在第 3 章 "所需化合物"（Desirable compounds）中讨论。

目前，豆科植物如苜蓿、红三叶、白三叶、红豆草等在奶制品生产系统中受到了极大关注。Phelan 等（2015）综述中认为豆科牧草具有一些独特的优缺点。与禾本科植物和谷物相比，它们的主要优点包括：①其共生体能够利用空气中的氮，因此对肥料氮投入的依赖性较低；②在饲料供应不受限制的情况下，动物的自由采食量和生产性能较高；③高蛋白质含量和高的小肠消化率降低了蛋白质补充料的数量。豆科牧草的主要缺点通常包括：①放牧持久性低于禾本科牧草（白三叶草除外）；②家畜食用后发生瘤胃胀气的风险增高；③难以作为青贮饲料或干草进行保存。与禾本科牧草或单一豆科植物相比，草与豆科植物混种具有独特的优势，如具有更平衡的饲喂价值、更高的资源利用效率和更高的牧草产量。然而，保持最佳豆类含量（牧草干物质的 40%~60%）以实现这些效益仍然是农场面临的主要挑战。对混合牧草的主要要求是生物产量高、品种的不同成熟期差异可达 2~3 周、收割后具有高的再生速率、高消化率和适宜水平的水溶性碳水化合物（WSC）。

饲草的 WSC 应和牧草的粗蛋白质（N×6.25）含量保持平衡，以最大限度地提高瘤胃中微生物蛋白的合成。但是，温带草地的 WSC 含量变异大，通常含量低。一年生黑麦草、多年生黑麦草或无芒雀麦可与三叶草/草混合物混播，以提高草的 WSC 含量。豆科牧草通常含有较高的粗蛋白质和较低的 WSC。由于饲料中可降解氮和可发酵能量之间的不平衡，饲喂豆科牧草的反刍动物的瘤胃氮损失较高。青贮发酵过程中粗蛋白质的大量分解加剧了豆科青贮中可降解蛋白和能量之间的不平衡。引起动物的氮利用率降低和尿氮排泄量增高。因此，在混合日粮中，豆科青贮或干草通常要配合玉米青贮使用。

几种豆科牧草还具有其他特征，即浓缩单宁（CT）或多酚氧化酶（PPO）。CT 在鸟足三叶草、红豆草、苏拉、胡枝子和三叶草属植物的叶和茎中含量高。CT 可与日粮蛋白质形成复合物，从而降低瘤胃发酵时的蛋白质降解速率。因此，流入十二指肠的未降解饲料蛋白质比例增加。红三叶草含有 PPO，在细胞裂解后，PPO 能在饲料蛋白和植物多酚之间形成共价键。产生的复合物可保护蛋白质免受快速瘤胃降解。有关豆科牧草为基础的草地-家畜生产系统的更多信息，请查阅 Lüscher 等（2014）和 Baumont 等（2016）的综述。

在冬季寒冷的地区，大部分牧草必须作为干草或青贮饲料进行保存。在过去几十年中，在多雨气候的发达国家，青贮饲料的生产十分普遍。近年来，由于工作宽度变宽和带有宽幅带调节装置的割草机的使用，干草加工变得更加便利。这些技术的应用减少了因呼吸、蛋白质水解、浸出和干叶脱落而造成的产量损失。尽管如此，青贮仍然是主要的保存方法。其原则将在第 2.2 节中阐述。

作为青贮饲料进行保存的理想作物应包含足够量的可发酵 WSC、相对较低的缓冲能力（BC）和符合 WSC 与 BC 比率的干物质含量。

温带草中的 WSC 组分包括葡萄糖、果糖、蔗糖和聚合度较低的果聚糖。在某些禾本科植物中检测到的几种低聚糖的重要性有限。此外，通过青贮植物本身中存在的水解酶或在添加剂的作用下，植物结构性碳水化合物，尤其是半纤维素，可以释放少量的可发酵单糖。在乳酸发酵产酸后，少量的 WSC 会产生酸水解。淀粉存在于全株玉米青贮中，也存在于热带牧草中，然而，它不能直接发酵。

WSC 的含量和组成受多种因素影响，即牧草种类、品种、施肥、生长期、日变化和天气。例如，在普通禾本科植物中，WSC 含量按照以下顺序逐渐降低：一年生黑麦草>多年生黑麦草>梯牧草≥草甸羊茅>鸭茅。四倍体品种牧草的 WSC 水平通常高于二倍体。在威尔士，已成功地培育出 WSC 含量高的多年生黑麦草栽培品种。施用氮肥会降低草中的 WSC 含量，尤其是果聚糖含量。温带禾本科植物 WSC 含量受茎叶组织比的影响很大。茎组织比叶含有更多的 WSC，尤其是果聚糖，其比例随着成熟度的提高而增加。蔗糖含量在白天有波动，其中下午最高。光照强度减少会降低饲草 WSC 含量。

青贮植物的 BC 具有抵抗 pH 值变化的能力。大多数浸泡过的植物材料 pH 值约为 6 或略高于 6，而保存完好的青贮饲料所需 pH 值要达到 4（见第 2.2 节）。换句话说，H^+ 浓度必须要增加两个数量级。一般来说，豆科植物比禾本科植物具有更高的缓冲能力。草本植物的大部分缓冲特性可归因于有机酸（主要是苹果酸、柠檬酸和奎宁酸）和矿物酸的阴离子，而植物蛋白质的参与程度较低。

全株玉米是迄今为止作为青贮饲料保存最受欢迎的谷类作物。DM 含量随着成熟度的增加而增加，与禾本科植物相似，但和草不同的是，由于具有较高消化率的果穗和籽实比例的增加，其综合消化率保持相对稳定。其中的蔗糖、葡萄糖和果糖是主要的可发酵碳水化合物，BC 含量较低。全株玉米的 WSC 与 BC 的比例足够高，因此是满足青贮特性的理想作物。但从满足动物需求的角度来看，其粗蛋白质水平较低。

通过对影响玉米青贮饲料营养成分的因素的研究，发现收获时的成熟度是主要的影响因素。整株玉米的收获成熟度不仅影响青贮饲料的化学组分，而且影响奶牛对日粮养分的全肠道消化率。目前建议收获的干物质含量为 300~350 g/kg 鲜样基础，这是在考虑淀粉含量后获得的折中方案。在灌浆早期，果穗生长和养分积累非常迅速，随着成熟度的增加，其速率逐渐下降。因此，在极早期压制玉米青贮（DM<250 g/kg

鲜样基础）会造成淀粉与中性洗涤纤维的比例显著降低（Khan 等，2015）。

就青贮特性而言，豆科植物与禾本科植物差异很大，尤其是全株玉米。制作豆科植物青贮必须要考虑以下三个因素，①高 BC；②大部分的 WSC 含量低；③通常其 DM 含量低。高 BC 由丰富的有机酸引起，主要是苹果酸、柠檬酸、奎宁酸、丙二酸和甘油。此外，与禾本科草青贮相比，豆科植物青贮有大量的蛋白质参与了发酵。与禾本科植物相同，可发酵糖主要是果糖、葡萄糖和蔗糖。紫花苜蓿在现蕾后，WCS 含量降低，其下降速度比红三叶草快。但豆科植物含有不可发酵的淀粉，而草中含有果聚糖。就 WSC/BC 比率而言，豆科植物的缺点可以通过青贮前的有效萎蔫、使用有效添加剂或两种处理的组合来克服（见第 2.2 节）。

根据上述青贮特性，可将牧草分为三类：①易于青贮类：整株玉米、高粱、大多数栽培牧草、大麦、燕麦、小麦；②中等程度制作青贮类：草地和牧场草、鸭茅、三叶草混合物、黑麦；③难以制作青贮类：三叶草，特别是苜蓿。

根据对气候变化的预测，饲草植物应更好地适应不断增加的干旱期和季节性变化。因此，需要进行包括代谢组学在内的多学科研究，为不同的区域提供最适合和最高产的草地种类、品种和混播组合，以满足动物需求，并生产高水平的动物产品。更多信息，请参阅 Izaurralde 等（2011）的综述。

2.2　牧草青贮的主要过程

青贮是一种基于厌氧条件下 WSC 控制乳酸发酵的作物保存方法。青贮的主要目的是为反刍动物冬季甚至全年的饲养储备饲料。全株玉米、各种牧草和苜蓿是全世界青贮的主要饲草。

由于青贮饲料在经济上的重要作用，特别是在发达国家用于饲喂牛，人们对青贮饲料的各个方面进行了广泛研究。在相关著作中有关于该主题的概述，其中包含了主流的理论观点（Woolford，1984；

McDonald 等，1991；Buxton 等，2003），或为养殖技术顾问和牧场主提供实际指导（Wilkinson，2005）。此外，也有关于青贮制作和青贮饲喂方面的最新综述（Driehuis，2013；Dunière 等，2013；Keady 等，2013；Fijałkowska 等，2015；Khan 等，2015）。

青贮过程可分为五个连续步骤：

（1）关于养分含量和消化率方面，在最佳成熟期收获牧草；必要时进行萎蔫和/或添加添加剂，并进行切碎。

（2）将原料装入青贮仓中，并进行有效压实和密封以排除空气，使青贮原料内部快速达到青贮的厌氧条件。

（3）厌氧条件下的发酵阶段。

（4）厌氧条件下的青贮储存。

（5）从开启的青贮窖装载青贮，并在有氧条件下饲喂。

影响青贮过程的因素组合框架见图 2.1。

各种牧草的化学成分影响其青贮能力，特别是 WSC 与缓冲物质的比率，详见第 2.1 节。首要技术步骤的主要目标是通过强化乳酸发酵将青贮作物的 pH 值快速降低到临界水平以下，从而生产保存完好的青贮饲料。

关键指标 pH 值主要取决于青贮原料的干物质含量。压制的青贮密度为 200 g/kg、300 g/kg 和 400 g/kg 鲜样时，分别需要保持 pH 值在 4.20、4.45 和 4.75。制作中要坚持酸化与降低水分含量这两个处理原则，在干物质含量较高的青贮中要合并使用。大多数饲草青贮适宜干物质含量为 350~400 g/kg 鲜样。在切碎和装入青贮窖之前，通常需要对收割的草料进行萎蔫处理。但应尽可能缩短有效萎蔫时间。要注意在有雨等恶劣天气条件下，萎蔫时间过长会导致营养物质的损失，包括重要的 WSC，以及附生微生物群组成的不良变化。易于制作青贮的整株玉米可直接收割进行青贮，不需要萎蔫处理。

如果不能保证青贮饲料成功保存，则通常在切碎操作期间使用添加剂（防腐剂）。现在有大量的添加剂可提高在储存期和开窖后饲喂阶段青贮饲料的质量。这些添加剂大多数是液体，具有化学或生物作用。各种有机酸或其盐的组合的作用：①在青贮发酵初期的有氧阶段主要抑制

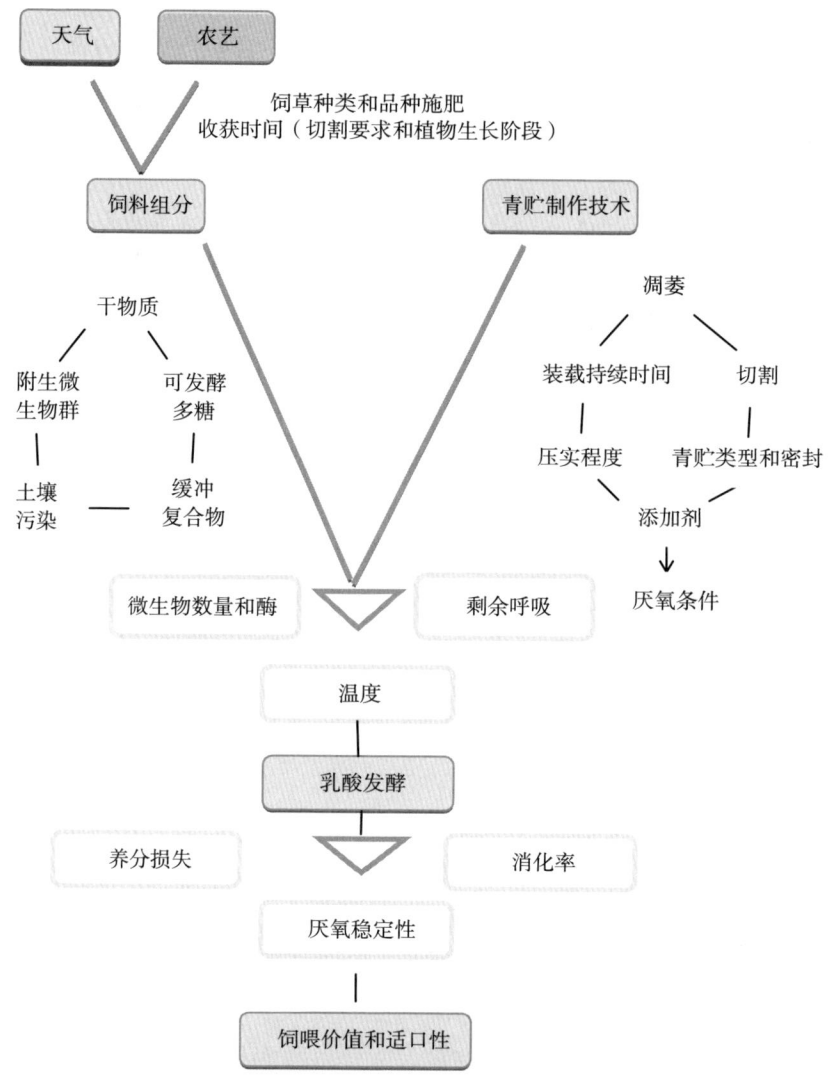

图 2.1 青贮过程影响因素框架

有害细菌，并保存蛋白质（主要是甲酸）；②在化学添加剂中占主导地位，在青贮窖开启后抑制酵母菌和霉菌（通常是丙酸、苯甲酸或山梨酸盐）。许多乳酸菌（LAB）菌种和菌株被用作生物添加剂、接种剂进行使用，促进附生微生物群中存在的少量普通乳酸菌的繁殖。可以应用一种，但生产中大多数情况下使用多种组合。在青贮发酵的初期，各种物质变化较大，其间伴随各个物种的理想发酵活动。植物乳杆菌、酸性乳片球菌和戊糖片球菌是常见的同型发酵菌剂，而布氏乳杆菌、短乳杆菌和副干酪乳杆菌是异型发酵菌剂。

青贮原料的装载及压紧要尽可能快速。对于未萎蔫和萎蔫过的青贮原料，应每天保持压实后的窖贮高度至少 0.8 m 和 1 m。青贮窖壁和角落的部位压实度较低，青贮保存效果较差，并且常有霉菌生长和产生真菌毒素的风险（见第 4.1 节）。

青贮原料在经过压实和密封后，仍进行呼吸作用。这个阶段最好控制在几小时内，最长不应超过 1 天。青贮饲料中的简单碳水化合物，尤其是葡萄糖和果糖，被植物酶分解，消耗青贮饲料内的氧气。此外，需氧附生微生物群，如肠杆菌、酵母菌和霉菌，也出现繁殖。兼性厌氧菌开始异型乳酸发酵，使青贮饲料的 pH 值略微降低。植物的呼吸作用释放化学能，使青贮内部温度升高。压实度越低（通常用于严重萎蔫的青贮原料），窖内的温度越高。温度的上升有利于有害肠道菌和丁酸菌的繁殖。

青贮初期逐渐产酸，形成厌氧环境，促进了一些乳酸菌的繁殖，如 *L. plantarum*、*L. brevis* 和 *L. buchneri*。制作良好的青贮以乳酸菌发酵为主，pH 值会迅速下降。但是，当青贮原料受到不利的土壤微生物区系的污染，或好氧阶段持续时间长，产酸太慢，在微生物群落中梭菌、酵母和霉菌可能占据优势地位。蛋白水解梭菌（主要是产孢梭菌）利用蛋白质和碳水化合物的发酵获得能量。酪酸梭状芽孢杆菌能发酵多种碳水化合物。酪丁酸梭菌能够发酵几种碳水化合物，乳酸发酵为丁酸（丁酸发酵）：

$$2CH_3-\underset{OH}{CH}-COOH \longrightarrow CH_3-CH_2-CH_2-COOH + 2CO_2 + 2H_2$$

青贮发酵产生的丁酸比乳酸的酸性弱，因此窖内的酸性也会减弱。这就为腐败细菌的繁殖创造了条件，这些细菌使蛋白质分解为肽，并将氨基酸转化为氨，脱氧过程增强。此外，WSC 发酵产生的丁酸，是不能被乳酸菌利用的。

通常在青贮窖封窖后的第 2 至第 4 周，许多乳酸菌属，如乳酸杆菌属、乳球菌属、片球菌属、明串珠菌属和肠球菌属的乳酸菌可能参与此时的乳酸发酵过程。一些乳酸菌是必要的同型发酵，由 WSC（戊糖除外）发酵产生乳酸，示意图如下：

$$C_6H_{12}O_6 \longrightarrow 2CH_3-\underset{OH}{CH}-COOH$$

兼性和专用的异型发酵乳酸菌除了能通过发酵产生乳酸外，还可以产生乙酸、乙醇、二氧化碳和氢气。如：

$$C_6H_{12}O_2 \longrightarrow CH_3-\underset{OH}{CH}-COOH + CH_3-CH_2-OH + CO_2$$

Gänzle（2015）的综述中提供了更多关于乳酸代谢的信息。

一旦青贮饲料的 pH 值降低到临界值，就能达到厌氧稳定，此时青贮饲料储存阶段开始。这个阶段通常持续几个月。存活微生物的数量，包括大部分的乳酸菌，逐渐减少，但是孢子（主要是丁酸菌）和一些耐酸菌种（如一些酵母）可以继续存活。在乳酸菌中异型发酵的菌株短链乳杆菌和布氏乳杆菌，在后期储存期间占优势。

青贮饲料的微生物菌群在青贮窖开启后和饲喂时会发生较大的变化。空气渗入青贮饲料的速率取决于青贮的密度和青贮饲料的使用速度。在好氧条件下，尤其是春季环境温度升高时，青贮饲料中存活的有害微生物（如酵母和霉菌）得到生长。饲料会发生有氧腐败。酵母菌会重新启动其代谢有机酸的能力：乳酸、柠檬酸和琥珀酸，生成二氧化碳和水，使 WSC 转化为酒精，特别是乙醇和二氧化碳。进而，青贮饲料的酸度降低，耐酸性较差的微生物、霉菌、杆菌和肠杆菌开始生长繁殖。产生的乙酸、丙酸、丁酸和异丁酸等挥发性脂肪酸可提高青贮饲料的稳定性，防止有氧变质。因此，与保存完好的青贮相比，保存不良的青贮饲料，其丁酸含量高，剩余的 WSC 水平较低。通常含有剩余 WSC 含量高和高乳酸水平的玉米青贮特别容易发生有氧变质。裹包青贮的有氧稳定性极其重要，裹包膜很容易破损。

青贮饲料质量评价标准很多，都反映了青贮效率和营养价值。对于青贮效率，pH 值、乳酸、乙酸和丁酸的含量以及氨氮与总氮比值是最常见的指标。

2.3 青贮饲料在乳用动物瘤胃内的主要代谢过程

反刍动物进化形成的瘤胃是最有效的能够利用多种、甚至低质量的植物原料的体系。反刍动物瘤胃及其庞大的微生物群和主要的生化过程已被深入研究了几十年，目前仍然存在很多疑问。最近 Puniya 等（2015）的著作总结了大量文献，一些综述也涉及某些方面的评论（Khiaosa-ard 和 Zebeli，2014；Griswold，2015）。本书中讨论的瘤胃中生物活性复合物的变化将在以下章节中描述。

现代畜牧业生产和动物育种的目标已从单纯增加产量转向进一步提高饲料效率。在影响反刍动物饲料效率变化的生理因素中，瘤胃作为消化道的主要部分，为动物提供高达 70% 的能量。

瘤胃发酵系统将饲料中的有机物转化为动物可利用的终产物，主要是挥发性（或短链）脂肪酸（VFAs）、长链脂肪酸和微生物蛋白。干物质消失率、挥发性脂肪酸、氨、总气体和甲烷产量都属于瘤胃发酵的参数。该系统具有独特的能力，可以通过降解、转化或改变 85% 的饲料。因此，瘤胃对产奶量和乳成分的影响最大。由于瘤胃具有较高的微生物多样性和密度，并且具有强大的表面上皮，瘤胃不仅在消化方面发挥着关键作用，而且在调节宿主免疫反应的功能和整体健康方面也发挥着关键作用。此外，瘤胃上皮是一个非常强的代谢组织，其代谢效率对消化率也至关重要（Khiaosaard 和 Zebeli，2014）。

瘤胃具有大量的微生物群落，总称微生物群，最近被称为微生物组。通常包括三个种群：细菌、原虫和厌氧真菌。利用分子生物学技术揭示了古菌（产甲烷菌，以前被归类为细菌）和噬菌体（细菌病毒）的功能种群。瘤胃微生物群具有物种特异性，这是每个动物个体所特有的。微生物个体会短暂地受到日粮组成的影响。

  细菌是优势群体，每克瘤胃内容物中约有 10^{10} 个菌落单位（CFU）。大约已确认 200 种可以体外培养，但对于 3500 多种微生物物种（更确切地说是分类单位），只能获得其 DNA 序列数据。基于这种多样性，细菌种群通常分为蛋白分解菌、纤维素分解菌、脂肪分解菌等。原虫分为两类，即有鞭毛的和有纤毛的。尽管原虫的数量很少（每克瘤胃内容物 $10^3 \sim 10^6$ 个），但是它们可以占到总细胞生物重量的 50%。其遗传多样性较低。原虫参与淀粉降解、纤维分解和氮循环。真菌侵入植物组织，主要参与纤维降解。真菌的数量少，其遗传多样性低。产甲烷菌利用瘤胃中产生的氢气和二氧化碳生成甲烷。在瘤胃生态系统中 pH 值保持中性水平，微生物在还原性环境中共生。

  优质饲料应尽可能减少奶牛瘤胃液正常 pH 值的降低。根据 Peyraud 和 Delagade（2013）的综述，转到新的牧场放牧 3~4h 后，牛的瘤胃平均 pH 值变为 6，且能保持该值至少 12h。一天结束时，在多叶植被的草地上放牧，瘤胃 pH 值通常保持在 5.5 左右。这表明奶牛和瘤胃可以耐受低 pH 值，但通常不会产生与谷物饮食相关的负面影响。根据一项有关比较新鲜多年生黑麦草和白三叶草的研究，白三叶草在缓冲瘤胃液方面比多年生黑麦草更有效。与多年生黑麦草相比，白三叶草的可发酵碳水化合物含量较低，粗蛋白质含量较高。

  青贮酸会对瘤胃造成负担，导致瘤胃液 pH 值降低。青贮饲料中酸的含量，即滴定酸度，常表示为每单位青贮饲料重量滴定所需要的 KOH 的质量。通常，如果滴定酸度高于 1 000 mg KOH/100 g 青贮饲料，可通过添加碳酸氢钠中和部分酸。

  在奶牛上的大量试验表明，微生物群具有很强的宿主依赖性。在某些情况下，微生物对日粮的适应导致一些动物生产性能的改变，而对其他个体的影响并不明显。微生物适应和动物效率之间的不确定关系可能受到相关的瘤胃微生物群落的影响（如瘤胃壁），而不是通常研究的瘤胃内容物。Lengowski 等（2016）采用瘤胃模拟系统（Rusitec）研究瘤胃微生物群落在起始适应和培养后的变化，发现用玉米和青草青贮饲料作为培养底物，可以促进不同细菌种类生长繁殖。但是，未检测到两种青贮饲料原料对细菌总数、原虫和产甲烷菌的影响。Letat 和 Benchaar（2013）建议采用基于 cDNA 分析作为一种更具鉴别力的方法，以识别瘤胃微生物群落中由日粮引起的变化。这种方法可以检测日粮诱导的微生物种群变化，以及基于 DNA 的方法无法检测的特定细菌扩增子。

在瘤胃中，瘤胃微生物将碳水化合物主要分解成挥发性脂肪酸（乙酸、丙酸和丁酸）和气体。与纤维发酵相比，瘤胃中的淀粉发酵会引起更高的丙酸形成和更低的甲烷排放。因此，增加日粮淀粉摄入量可以增加糖异生所需的丙酸含量。VFAs 可以通过多层瘤胃壁被吸收，并被反刍动物用作主要的能源。VFAs 的瘤胃吸收能力对瘤胃健康以及反刍动物健康和生产性能具有关键作用。甲烷以能量损失的形式释放出来。

此外，甲烷属于重要的温室气体，有必要减少其排放。正如 Hristov 等（2013）所述，增加饲料消化率和可消化饲料摄入量是甲烷减排的主要缓解措施之一。尽管大家对此观点存在不同意见，但当玉米青贮取代饲料中牧草青贮时，甲烷排放量会减少。与饲草青贮相比，豆类中的纤维含量较低，饲喂豆类青贮也可以降低甲烷排放量。在低精饲料的日粮中添加中等或者劣质的牧草通常会降低单位动物产品的甲烷排放强度（例如牛奶）。

通过几项最新结果，Hristov 等（2013）进行了总体评估。Brask 等（2013）报告，早期收获的多年生黑麦草青贮、后期收获的同一草地的青贮、玉米青贮的能量损失分别为甲烷总能量摄入的 6.1%、6.7% 和 5.4%。在奶牛全混合日粮中用玉米青贮代替苜蓿青贮增加了总瘤胃细菌和古细菌的数量，但减少了原虫的数量（Letat 等，2013）。甲烷产量和氮损失都有所减少（Hassant 等，2013）。

一些降解碳水化合物的菌是产氢微生物，包括纤维降解菌，如白色瘤胃球菌和黄色瘤胃球菌。瘤胃中的氢以气态和液态存在。Wang 等（2016）报道由产乙酸盐到丙酸盐的发酵途径的变化，以及从纤维降解到淀粉降解的微生物群的变化与泌乳奶牛瘤胃溶解氢含量密切相关。

为了提高生产效率，通常将富含高比例精饲料的能量和营养密集型日粮饲喂给牛。这种不平衡的饲喂方式通常会导致代谢紊乱（例如酸中毒）和生态紊乱。这种紊乱是由于瘤胃微生物群组成的不平衡造成的，为潜在的致病细菌提供了条件。进而引发瘤胃和胃肠道其他部位的一系列代谢改变。因此，大量微生物衍生的有毒化合物可能会在胃肠道中释放。其中一些无细胞内毒素和肠毒素直到现在才被部分确认与反刍动物的许多系统性疾病有关。

除瘤胃外，反刍动物后肠发酵可以为其提供相当大比例的能量供应，约占消化道总能量的15%。后肠发酵的贡献率还可以增加，特别是在高产反刍动物中，其营养摄入水平高，更多的可发酵底物流入后肠。

Soto Navarro 等（2014）的结果表明，在饲喂中等或高等优质牧草时，牛和羊的总表观消化率更为相似。但是，牛比羊更能消化低质量的牧草。人们普遍认为，山羊比绵羊更能消化高细胞壁和低氮含量的劣质饲料，尤其是饲料的纤维部分。对现有营养物质全肠道消化率数据差异的荟萃分析（Sales 等，2012）表明，在全部饲草饲喂的情况下，山羊的干物质、有机物质、粗蛋白质、中性和酸性洗涤纤维以及纤维素全肠道消化率显著高于绵羊。然而，在饲喂包含精饲料的日粮中，未观察到这种差异。

反刍动物的瘤胃也在抵御反刍家畜日粮中有毒植物化学物质的防御机制中发挥着重要作用（Fink Gremmels，2010）。一般认为，瘤胃微生物群能够水解并使几乎所有有毒植物代谢产物失活，从而保护动物。然而，瘤胃菌群解毒次生植物代谢物的能力并不是一个普遍的特征，而是通常与瘤胃微生物个体或群体的、浓度依赖的解毒能力有关。例如，单宁或植物精油，主要由各种萜烯组成，对瘤胃微生物区系既有有利的影响，也有不利的影响。

参考文献

Baumont, R., Bastien, D., Ferard, A., et al., 2016. The multiple advantages of using forage legumes to feed ruminants. Fourrages (Issue 227), 171-180, in French.

Brask, M., Lund, P., Hellwing, A. L. F., et al., 2013. Enteric methane production, digestibility and rumen fermentation in dairy cows fed different forages with and without rapeseed fat supplementation. Animal Feed Sci. Technol. 184, 67-79.

Buxton, D. R., Muck, R. E., Harrison, J. H. (Eds.), 2003. Silage Science and Technology. Madison, Wisconsin, USA, American Society of Agronomy, Crop Science Society of America and Soil Science Society of America. Driehuis, F., 2013. Silage and the safety and quality of dairy foods: a review. Agric. Food Sci. 22, 16-34.

Dunière, L., Sindou, J., Chaucheyras-Durand, F., et al., 2013. Silage processing and strategies to prevent persistence of undesirable microorganisms. Animal Feed Sci. Technol. 182, 1-15.

Fijałkowska, M., Pysera, B., Lipí nski, K., et al., 2015. Changes of nitrogen compounds during ensiling of high protein herbages? a review. Annals Animal Sci. 15, 289-305.

Fink-Gremmels, J., 2010. Defense mechanisms against toxic phytochemicals in the diet of domestic animals. Mol. Nutr. Food Res. 54, 249-258.

Gänzle, M. G., 2015. Lactic metabolism revisited: metabolism of lactic acid bacteria in food fermentations and food spoilage. Curr. Opin. Food Sci. 2, 106-117.

Griswold, K. E., 2015. Current knowledge of the ruminal fermentation system and what can we expect to learn in the future. In: Eastridge, M. L. (Ed.), Tri-State Dairy Nutrition Conference, 2015, Ft Wayne, IN, USA, pp. 151-162.

Hassanat, F., Gervais, R., Julien, C., et al., 2013. Replacing alfalfa silage with corn silage in dairy cow diets: effects on enteric methane production, ruminal fermentation, digestion, N balance, and milk production. J. Dairy Sci. 96, 4553-4567.

Hristov, A. N., Oh, J., Firkins, J. L., et al., 2013. Special Topics? Mitigation of methane and nitrous oxide emissions from animal operations: I. A review of enteric methane mitigation options. J. Animal Sci. 91, 5045-5069.

Izaurralde, R. C., Thomson, A. M., Morgan, J. A., et al., 2011. Climate impacts on agriculture: implications for forage and rangeland production. Agronomy J. 103, 371-381.

Keady, T. W. J., Hanrahan, J. P., Marley, C. L., et al., 2013. Production and utilization of ensiled forages by beef cattle, dairy cows, pregnant ewes and finishing lambs? a review. Agric. Food Sci. 22, 70-92.

Khan, N. A., Yu, P. Q., Ali, M., et al., 2015. Nutritive value of maize silage in relation to dairy cow performance and milk quality. J. Sci. Food Agric. 95, 238-252.

Khiaosa-ard, R., Zebeli, Q., 2014. Cattles variation in rumen ecology and metabolism and its contribution to feed efficiency. Livestock Sci. 162, 66-75.

Lengowski, M. B., Zuber, K. H. R., Witzig, M., et al., 2016. Changes in rumen microbial community composition during adaption to an in vitro system and the impact of different forages. Plos One 11, e0150115.

Lettat, A., Benchaar, C., 2013. Diet-induced alterations in total and metabolically active microbes within the rumen of dairy cows. Plos One 8, e60978.

Lettat, A., Hassanat, F., Benchaar, C., 2013. Corn silage in dairy cows diets to reduce ruminal methanogenesis: effects on the rumen metabolically active microbial communities. J. Dairy Sci. 96, 5237-5248.

Lüscher, A., Mueller-Harvey, I., Soussana, J. F., et al., 2014. Potential of legume-based grassland-livestock systems in Europe: a review. Grass Forage Sci. 69, 206-228.

McDonald, P., Henderson, N., Heron, S., 1991. The Biochemistry of Silage, 2nd ed. Chalcombe Publ, Marlow, UK.

Peyraud, J. L., Delagarde, R., 2013. Managing variations in dairy cow nutrient supply under grazing. Animal 7 (s1), 57-67.

Phelan, P., Moloney, A. P., McGeough, E. J., et al., 2015. Forage legumes for grazing and conserving in ruminant production systems. Crit. Rev. Plant Sci. 34, 281-326.

Porqueddu, C., Ates, S., Louhaichi, M., et al., 2016. Grasslands in "Old World" and "New World" Mediterranean-climate zones: past trends, current status and future research priorities. Grass Forage Sci. 71, 1-35.

Puniya, A. K., Singh, R., Kamra, D. N., 2015. Rumen Microbiology: From Evolution to Revolution. Springer India, New Delhi.

Sales, J., Jančík, F., Homolka, P., 2012. Quantifying differences in total tract nutrient digestibilities between goats and sheep. J. Animal Physiol. Animal Nutr. 96, 660-670.

Soto-Navarro, S. A., Lopez, R., Sankey, C., et al., 2014. Comparative digestibility by cattle versus sheep: effect of forage quality. J. Animal Sci. 92, 1621-1629.

Wang, M., Wang, R., Xie, T. Y., et al., 2016. Shifts in rumen fermentation and microbiota are associated with dissolved ruminal hydrogen concentrations in lactating dairy cows fed different types of carbohydrates. J. Nutr. 146, 1714-1721.

Wilkinson, J. M., 2005. Silage. Chalcombe Publ, Marlow, UK.

Woolford, M. K., 1984. The Silage Fermentation. Marcel Dekker, Inc, New York.

第3章

所需化合物

3.1 牧草对乳脂肪酸组成的影响

3.1.1 导言

大量临床和生物医学研究表明,营养对人类慢性疾病的发生和发展有着重要的影响,尤其是肥胖、心血管疾病(CVD)、2型糖尿病和癌症。机体摄入过量中链饱和脂肪酸(FAs)和反式脂肪酸(trans-FAs)是CVD发病的风险因素,也可能是其他疾病的诱因。反刍动物的奶及奶制品是这两类脂肪酸的重要来源。但是,西方人的营养模式中奶及奶制品属于主食,其能够提供优质蛋白质、必需的维生素和矿物质,以及一些具有生物活性的脂类和肽类。因此,作为公共卫生政策的一部分,需要保持甚至增加现有的奶类消费水平。通过改变反刍动物乳脂肪的脂肪酸组成来提升奶的营养品质,以改变近来有关奶中饱和脂肪酸与CVD发病相关的不利影响。

反刍动物乳脂肪酸组成受多种因素影响,可分为动物、饲料和环境因素三类。在动物(内在)因素中,品种、胎次、哺乳期和奶牛个体差异的影响已被广泛研究。关于环境因素,如季节、农场管理、畜群管理、挤奶频率等对乳脂肪酸的影响也获得了较为详细的信息。在饲料因素中，草料和各种类型的油补充剂或过瘤胃油补充剂是 FAs 的主要来源。

对影响反刍动物乳脂肪酸组成的各种因素的研究已经非常广泛，已有数百篇原创论文可供查阅。因此，我们将引用最权威和最新的文献，但是不可能涵盖所有文献。

Shingfield 等（2013）发表了一篇关于改变反刍动物乳脂肪酸组成的最新进展的综述文章。最近的几篇文献综述涉及牛乳脂肪酸组成的动物因素的作用，其中包括 Samková 等（2012）和 Kęsek 等（2014）的研究，Kalač 和 Samková（2010）综述了营养因素中饲料的影响。

在泌乳奶牛日粮中添加油籽、植物油和少量海洋油脂，也可以用方便获取的脂肪替代非必需的脂肪酸。其效果因油脂来源、脂质补充形式、油籽加工程度以及日粮中其他成分的影响而不同。然而，专用供应链的商业化将取决于奶品质提升和加工所增加的成本是否可以在零售环节收回，Kliem 和 Shingfield（2016）最近对所有这些因素进行了调研。

3.1.2 脂肪酸的特性

在反刍动物乳脂中检测到数百种脂肪酸中，只有少数影响乳的营养、感官和品质。主要的脂肪酸大约有 15 种，每 100 g 乳脂中至少含有 1 g，其具有直链、偶数碳和一个羧基。脂肪酸的链长、不饱和度以及双键的位置和几何取向不同。奇链和支链脂肪酸作为次要成分存在于反刍动物乳脂中。表 3.1 和图 3.1 给出了主要脂肪酸的结构特征。FAs 通常根据碳链长度分为短链（C4－C10）、中链（C12－C16）和长链（C18 及以上）。主要脂肪酸的通用名称和反式不饱和脂肪酸的缩写将在下文中使用。

植物和奶样中 FAs 的定量通常遵循三个步骤。脂质是从冻干基质中提取，通常通过索氏提取和适当极性的溶剂混合物进行提取。然后通过直接酯交换反应制备脂肪酸甲酯（FAME）。使用气相色谱法分离，参考脂肪酸标准品混合物的保留时间鉴定脂肪酸单体，或更可靠地使用质谱（MS）鉴定脂肪酸单体。脂肪酸组成主要以占总脂肪酸的百分数表示，较少以鉴定脂肪酸总量的百分数表示。

脂肪酸约占乳脂重量的90%。95%以上脂肪酸与三酰甘油结合成酯，其余的脂肪酸存在于二酰甘油和单酰甘油（以前是三酰甘油、二酰甘油和单酰甘油）、磷脂和胆固醇酯中。游离脂肪酸在牛奶中的比例很小，由于储存不当或挤奶和运输过程中的机械应力，造成脂肪分解或氧化产生，释放出的游离脂肪酸，主要是C4-C12，在奶及奶制品（主要是黄油）中会产生不良气味。

表3.1 饲料和反刍动物乳脂中主要脂肪酸的结构特征

酸的通用名称	符号	双键的位置和几何异构体
饱和脂肪酸（SFAs）		
丁酸	C4:0	—
己酸	C6:0	—
辛酸	C8:0	—
癸酸	C10:0	—
月桂酸	C12:0	—
肉豆蔻酸	C14:0	—
棕榈酸	C16:0	—
硬脂酸	C18:0	—
单不饱和脂肪酸（MUFA）		
9-十六碳烯酸	C16:1 n-7	9-顺式
十八烯酸	C18:1 n-9	9-顺式
反十八烯酸	C18:1 n-7	11-反式
多不饱和全顺式脂肪酸（PUFA）		
n-6族		
亚油酸	C18:2 n-6	9，12
γ-亚麻酸	C18:3 n-6	6，9，12
花生四烯酸	C18:4 n-6	5，8，11，14
n-3族		
α-亚麻酸（ALA）	C18:3 n-3	9，12，15
十八碳四烯酸	C18:4 n-3	6，9，12，15
共轭亚油酸		
瘤胃酸或共轭亚油酸	C18:2 n-7	9-顺式，11-反式

Jensen（2002）在综述中阐述了有关牛乳脂质的全面信息。依据文献数据，饱和脂肪酸（SFAs）、单不饱和脂肪酸（MUFA）和多不饱和脂肪酸（PUFA）在总脂肪酸中的典型比例分别为69%、27%和4%。

众所周知，膳食SFAs，尤其是肉豆蔻酸和棕榈酸，以及TFA会增加CVD风险。TFAs的危害评估高于SFAs。此外，过量摄入SFAs可能降低胰岛素敏感性，从而造成代谢综合征和糖尿病的发生。奶及奶制品被认为是月桂酸和肉豆蔻酸的主要膳食来源，也是欧洲国家棕榈酸的重要来源。发达国家建议减少总脂肪、SFAs和TFA的摄入量，并增加长链n-3多不饱和脂肪酸的摄入量，特别是EPA（二十碳五烯酸；C20:5 n-3）和DHA（二十二碳六烯酸；C22:6 n-3）。鱼类和其他海鲜中这两种脂肪酸含量丰富，而反刍动物奶中通常含有微量的EPA和DHA。

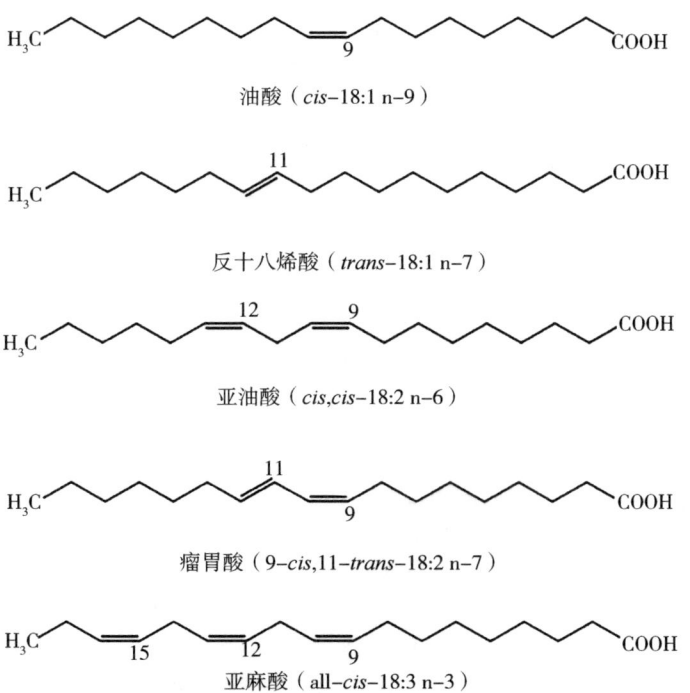

图 3.1 牧草和牛奶中 18 碳不饱和脂肪酸的化学结构

传统的植物油工业分压氢化生产的人造黄油是膳食TFAs的主

要来源。近些年通过对生产技术改进，人造黄油中的 TFA 水平有所降低。膳食中 TFA 的摄入也考虑了脱臭植物油、煎炸过程中的反式异构化和合成共轭 FAs 补充剂。来自反刍动物的膳食 TFA（RTFA）也引起了研究者极大的兴趣，有大量参考文献可供查阅（Field 等，2009；Van Wijlen 和 Colombani，2010；Gebauer 等，2011；Aldai 等，2013）。

各种 TFA 在牛乳脂肪中的比例占总 FAs 的 2%~8%。其中，具有不同双键位置的 C18:1（十八烯酸）同分异构体是常见的。反式油酸（碳 11 和碳 12 之间具有双键的 C18:1 酸；TVA）的比例最高。TVA 在人体内经过生物转化为共轭亚油酸（CLA），是唯一已知的瘤胃酸的膳食前体。流行病学研究（而非啮齿动物研究）表明，TVA 摄入或血清浓度可能与癌症风险增加有关，然而直到 2008 年完成的流行病学、临床和啮齿动物研究尚未证明与 CVD、胰岛素抵抗或炎症有关（Field 等，2009）。尽管如此，由于 TVA 可通过内源性生物转化为有益的 CLA，因此人类需要摄入 TVA（Van Wijlen 和 Colombani，2010）。

共轭亚油酸受到了极大关注，其共有 28 个位置异构体和几何异构体。瘤胃酸（*cis* 9, *trans* 11-C18:2；以 RA 或 CLA 表示）是最丰富的异构体（>CLA 总量的 80%），10-*trans*, 12-*cis*- C18:2 在一系列人类细胞系和动物模型中被证明具有抗癌作用，确定了一系列有益健康的作用。瘤胃酸这个名称表明瘤胃是其主要的合成场所，但是瘤胃酸主要是乳腺和脂肪组织中 TFA 内源性去饱和而生成。

在法国的一项研究中（Ledoux 和 Laloux，2008），乳脂中瘤胃酸的年平均含量为 0.59%，冬季和夏季分别为 0.38% 和 0.96%。此外，还观察到不同地区瘤胃酸含量存在差异。奶牛乳脂中 TVA 和 CLA 的比例通常为（3~4）:1。

由于饱和脂肪、胆固醇和反式脂肪酸与冠心病的关系，牛乳脂肪的营养功能多年来一直受到影响。然而，这种相关性只能部分适用于反刍动物来源的反式脂肪酸（详细信息见 Parodi 综述评论，2004；Dilzer 和 Park，2012）。

根据联合国粮食及农业组织（2010）的规定，成年人每天至少需要摄入 2 g α-亚麻酸。油酸和 n-6 FAs 的日摄入量分别为 32~43 g 和 4.3~8.5 g，而月桂酸、肉豆蔻酸和棕榈酸三者的日摄入总量不得超过 17 g，反式 FAs 的日摄入量不得超过 2.4 g。

因此，改变反刍动物乳 FAs 的目标是降低 SFAs 的比例，特别是中链脂肪酸组，以利于增加多不饱和脂肪酸，主要是 n-3 家族，同时增加反式脂肪酸组中瘤胃酸和反式-11-十八烯酸的比例。以下章节将讨论各种牧草在这些过程中的作用。

3.1.3 新鲜和储存牧草中的脂肪酸

3.1.3.1 新鲜牧草

最近研究者对牧草中的 FAs 含量和成分进行了全面概述（Glasser 等，2013）。

不同牧草中，总 FAs 含量在干物质中是 15~30 g/kg。这是一个相对较低的水平，然而，牧草通常是反刍动物饲料中主要的，也是最便宜和最安全的脂肪酸来源。应考虑到 FAs 含量和组成受多种因素影响，如植物种类和品种、气候、日照、降水量、施肥和生长阶段。FAs 的最高水平通常出现在第一次刈割期间的幼苗中，然后在夏季茎部再生期间降低，尤其是在开花前后。然而，研究结果不尽相同，例如几种禾本科植物夏季再生期间 α-亚麻酸含量高于春季刈割。一般而言，随着植物成熟，总脂肪酸中的亚油酸比例增加，而亚麻酸逐渐减少（Thompson 等，1998；Koivunen 等，2015）。根据 Khan 等（2012）的多元统计分析，总 FAs 含量和 α-亚麻酸比例的大部分变异与植物成熟度有关。

表 3.2 整理了新鲜牧草中 FAs 含量和成分的数据，这些数据应被视为可靠的。多年生黑麦草或红三叶草的研究结果表明，饲草种类内的含量和成分差异很大。α-亚麻酸通常占总脂肪酸的 50%~60%，其次是棕榈酸和亚油酸。Glasser 等（2013）整理了几种牧草中大量分散的数据，见表 3.3。值得强调的是，青贮玉米中 FAs 的比例差异很大（表 3.2），与其他牧草相比，其亚油酸含量普遍较低，这一差异是由于以亚油酸为主的谷物贮藏油脂的比例不同，以及由于谷物灌浆成熟期间青贮玉米叶片的快速衰老导致亚麻酸的减少。

表 3.2 新鲜牧草(主要在 7 月收割)中总脂肪酸的平均含量(g/kg DM)和组成(g/100 g 总脂肪酸)

饲草种类	总量	棕榈酸	硬脂酸	油酸	亚油酸	α-亚麻酸	国家	参考文献
谷物玉米								
鸭茅	19.67	19.9	4.7	2.3	14.5	53.7	英国	Dewhurst 等(2001)
	37.51	11.7	1.3	1.2	10.6	71.2	美国	Dierking 等(2010)
高羊茅	21.65	19.4	4.9	4.4	11.8	55.3	英国	Dierking 等(2010)
	39.28	11.4	1.3	1.6	9.1	72.3	美国	Dierking 等(2010)
牛尾草	20.61	19.8	4.8	5.0	13.3	53.1	美国	Dierking 等(2010)
意大利黑麦草	14.66	20.8	6.4	5.7	15.4	47.3	英国	Dierking 等(2010)
	23.79	15.2	1.3	1.5	12.6	55.3	葡萄牙	Alves 等(2014)
仲冬	—	29.9	3.5	7.4	15.7	29.6	阿根廷	Garcia 等(2015)
黑麦草	21.82	19.7	4.6	5.7	13.3	52.3	英国	Dewhurst 等(2001)
	21.7	15.8	1.3	1.8	12.0	64.5	比利时	VanRanst 等(2009)
	44.4	11.4	1.5	1.4	8.8	71.8	美国	Dierking 等(2010)
	15.2	17.5	1.3	2.5	15.7	59.8	荷兰	Khan 等(2011)
多年生黑麦草和白三叶混合物(种子重量比例分别为 0.85 和 0.15)羊茅黑麦草属	22.0	18.8	2.8	0.5	17.5	53.5	荷兰	Elgersma 等(2013)
	20.39	19.4	4.3	6.6	14.9	51.0	英国	Dewhurst 等(2001)
梯牧草	20.77	19.5	5.1	5.1	15.3	50.2	英国	Dewhurst 等(2001)

(续表)

饲草种类	总量	棕榈酸	硬脂酸	油酸	亚油酸	α-亚麻酸	国家	参考文献
梯牧草和草甸羊茅混合物（种子重量比例分别为0.54和0.46）	10.3	8.9	0.7	2.6	10.6	73.6	芬兰	Koivunen 等（2015）
玉米	24.74	16.8	6.5	15.7	52.4	7.5	中国	Elgersma 等（2013）
	24.83	16.7	2.1	16.4	47.5	12.0	葡萄牙	Alves 等（2014）
豆科植物								
苜蓿	38.79	14.6	1.9	1.8	16.0	63.9	美国	Dierking 等（2010）
	15.9	25.6	3.9	2.9	20.4	35.7	荷兰	Elgersma 等（2013）
苜蓿（春季）	20.0	29.4	5.6	6.8	16.1	39.4		
苜蓿（夏季）	22.0	31.0	6.6	7.6	18.9	33.9	阿根廷	Garcia 等（2015）
落叶	33.0	20.0	3.2	6.9	27.4	40.8		
百脉根三叶草	27.0	17.5	1.7	1.7	17.5	46.1	荷兰	Elgersma 等（2013）
红三叶草	30.24	19.5	3.8	3.5	21.4	38.8	芬兰	Vanhatalo 等（2007）
	24.10	14.6	1.8	1.8	21.0	55.2	英国	Dewhurst 等（2001）
	29.40	14.2	2.1	2.7	17.7	60.2	比利时	VanRanst 等（2009）
	12.7	10.6	1.2	1.5	17.6	65.6	芬兰	Koivunen 等（2015）
白三叶草	28.80	15.8	2.2	3.2	18.9	56.9	比利时	VanRanst 等（2009）
黄色草木樨	19.3	23.2	3.3	3.2	17.9	53.5	荷兰	Elgersma 等（2013）

资料来源：改编自 Kalač, P., & Samková, E. (2010). The effects of feeding various forages on fatty acid composition of bovine milk fat: a review. Czech J. Anim. Sci., 55, 521–537. 经捷克农业科学院许可使用。

表 3.3 所选新鲜牧草中总脂肪酸（g/kg DM）含量和主要
脂肪酸组成（g/100 g 总脂肪酸）（平均值±标准偏差）

饲草种类	总脂肪酸	棕榈酸	亚油酸	α-亚麻酸
羊茅	21.9±2.14	16.7±3.40	13.46±.15	55.9±2.60
鸭茅	16.7±3.94	20.7±3.59	15.7±1.48	51.8±4.86
黑麦草	22.6±8.13	16.7±3.81	12.3±2.27	61.0±7.32
梯牧草	18.9±2.99	18.8±1.20	20.3±2.42	49.9±3.94
红三叶草	22.8±8.23	18.0±3.53	19.8±2.52	49.0±9.11
白三叶草	30.9±8.02	15.3±2.35	16.5±2.37	58.0±5.51
苜蓿	17.7±2.88	23.2±2.21	19.96 2.39	41.7±5.81

资料来源：改编自 Glasser, F., Doreau, M., Maxin, G., & Baumont, R. (2013). Fat and fatty acid content and composition of forages: a meta-analysis. Anim. Feed Sci. Technol. 185, 19-34.

植物氮含量与总 FAs 和亚麻酸含量呈极显著正相关。

饲草育种的目标是增加饲料中有益脂肪酸到反刍动物产品中的传递，这是一项重要的长期战略。然而，这种情况因基因型与管理的互作而变得复杂。

3.1.3.2 牧草萎蔫和干草过程中的变化

青贮前的青草萎蔫和风干干草生产是被广泛采用的操作技术。植物组织的机械损伤与空气相结合导致 PUFA 被广泛氧化，这一过程是从脂肪分解开始，脂肪酸和甘油之间的酯键被植物脂肪酶催化分解。叶绿体类囊体膜释放的多不饱和脂肪酸随后在脂氧合酶催化下被空气氧化。许多产品都会产生挥发性有机化合物（见第 5 章：影响奶及奶制品的风味物质）。

由于水分活度降低，青贮前的萎蔫能够提高草料的保存效率。在这样的条件下，各种有害细菌群，特别是丁酸发酵细菌和腐败细菌被抑制。紫花苜蓿和其他豆科牧草通常需要萎蔫，禾本科和谷类作物通常也需要萎蔫（更多信息参见第 2.2 节）。由于干物质和可发酵的水溶性碳水化合物含量高，玉米青贮前不需要凋萎处理即可成功保存。一般来说，萎蔫的持续时间是影响 FAs 含量和组成变化的主要因素（Khan 等，2011）。因此，应尽可能缩短有效萎蔫的时间，但是天气条件较差时则不易实现。

与青贮饲料相比，干草中 FAs 含量和成分的数据非常有限，表3.4列

表 3.4 干草和青贮饲料中脂肪酸的平均总含量（g/kg DM）和主要脂肪酸的组成（g/100 g 总脂肪酸）

饲草种类		总量	脂肪酸				国家	参考文献
			棕榈酸	硬脂酸	油酸	亚麻油酸	α-亚麻酸		
干草									
	鸭茅	18	24.1	2.8	3.4	15.5	35.0	法国	Ferlay 等（2006）
		—	37.1	6.6	3.1	10.1	0.4	美国	Whitlock 等（2006）
		—	30.0	6.0	8.0	24.4	23.2	美国	AbuGhazaleh 等（2007）
	黑麦草	32	15.8	1.8	2.0	14.0	55.9	法国	Ferlay 等（2006）
	低 WSC 品种	23	14.2	1.4	1.5	11.0	54.6	瑞士	Staerfl 等（2013）
	高 WSC 品种	18	16.4	1.6	2.2	12.8	47.7		
	梯牧草	—	23.6	2.3	4.7	23.9	42.5	加拿大	Villeneuve 等（2013）
	草	24	15.2	1.7	5.6	24.7	38.7	罗马尼亚	Militar（2016）
	高山牧草	30	19.2	1.5	2.3	16.2	50.4	法国	Ferlay 等（2006）
	苜蓿	—	23.7	4.5	4.4	16.8	27.4	澳大利亚	Kitessa 等（2004）
青贮									
	玉米	40	15.6	2.4	23.7	48.6	3.4	法国	Ferlay 等（2006）
		—	29.5	3.5	4.0	18.7	4.9	美国	Whitlock 等（2006）
		—	16.6	2.9	18.8	48.5	11.1	美国	AbuGhazaleh 等（2007）

(续表)

饲草种类	脂肪酸						国家	参考文献
	总量	棕榈酸	硬脂酸	油酸	亚麻油酸	α-亚麻酸		
(n=96)	19.98±3.31	15.2	2.3	22.7	52.6	5.5	荷兰	小客栈等 (2012)
	19.75	23.6	10.6	13.0	41.6	6.0	中国	韩, 周 (2013)
	25.9	13.5	1.9	15.1	34.4	3.9	英国	辛克莱等 (2015)
黑麦草	37	21.2	2.0	2.8	13.4	52.2	法国	Ferlay (2006)
草,多为多年生黑麦草	25.2	12.3	1.6	2.0	12.7	43.3	英国	辛克莱等 (2015)
梯牧草	—	19.2	1.9	3.8	21.2	51.1	加拿大	Villeneuve 等 (2013)
各种草 (n=101)	19.17±4.53	17.9	1.7	2.5	17.1	58.3	荷兰	小客栈等 (2012)
苜蓿	26.2	14.5	1.9	1.5	15.6	31.3	英国	辛克莱等 (2015)

注: WSC, 水溶性碳水化合物。
资料来源: 改编自 Kalač, P., & Samková, E. (2010). The effects of feeding various forages on fatty acid composition of bovine milk fat: a review. Czech J. Anim. Sci. 55, 521537. 经捷克农业科学院许可使用。

出了几种牧草的数据。干草导致总 FAs 含量降低，主要是由于 α-亚麻酸的氧化。在长期恶劣的干燥条件下，损失会增加。有关干草储存期间 FAs 含量和成分变化的信息非常有限且模糊。

3.1.3.3 青贮饲料及其贮存期间的变化

饲料青贮期间膜脂会发生广泛的脂解，特别是植物酶催化。Van Ranst 等（2009）报道了多年生黑麦草、红三叶草和白三叶草的平均脂解水平分别为 90.3%、86.4%和 85.7%。脂肪分解的程度受切割时间、饲料种类的影响，并在一定程度上受品种的影响。Koivunen 等（2015）发现实验室条件下青贮梯牧草/草甸羊茅混合物的净脂解率为 66.0%~75.9%，而红三叶草的净脂解率为 56.3%~73.7%。在红三叶草中，多酚氧化酶（PPO）通过使脂肪分解酶钝化和/或通过形成蛋白质-酚-脂质复合物降低部分脂肪分解（Van Ranst 等，2013；Lee，2014；Gadeyne 等，2016）。PPO 是所有能够使用分子氧催化邻二酚和对二酚氧化成醌的酶的通用名称。高活性醌可以在非酶促聚合中与蛋白质结合，产生棕色黑色素样复合物，脂肪酶属于此类反应蛋白，因此，青贮和青贮贮藏期间的脂质代谢受到影响。此外，形成的蛋白质结合酚网络可以包裹脂质，从而保护它们免受脂肪酶分解。红三叶草 PUFA 似乎可以部分防止瘤胃生物氢化。

常见青贮饲料的 FAs 含量和组成数据整理如表 3.4 和表 3.5 所示。与其他饲料相比，苜蓿青贮中 α-亚麻酸的损失似乎更高。青贮玉米与其他青贮饲料不同，其 α-亚麻酸和不饱和脂肪酸的比例非常低，类似于上述新鲜玉米青贮的情况。

青贮玉米中脂肪酸的动态变化如表 3.6 所示，亚油酸和 α-亚麻酸的比例降低了约 1/5，而 SFAs 的比例增加，主要变化发生在青贮初期的几天，很大可能是在厌氧环境形成之前。

几项研究比较了不添加的青贮饲料和添加化学防腐剂（主要是甲酸及其盐）或乳酸菌接种剂的青贮饲料。总的来说，添加剂对 FAs 含量和成分的变化影响有限。然而，Koivunen 等（2015）研究发现，与没有添加剂的对照组相比，添加 6 L 100%甲酸的红三叶草青贮期间净脂肪分解显著减少，而在梯牧草和草甸羊茅青贮混合物中的脂肪变化相反。

表 3.5 所选牧草青贮饲料中总脂肪酸（g/kg DM）含量和主要
脂肪酸组成（g/100 g 总脂肪酸）（平均值±标准差）

青贮饲料	总脂肪酸	棕榈酸	亚油酸	α-亚麻酸
鸭茅	11.9±2.83	18.4±1.16	18.4±2.54	49.4±2.53
黑麦草	22.±±8.13	19.8±3.78	14.5±2.23	53.4±6.12
白三叶草（枯萎）	26.6±5.37	16.1±2.09	15.2±1.86	59.0±3.88
紫花苜蓿	19.7±3.78	24.4±2.79	18.2±2.60	32.2±7.70
玉米	24.0±3.24	15.9±2.05	45.8±7.89	5.04±2.42

资料来源：改编自 Glasser, F., Doreau, M., Maxin, G., & Baumont, R. (2013). Fat and fatty acid content and composition of forages: a meta-analysis. Anim. Feed Sci. Technol., 185, 19–34.

青贮饲料的厌氧环境在出料期青贮窖打开后发生变化。脂肪分解释放的游离脂肪酸在空气和光照暴露中可造成其氧化。Khan 等（2009）将各种干物质的玉米青贮饲料和各种质量的青贮饲料在空气中暴露长达 24 h，玉米青贮中 α-亚麻酸、亚油酸、油酸和总 FAs 含量显著降低，总 FAs 的相对下降随着干物质的增加而减少。青贮牧草中也观察到类似的变化过程。与此相反，Alves 等（2014）研究发现玉米青贮饲料在空气中暴露长达 48 h，其总 FAs 含量和 FAs 组成没有变化。

表 3.6 青贮发酵初期总脂肪酸含量（初始水平的%）、主要脂肪酸组成
（g/100 g 总脂肪酸）和 pH 值变化的时间过程

项目	新鲜的全株玉米	第 2 天	第 7 天	第 14 天	第 28 天
总 FAs	100	79.0	78.9	79.1	79.8
FAs 的比例					
棕榈酸	16.8	23.3	23.5	23.6	23.6
硬脂酸	6.5	9.5	10.4	10.5	10.6
油酸	14.9	13.1	12.6	12.5	13.0
亚油酸	52.4	43.6	41.9	41.8	41.6
α-亚麻酸	7.5	6.7	6.3	6.1	6.0
酸碱度	2	3.85	3.70	3.69	3.68

资料来源：改编自 Han, L., & Zhou, H. (2013). Effects of ensiling processes and antioxidants on fatty acids concentrations and compositions in corn silages. J. Anim. Sci. Biotechnol., 4: 48.

3.1.3.4 贮存的总体效果

牧草中脂类含量较低,大部分为 15~30 g/kg 干物质。在收获后发生植物酶催化的脂肪大量分解,随后在萎蔫、田间干燥和青贮过程的初始阶段发生,释放的游离不饱和脂肪酸,特别是亚麻酸和亚油酸,容易被紫外线辐射诱发的自由基氧化。

青贮饲料的制作,尤其是未萎蔫的饲草,如玉米比制作干草能保留更多的多不饱和脂肪酸。这主要是青贮饲料的田间干燥和干草贮藏期的厌氧和好氧条件的差异所致。根据 Glasser 等(2013)的荟萃分析,从表 3.7 中的数据可明显看出新鲜饲料、青贮饲料和干草之间的差异。

表 3.7 多种新鲜牧草和储存牧草中总脂肪酸含量(g/kg DM)和主要脂肪酸组成(g/100 g 总脂肪酸)的比较(平均值±标准差)

项目	新鲜	青贮	干草	质量差的干草
总脂肪酸	20.1±8.91	17.8±4.93	12.9±5.55	7.7±2.52
棕榈酸	16.9±4.50	18.7±3.35	21.9±4.56	29.8±4.71
亚油酸	15.8±2.52	16.6±2.54	17.5±2.85	16.1±2.99
α-亚麻酸	52.6±9.03	49.8±7.79	47.1±7.99	23.6±6.41

资料来源:改编自 Glasser, F., Doreau, M., Maxin, G., & Baumont, R. (2013). Fat and fatty acid content and composition of forages: a meta–analysis. Anim. Feed Sci. Technol., 185, 19–34.

3.1.4 奶牛机体中日粮脂质变化

所有牛乳脂肪酸,一半直接源于饲料中脂肪酸,一半源于乳腺从头生物合成。碳链长度为 C4-C14 FAs 和约 1/2 的 C16 FAs 是利用瘤胃中产生的乙酸和 3-羟基丁酸从头合成,而另一半的 C16 FAs 和碳链大于 C16 的 FAs 来自饲料和体脂。

消化道对日粮 FAs 影响较大。短链游离 SFAs(C4-C10)是被瘤胃壁或真胃壁吸收进入血液循环系统。中碳链(C12-C16)和长链 SFAs 进入小肠后,扩散穿过膜壁并与脂蛋白结合,通过淋巴系统进入血液循环系统。约 1/2 的 α-亚麻酸和亚油酸从小肠转移至乳脂中。日粮中大多数不饱和脂肪酸在瘤胃中均发生广泛的生物氢化。

进入瘤胃的日粮脂质主要是中性甘油三酯即甘油三酯，以及低比例的极性磷脂和半乳糖脂。日粮脂质首先通过水解作用释放出游离脂肪酸。正常条件下，超过 85% 的日粮酯化脂质被水解，是不饱和脂肪酸发生生物氢化的限速步骤，日粮 α-亚麻酸（C18:3 n-3）、亚油酸（C18:2 n-6）、油酸（cis-9 C18:1）的水解速率依次降低。游离的 C18:2 n-6 和 C18:3 n-3 在微生物的作用下转化为瘤胃酸和其他共轭亚油酸，并最终转化为硬脂酸（18:0）。生物氢化的饱和途径几乎完全由瘤胃细菌完成，而瘤胃原虫和厌氧真菌的作用有限（Chilliard 等，2007；Jenkins 等，2008；Kim 等，2009）。在共轭亚油酸（Conjugated linoleic acid，CLA）几何异构体中，cis-10, cis-12 CLA 的合成途径不同于 cis-9, trans-11 CLA（Wallace 等，2007）。

动物试验模型和体外研究结果表明，具有共轭三烯系统（单键和双键的规则序列）的 α-亚麻酸（全顺式-9, 12, 15-十八碳三烯酸）具有抗癌和抑制脂质生成活性，并可能影响机体的免疫功能。然而，牛奶中 α-亚麻酸是微量的。Honkanen 等（2016）通过接种牛瘤胃内容物研究了 α-亚麻酸代谢，发现引起大量中间代谢产物产生的 3 种不同代谢机制，然而，瘤胃中 α-亚麻酸生物氢化的中间产物在数量上占有优势。瘤胃中 α-亚麻酸的生物氢化途径涉及初始异构化，即 cis-9, trans-11, cis-15 C18:3 产生，随后依次还原为 cis-11, cis-15 C18:2、trans-11-C18:1，以及作为终产物 C18:0（硬脂酸）的生成。

牛奶中不同比例的多不饱和脂肪酸（PUFA）（通常在 2%~20%）是以日粮亚油酸和 α-亚麻酸共有的重要代谢中间产物 trans-11 C18:1 生成。乳脂中瘤胃酸含量与 trans-11 C18:1 含量之间存在强相关关系，其中后者的含量比 cis-9, trans-11 CLA 含量高出 2~2.5 倍（Elgersma 等，2006）。

结构性植物脂类的脂解程度低于无保护油类添加物，这是因为发生脂解前需要去除周围的植物性细胞基质。基于 Glasser 等（2008）荟萃分析结果来看，瘤胃 pH 值、日粮精粗比、采食量以及鱼油添加水平是影响瘤胃生物氢化水平的主要因素。高粗料日粮会增加生物氢化程度，并对亚油酸和 α-亚麻酸的十二指肠流量产生负面影响。

与零放牧或饲喂青贮饲料的奶牛相比，在种类丰富的草场放牧有益于乳脂中 CLA 和 n-3 PUFA 的增加。种类丰富的牧草可能影响了瘤胃微生物菌群结构或脂肪酶的活性，进而降低了生物氢化程度。研究报道，脂肪酶活性抑制与红三叶中 PPO 或一些次级植物代谢物即精油、皂苷、多酚及儿茶酚胺有关（Kim 等，2009；Lourenço 等，2008）。

有研究报道，与禾本科牧草相比，豆科牧草多不饱和脂肪酸向乳脂中的转移效率更高。例如，与青草青贮（94.3%）相比，尽管红三叶青贮中 α-亚麻酸的氢化率仍然很高（86.1%），但过瘤胃 α-亚麻酸的比例增加了 240%（Dewhurst 等，2003）。与百脉根、菊苣、英国车前草和小地榆相比，新鲜苜蓿的瘤胃生物氢化率最低（Petersen 和 Jensen，2014）。因此，脂肪分解和生物氢化的差异可能与各种不同牧草含有的多酚类物质相关。与青贮、新鲜或枯萎牧草相比，青贮红三叶在瘤胃中的生物氢化率较低（Van Ranst 等，2010；Adler 等，2013），表明青贮红三叶中的脂质受到更多的保护（见第 3.1.3.3 节）。Cabiddu 等（2010）利用体外方法比较了营养期和生殖期冻干红三叶和紫云英对瘤胃脂质脂解和 PUFA 生物氢化的影响。在这两个阶段，紫云英的单宁类多酚水平均高于三叶草，而这两种牧草均含有较低水平的结合类多酚。这两种酚类物质对不饱和脂肪酸瘤胃脂解率和生物氢化率均有降低效果，但单宁酚类物质比结合类多酚更有效。

研究者开发了一些保护 PUFA 免受瘤胃生物氢化的方法。例如将磨碎亚麻籽包埋于白云石灰水合物基质中被证明是一种能保护 PUFA 过瘤胃的有效措施（Alvarado-Gilis 等，2015）。

后面关于叶绿体脂质（释放的或完整的）在瘤胃内的代谢可以提高我们对这些过程的认知。

3.1.5 不同饲料的饲喂与牛乳脂肪酸组成的关系

饲料特征对奶及奶制品的营养和感官品质都有很大影响。过去几十年生产管理的变化,特别是精饲料和青贮饲料高比例使用,以及有限的或零放牧,导致乳脂中风味成分较少。

奶牛(以饲料为基础日粮)用于乳脂合成的脂肪酸来源于日粮和瘤胃微生物(400~450 g/kg)、脂肪组织(100 g/kg)和乳腺从头合成(约 500 g/kg)。上述脂肪酸来源对乳脂生成的相对贡献高度依赖于采食量、日粮组成以及泌乳阶段。高淀粉摄入与高水平的乳腺从头合成脂肪酸有关,导致乳脂中含有更多的饱和脂肪酸。相反,通过放牧摄入更高 PUFAs 会提高乳脂中油酸(*cis*-9 C18:1)、*trans*-11 C18:1 和瘤胃酸含量(Walker 等,2004;Elgersma 等,2006;Shingfield 等,2013)。乳腺从 *trans*-11 C18:1 内源合成 *cis*-9,*trans*-11 CLA 的速率也取决于乳腺中 delta-9-去饱和酶活性。该酶活性受乳腺对 *trans*-C18:1 摄取和其他非日粮因素的调节(Niwinska 等,2011)。

由于几乎所有的试验中都比较了不同日粮的效果,因此,基于不同粗饲料对文献数据进行分类是一项相当困难的任务。

3.1.5.1 季节、不同营养和管理系统

温带和寒带地区,夏季奶牛饲养通常以牧草或青饲料为主,而冬季饲喂则以储藏的牧草为主。因此,牛奶中主要成分含量和脂肪酸组成存在很大的季节性差异。荷兰的一项通过每周对冷藏奶罐样的综合性全年研究清楚地证实了这一点(Heck 等,2009)。C16:1 *trans*-9、C18:1 *trans*-11、C18:2 *cis*-9 和 *trans*-11 CLA 含量在夏季放牧期最高,冬季稳定期最低。这些变化是持续的,可能是由于夏季和冬季日粮的变化。放牧期间草的质量和供应存在不同,脂肪酸的摄入量不可能稳定。令人惊讶的是,通过对比 2005 年和 1992 年使用相同方法的两项研究,发现不期望的饱和脂肪酸含量显著增加。

一项在欧洲 4 个国家(法国、挪威、斯洛伐克和斯洛文尼亚)包括 700 个农场 74 组为期一年的研究中发现,无论是地理位置(纬度和海拔)还是奶牛日粮,以牧草为基础的日粮是生产高 n-3 脂肪酸含量

牛奶的最佳方法（Chassaing 等，2016）。以青贮玉米为基础的 40 种日粮导致牛奶中 n-6 脂肪酸含量较高。富含商品化（包括油菜）的日粮导致牛奶中油酸含量增加。户外时期，放牧显然是最有效的手段，乳脂中含有较低比例的月桂酸、肉蔻酸和棕榈酸，并伴随反式脂肪酸的增加。

对放牧、以粗料为主的室外饲养和以精料为主的舍饲（不添加脂类）3 种饲喂方式的 82 个试验分析显示，放牧是提高乳脂中 $trans$-11 C18:1 和 cis-9, $trans$-11 CLA 含量的最好的饲喂方式（Khiaosa-ard 等，2015）。

若日粮中 α-亚麻酸、亚油酸和总 C18 脂肪酸含量分别约超过干物质的 0.2%、0.8% 和 2.8%，牛乳脂肪酸转化率约维持在摄入水平的 5%、10% 和 82%。

基于放牧的低投入饲养模式增加了有益脂肪酸的比例，然而，牛奶产量较低（Frelich 等，2009；Kusche 等，2015）。Stergiadis 等（2015）比较了 3 种以放牧为基础的奶牛饲喂方式，即常规高密度低牧草摄入量（CH）、常规低密度高牧草摄入量（CL）和有机中等密度中等牧草摄入量（OM），发现牛奶中 PUFAs、cis-9, $trans$-11 CLA 和 $trans$-11 C18:1 的含量在 CL、OM 和 CH 饲喂方式中依次递减。OM 饲喂方式中 n-3 不饱和脂肪酸的比例最大，主要是由于摄入较多的三叶草。

有机奶和普通奶之间脂肪酸组成差异是由不同的饲养管理造成。在为期 12 个月的时间里，我们收集了来自英格兰西北部和威尔士 19 个常规牧场和 17 个有机牧场的大量牛奶样本。有机奶牛场生产的牛奶多不饱和脂肪酸的含量较高，尤其是 n-3 多不饱和脂肪酸，而单不饱和脂肪酸含量较低（Ellis 等，2006）。荷兰一项关于冬季圈养的研究报道，与传统牧场的玉米青贮饲料和精料相比，饲喂三叶草青贮和干草的有机牧场牛奶含有更高比例的共轭亚油酸和 n-3 脂肪酸（Bloksma 等，2008）。同样，英国零售有机牛奶中有益脂肪酸的含量也高于传统牛奶。年间较大差异可能是由于天气变化通过草料可获得性、质量和摄入量影响了牛奶成分（Butler 等，2011）。

Šrednicka-Tober 等（2016）的一项分析显示，有机牛奶和传统牛奶中总 SFAs 与 MUFA 含量无显著差异。然而有机牛奶中总多不饱和脂肪酸和 n-3 PUFAs 的含量明显较高，分别为 7% 和 56%。有机牛奶中 α-亚麻酸、超长链脂肪酸（EPA-DAP-DHA）和 CLA 的含量也显著高于普通牛奶，分别为 69%、57% 和 41%，总 n-6 PUFAs 和亚油酸含量无显著差异。总体来说，有机牛奶展示出比常规牛奶更理想的脂肪酸组成。

Hernandez-Ortega 等（2014）研究了日间或夜间放牧对乳脂肪酸组成的影响，结果发现夜间放牧的奶牛牧草采食量明显高于白天放牧奶牛（5.65 kg/d 和 5.53 kg/d 干物质），乳脂中 PUFAs 和 *cis*-9, *trans*-11 CLA 的比例也是如此。

3.1.5.2 放牧和青草料

数十篇论文报道了奶牛放牧（特别是春季放牧）或饲喂干草或饲喂青草青贮所产牛奶和乳制品的感官和营养特性之间存在显著差异。Elgersma（2015）全面阐述了关于放牧与牛奶中不饱和脂肪酸水平之间关系的最新知识进展。

表 3.8 列出了放牧或饲喂新鲜草料的奶牛乳脂中选定的脂肪酸含量的数据。然而，这些数据应谨慎评估，因为还有许多其他因素影响乳脂脂肪酸组成。从表 3.8 中可以推断，与青贮饲料相比，青饲料导致以棕榈酸为主的 SFAs 比例降低，并提高了 *cis*-9, *trans*-11 CLA 和 *trans*-11 C18:1 的含量。然而，饲喂玉米青贮饲料奶牛乳脂中亚油酸的比例看起来高于放牧奶牛。

Leiber 等（2005）报道放牧和用新鲜牧草舍饲相比对乳脂肪酸组成的影响微乎其微。放牧或饲喂多样化牧草会使乳脂富含 α-亚麻酸和瘤胃酸（Martin 等，2009）。与中海拔地区相比，高山放牧所产牛奶中 α-亚麻酸、*cis*-9, *trans*-11 CLA 以及 *trans*-11 C18:1 的含量也有所增加（Leiber 等，2005；Roda 等，2015）。Coppa 等（2015b）比较了处于早期和晚期的 3 种不同种类的牧草表明，饲喂较早期牧草的奶牛乳脂表现出较好的营养价值。随着草地牧草的枯萎，从头合成脂肪酸、*trans*-11 C18:1、*cis*-9, *trans*-11 CLA 和总 PUFAs 的比例逐渐下降（表 3.8）。

第 3 章 所需化合物

表 3.8 放牧或饲喂新鲜牧草的奶牛乳脂中选定脂肪酸的平均比例（g/100 g 总脂肪酸）与饱和和不饱和脂肪酸的比例（S/U）

植物组成[a]	脂肪酸						S/U	参考文献
	棕榈酸	油酸	反式脂肪酸	亚油酸	α-亚麻酸	瘤胃酸		
梯牧草	29.3	19.5	0.7	1.6	0.6	0.8	—	Villeneuve 等（2013）
多年生黑麦草（76）、杂草（17）	24.0	21.3	2.9	0.6	0.9	1.2	2.09	Wijesundera 等（2003）
多年生黑麦草（51）、白三叶（19）、杂草（19）	27.5	19.9	3.5	0.8	0.7	1.4	2.11	Wijesundera 等（2003）
多年生黑麦草（68）、禾本科（28）、白三叶（2）、杂草（3）	27.6	21.6	3.9	0.7	1.0	1.8	1.80	Kay 等（2005）
多年生黑麦草（74）、光滑草甸草（12）、白三叶（10）	22.3	22.3	2.6	1.5	0.7	1.7	1.40	Rego 等（2016）
多年生黑麦草、白三叶	24.1	21.1[b]	4.7	1.3	0.7	1.7	1.81	Couvreur 等（2006）
多年生黑麦草（60）、白三叶（40）	26.8	22.2	2.7[c]	1.6	1.1	1.3	1.74	Van Dorland 等（2008）
多年生黑麦草（60）、红三叶（40）	28.0	20.0	3.6[c]	1.5	0.9	1.2	1.95	Van Dorland 等（2008）
禾本科植物（77）、三叶草（6）（19 种）	25.3	18.3	4.0[c]	0.9	0.7	1.7[d]	2.19	Leiber 等（2005）
禾本科植物（36）、三叶草（23）（71 种）	25.4	24.1	3.1[c]	1.6	1.2	1.3[d]	1.65	Leiber 等（2005）

（续表）

植物组成[a]	脂肪酸						S/U	参考文献
	棕榈酸	油酸	反式脂肪酸	亚油酸	α-亚麻酸	瘤胃酸		
禾本科植物（50）（32种）	26.2	22.9	2.7	1.2	0.8	1.3	2.01	Ferlay 等（2006）
无芒雀麦（50）、鸡脚（33）、光滑草甸草（7）	23.8	31.9	3.4	2.4	1.2	1.4	1.18	Bargo 等（2006）
牧场：草（55）、红白三叶草（45）	29.2	29.5	3.6	4.7	—	1.1	—	Lahlou 等（2014）
中等生物多样化牧场（31品种，主要为鸭茅和草甸狐尾草）——早期/开花后期	23.1	18.6	3.6	0.8	0.6	2.1	1.37	Coppa 等（2015b）
	25.8	19.1	2.6	0.8	0.6	1.4	1.35	
白三叶（78）、多年生黑麦草（21）	28.7	27.4	3.5	1.9	1.1	0.7	2.0	Petersen 等（2011）
紫花苜蓿（50）、红三叶（20）、羊茅（10）、杂草	23.3	25.4	3.4	1.9	0.6	1.1	1.34	Flowers 等（2008）
草本混合（43）、英国车前草（21）和其他	27.6	29.9	0.6	3.4	1.9	0.4	1.8	Petersen 等（2011）

[a] 括号中的数字是表示某种饲草的重量百分比[以干物质计，Leiber 等（2005）除外]。
[b] cis-9 和 trans-13 C18:1 的总和。
[c] trans-10 和 trans-11 C18:1 的总和。
[d] cis-9, trans-11, trans-8, cis-10 和 trans-7, cis-9 C18:2 的总和。

资料来源：Kalač, P., & Samková, E. (2010). The effects of feeding various forages on fatty acid composition of bovine milk fat: a review. Czech J. Anim. Sci., 55, 521–537. 此资料经捷克农业科学院许可使用。

从饲喂牧场的新鲜牧草转换到混合干草和玉米青贮的冬季饲料,会在 2 天内改变牛乳脂肪酸组成。大多数变化发生在转换后的 4 天内,营养性脂肪酸组成下降。肉豆蔻酸和棕榈酸的比例显著增加,而 C18:0、cis-9 C18:1 和瘤胃酸以及总 CLA 的比例显著下降(Elgersma 等,2004)。Khanal 等(2008)研究了以多年生黑麦草为主要饲料的牧场转换和转回过程中 29 天每日牛奶脂肪酸组成变化,发现在放牧第 23 天,cis-9,$trans$-11 CLA 占总脂肪比例从 0.45% 增加至最高为 2.53%,此后趋于稳定。同时,$trans$-11 C18:1 占总脂肪比例在放牧第 22 天从 2.89% 提高至 7.95%,此后趋于稳定。从放牧前到放牧后,亚油酸含量逐渐下降,第 22 天以后没有进一步下降,而亚麻酸含量一直增加到第 7 天。在该研究中,在将奶牛转至草场后,需要 23 天乳脂中 cis-9,$trans$-11 CLA 才能恢复至最高水平,而一旦奶牛退出牧场并饲喂牛场保存的粗饲料和谷物,只需 4 天就能将其恢复到原始水平。Rego 等(2016)也报道类似结果。荷斯坦奶牛从牧场过渡到室内后,大部分脂肪酸和总脂肪酸需要 14~21 天才能稳定,而过渡回牧场后只需 4~7 天。他们的结果表明奶牛从放牧过渡到 TMR 日粮的过程中,稳定牛奶 FAs 含量需要比反向转换所需的时间更长。这种差异归因于瘤胃微生物菌群对不同饲料的适应时间不同。

与饲喂干草或青贮料相比,放牧或饲喂新鲜牧草可产生营养性更高的牛奶脂肪酸组成,这一点已得到普遍认同。

3.1.5.3 干草

与新鲜饲草或青贮饲料相比,干草对乳脂影响的文献数据极少。

在泌乳早期添加干草或秸秆作为纤维来源,对放牧奶牛乳脂肪酸组成的影响较小(Wijesundera 等,2003)。

虽然饲喂干草的奶牛亚油酸和 α-亚麻酸的摄入量较低,但乳脂中亚油酸和 α-亚麻酸含量高于饲喂混合羊茅和草甸羊茅青贮饲料的奶牛。饲料保存方法对奶中 $trans$ C18:1 或 CLA 含量没有明显影响(Shingfield 等,2005)。

通过比较约 1/2 来自草甸干草或玉米青贮饲料(以干物质计)的两种日粮,Staszak(2007)发现饲喂干草的奶牛乳脂中亚油酸、CLA、 α-亚麻酸和总不饱和脂肪酸的含量较高。这一结果也得到 Bernardini 等（2010）试验的证实。

3.1.5.4 青贮饲料

表3.9整理了饲喂贮存牧草的奶牛乳汁中脂肪酸的数据。将这些数据与饲喂新鲜粗料的奶牛乳脂肪酸数据进行比较（表3.8），结果存在明显的差异。饲喂青贮饲料的奶牛乳脂中有更高的饱和脂肪酸与不饱和脂肪酸的比值和棕榈酸比例，而有益的 trans-11 C18:1 和 cis-9, trans-11 CLA 比例较低，牧草青贮期间发生的脂解可能是造成差异的主要原因。

与鲜草类似，与来源于集中管理草地的青草青贮相比，饲喂半天然草地的牧草青贮因瘤胃中生物氢化降低进而增加了牛奶中共轭亚油酸的含量（Lourenço 等，2008）。

因青贮饲料类型和其他影响乳脂组成的众多因素之间的相互作用，导致对所报告数据评估变得复杂。在大多数研究试验中，比较了来自不同牧草制备的两种或两种以上青贮饲料对乳脂肪酸组成的影响。

玉米青贮饲料是冬季日粮的主要来源，在一些生产管理中也被全年采用。据 Nielsen 等（2006）报道，与青草青贮相比，饲喂玉米青贮的牛奶中含有更高的共轭亚油酸含量。然而，青贮类型与 cis-9, trans-11 CLA、trans-10, cis-12 CLA、trans C18:1 和 trans-10 C18:1 水平之间存在显著的相互作用。因此，除非与富含淀粉和亚油酸的饲料（如玉米青贮料）混合，高谷物精料日粮不会改变瘤胃中多不饱和脂肪酸生物氢化的模式，以及牛奶中 CLA 和 trans C18:1 的含量。

三篇文献对红三叶青贮、梯牧草和草甸羊茅混合青贮和多年生黑麦草青贮进行了比较，结果发现红三叶青贮饲喂造成牛奶中饱和脂肪酸比例降低，而 PUFA 和 MUFA 的比例增加（Vanhatalo 等，2007；Halme-mies-Beauchet-fillau 等，2014；Moorby 等，2009）。与饲喂生长后期的红三叶青贮相比，饲喂生长早期制作的红三叶青贮使乳脂中有益 PUFA 增加更高（Vanhatalo 等，2007）。这些变化可部分通过红三叶青贮中的多酚酶活性来解释（见第3.1.3.3节）。

第3章 所需化合物

表3.9 奶牛饲喂不同青贮料和干草的牛奶脂肪中选择性脂肪酸的平均比例（每100 g 总脂肪酸中的克数）和饱和脂肪酸与不饱和脂肪酸的比值（S/U）

青贮:组成[a] 和比例[b]		脂肪酸							参考文献
		棕榈酸	油酸	反式脂肪酸	亚油酸	α-亚麻酸	瘤胃酸	S/U	
单一牧草青贮									
玉米	83	31	19.4[c]	0.9	1.6	0.2	0.5	2.5	Couvreur 等（2006）
	86	31	16.7	1	1.5	0.2	0.7	3.3	Ferlay 等（2006）
	50	32.6	18.5	0.5	2.7	0.2	0.4	2.07	Benchaar 等（2007）
	50	32.9	16.3[d]	0.9	2.3	0.2	0.5	2.98	Kliem 等（2008）
	60	26.4	19.1	1.9	2.4	0.5	0.8	1.59	Rego 等（2016）
多年生黑麦草	87	32.1	16	0.9	1.1	0.9	0.5	3.48	Ferlay 等（2006）
	adlib.	29.7	19.2	1.9[f]	1.5	0.9	0.8	2.25	Van Dorland 等（2008）
	adlib.	38.5	21.5	2	1	0.6	0.5	2	Moorby 等（2009）
梯牧草	adlib.	36.3	15.7	1	1	0.3	0.5	2	Villeneuve 等（2013）
梯牧草/牛尾草	60	33.6	14.9	1.1	1.2	0.5	0.5	2.69	Halmemies-Beauchet-Filleau（2014）
红三叶草	83	31.8	20.0[e]	1.3	1.5	1.5	0.4	2.72	Dewhurst 等（2003）
	adlib.	26.3	18.7	0.9	1.7	1.1	0.4	2.14	Vanhatalo 等（2007）
	adlib.	36.5	24.7	2	1.6	1.5	0.4	2	Moorby 等（2009）

（续表）

青贮组成[a]和比例[b]	脂肪酸						S/U	参考文献
	棕榈酸	油酸	反式脂肪酸	亚油酸	α-亚麻酸	瘤胃酸		
白三叶草 60	32.5	15.3	1.2	1.8	1.2	0.6	2.41	Halmemies-Beauchet-Filleau 等 (2014)
白三叶草 70	32.9	17.9[e]	1.1	1.5	1	0.3	3.14	Dewhurst 等 (2003)
紫花苜蓿 50	29.2	20.9	1.5	2.5	0.6	0.7	1.95	Benchaar 等 (2007)
混合青贮								
玉米青贮/紫花苜蓿青贮 (83:17) adlib.	27.6	20.7	3.1	1.7	0.4	1	—	Larsen 等 (2013)
玉米青贮/紫花苜蓿青贮 (67:33) adlib.	29.2	20.3	2.7	1.6	0.5	0.8		
玉米青贮/紫花苜蓿青贮 (60:40) 55	32.5	21.7	2	2.4	0.4	0.5	2.13	Sinclair 等 (2015)
玉米青贮/牧草青贮 (60:40) 55	31.9	21.8	2	2.3	0.3	0.5	2.13	Sinclair 等 (2015)
玉米青贮/多年生黑麦草/干草 (48/41/11) 65	31.9	23	1.6	1.7	0.3	0.7	1.86	Kay 等 (2005)
黑麦草 (3个品种) 80	34.3	19.0[e]	1.2	0.9	0.5	0.4	3.08	Dewhurst 等 (2003)
黑麦草 (3个品种)/红三叶草 (50/50) 81	34.4	19.6[e]	1.4	1.1	0.8	0.5	2.86	Dewhurst 等 (2003)
多年生黑麦草/红三叶草 (60/40) adlib.	31.3	17.1	1.8f	1.4	1	0.7	2.57	Van Dorland 等 (2008)
多年生黑麦草/白三叶草 (60/40) adlib.	23.1	16.7	1.6f	1.4	1.1	0.7	2.62	Van Dorland 等 (2008)
梯牧草/牛尾草 62	34.2	15	2	1	0.4	0.4	2.97	Shingfield 等 (2005)

（续表）

青贮组成[a] 和比例[b]		脂肪酸						S/U	参考文献
		棕榈酸	油酸	反式脂肪酸	亚油酸	α-亚麻酸	瘤胃酸		
梯牧草/牛尾草干草	adlib.	28.8	16.7	1	1.3	0.4	0.4	2.56	Vanhatalo 等（2007）
黑麦草	90	30.2	15.4	1.8[c]	1	1	0.9	3.26	Ferlay 等（2006）
低 WSC 品种	adlib.	25.7	21.6	4.6[d]	1.5	1.7	1.8	1.51	Staerfl 等（2013）
高 WSC 品种	adlib.	30.3	19.7	3.8[d]	1.1	0.8	1.6	1.81	
梯牧草	adlib.	37.8	13.9	0.4[e]	1.2	0.4	0.3	2	Villeneuve 等（2013）
山地草原干草	87	28.6	16	1.4[f]	1.1	1.3	0.7	3.26	Ferlay 等（2006）

[a] 括号中的数字是表示某种饲草的干物质含量%。
[b] 日粮中粗饲料的干物质的重量百分比。
[c] cis-9 和 trans-13 C18:1 总和。
[d] cis-9 和 trans-15 C18:1 总和。
[e] cis-9 和 cis-11 C18:1 总和。
[f] trans-10 和 trans-11 C18:1 的总和。
WSC: 水溶性碳水化合物。

资料来源: Kalač, P., & Samková, E.（2010）. The effects of feeding various forages on fatty acid composition of bovine milk fat: a review. Czech J. Anim. Sci. 55, 521–537. 经捷克农业科学院许可使用。

因此，饲喂豆科青贮和饲喂新鲜豆科牧草对牛乳脂中不饱和脂肪酸的比例具有相似的影响。

3.1.6 乳脂氧化稳定性

对有益的不饱和脂肪酸增加的评估也应考虑乳脂的氧化稳定性。

与牧草青贮相比，饲喂红三叶和苜蓿青贮的乳脂更容易发生氧化变质。通过在精料中添加维生素 E 可有效避免氧化易感性。

Havemose 等（2004）报道，与饲喂玉米青贮相比，饲喂牧草青贮的奶牛脂质氧化更高，尽管后者具有更高的抗氧化能力。因此，天然抗氧化剂单态氧的淬灭并不能阻止脂质氧化。不同比例的 α-亚麻酸（饲喂牧草青贮和玉米青贮的奶牛乳脂中总脂肪酸含量分别为 0.7 g/100 g 和 0.2 g/100 g）被认为对脂质过氧化物的形成很重要。

Havemose 等（2006）进一步评估了饲喂三叶草青贮或干草的牛奶氧化稳定性差异，发现饲喂青贮的奶牛乳脂发生了较高程度的脂质氧化。另外，与以前的研究相似，天然抗氧化剂含量并不能阻止其氧化，不同含量的 α-亚麻酸（青贮饲料和干草中的总脂肪酸分别为 0.8 g/100 g 和 0.4 g/100 g）是发生氧化的原因。

3.1.7 脂肪酸作为奶牛乳制品鉴定的标记

消费者意识到乳制品行业的饲养和管理模式的重要性，例如牧场放牧、草饲和有机农场，这些模式被认为更符合天然、健康和尊重动物福利的理念。例如，根据欧洲标准，有机农场动物每天饲喂的饲料中应该含有至少60%的新鲜牧草。美国农业部要求有机乳制品生产商在120天的放牧季节中至少有30%的奶牛干物质采食量（DMI）来自牧场。从前一节可以看出，在草地放牧条件下生产的牛奶脂肪酸组成被认为是优于日粮中没有新鲜牧草的牛奶。

脂肪酸组成和特定的微量脂肪酸已经被用作鉴别草地条件下生产的奶及奶制品的生物标志物。这些生物标记物既可以从日粮转至乳中，也可以由瘤胃微生物或动物新陈代谢特异性地产生（Capuanoetal，2014b）。

正如 Hurtaud 等（2014）报道，通过对牛乳脂肪酸组成的线性判别分析，可以可靠区分饲喂新鲜或储存牧草、玉米青贮以及含有亚麻籽玉米青贮的牛奶。一项利用欧洲 10 个国家的 1 248 份散装牛奶样本的数据集的研究阐明了脂肪酸组成可用于预测收集牛奶样本的奶牛日粮组成和海拔高度（Coppa 等，2015a）。该模型在预测新鲜牧草方面表现较优，对干草的预测效果良好，对玉米青贮和草料青贮的预测效果属于中等水平，但在精料方面的预测效果较差。此外，海拔高度不能被成功预测。

分类模型是基于收集于荷兰 113 份散装牛奶样本的脂肪酸图谱开发而成（Capuano 等，2014b）。可有效区别每天饲喂新鲜饲草或日粮中无新鲜饲草获得的牛奶，但不能有效区分室内饲喂新鲜饲草获得的牛奶。与传统牛奶相比，有机牛奶的脂肪酸含量与传统牛奶不同，但在夏季和冬季都不能有效区分。然而，这些模型不能推广到个体奶牛的牛奶和巴氏杀菌的零售牛奶。在日本北海道的条件下，用 16 种脂肪酸对牛奶进行鉴别分析显示，"放牧牛奶" 高度依赖放牧（Mitani 等，2016）。

关于微量脂肪酸辨别，如上所述，到目前为止已在奶牛乳脂中鉴定出数百种脂肪酸。乳脂含有 2~3 g/100 g 的来自瘤胃微生物膜脂质的奇支链脂肪酸（OBCFA）。如 Vlaeminck 等（2006）综述中提到，牛奶中 OBCFA 被认为是评估奶牛营养供给的潜在标记。提高日粮粗料比例常常会增加牛奶支链脂肪酸比例，其中对 *iso* C14:0 和 *iso* C15:0 的影响最大。Patel 等（2013）发现，增加日粮青草青贮比例提高了乳脂中 CLA、C15:0、C17:0、*iso* C15:0 以及总支链脂肪酸的含量。牛奶中总支链脂肪酸含量与日粮中性洗涤纤维的含量呈正相关。

奶牛乳脂中的原酸（2、6、10、14-四甲基五烷酸）和植酸（3、7、11、15-四甲基十六烷酸）不适宜作为放牧或有机牧场的标记物。然而，植酸 R - 与 s - 非对映异构体比例作为标志物可能是有用的（Capuano 等，2014a）。

Caligiani 等（2014）对环丙烷脂肪酸（CPFA），如乳酸（11、12-十二甲烷酸）和二氢甾体酸（9、10-亚甲烷酸）的研究发现，CPFA 占牛奶中总脂肪酸比例为 0.014~0.105 g/100 g，而山羊奶和绵羊奶 CPFA 检测则为阴性。环丙烷脂肪酸是从青贮饲料中的细菌膜中释放出来的，因此，用 CPFA 作为区分饲喂青贮饲料和干草饲料的牛奶看起来是合适的。相反，在发酵的条件下，普遍存在于发酵乳和奶酪中的乳酸菌似乎不会释放 CPFA。

3.1.8　山羊和绵羊乳脂脂肪酸

绵羊奶脂肪含量平均为 6.5%，而牛奶和山羊奶为 3.5%，这也是三种奶常规成分的主要差别，绵羊、山羊和奶牛的总固形物含量分别为 17.5%、13.0% 和 12.5%，进而影响平均能量值分别为 1 050 kcal/L、650 kcal/L 和 700 kcal/L。绵羊奶和山羊奶较牛奶相比脂肪球较小，使得这两种小反刍动物奶更易消化（Zervas 和 Tsiplakou，2011）。

与牛奶相比，山羊和绵羊乳脂成分的数据有限。仅有几篇文献对三种奶进行比较。Ruiz-Sala 等（1996）报道，绵羊乳脂富含短链和中链三酰甘油，而奶牛乳脂富含长链和不饱和三酰甘油。Zervas 和 Tsiplakou（2001）的研究数据显示，绵羊、山羊和奶牛乳中平均中链脂肪酸（C6:0、C8:0 和 C10:0）比例分别为 10%、15.9% 和 6.3%。这些在山羊和绵羊奶中存在的高比例脂肪酸参与了抗菌和抗病毒特性和溶解沉淀的胆固醇。然而，这些脂肪酸也赋予了山羊奶或绵羊奶特有的"山羊味或羊肉味"。绵羊、山羊和牛奶中 SFAs 的平均比例分别为 61%、74% 和 70%，单不饱和脂肪酸（MUFA）比例分别为 32%、21% 和 25%。

Legarto 等（2014）进行的一项广泛研究中，评估了法国 1 157 个牛场、209 个山羊场和 162 个绵羊场的饲养管理模式对脂肪酸组成的影响。最低的 SFAs 含量在一整天的时间段内观察到。这种季节性效应在山羊和绵羊中较低，并受到放牧期的影响。饲喂管理模式对奶牛的影响大于对绵羊和山羊的影响。放牧和青草饲喂系统对奶牛和山羊奶中的脂肪酸组成具有相同的影响。饱和脂肪酸的比例减少，特别是在奶牛乳中，单不饱和脂肪酸（MUFA）和多不饱和脂肪酸（PUFA）的含量增加。补饲贮存粗饲料的饲喂模式对乳脂脂肪酸组成的影响较小。

对来自半广泛生产系统的 760 份绵羊乳样品进行的分析，涵盖了冬季、春季和夏季的样品。结果显示，α-亚麻酸、反式瘤胃酸、反式-烯酸和总多不饱和脂肪酸的含量在夏季样品中最高，而饱和脂肪酸，尤其是月桂酸、肉豆蔻酸和棕榈酸的含量较低（Papaloukas 等，2016）。

根据 Jahreis 等（1999）的研究，三种牛奶中总 CLA 含量，主要是 *cis*-9,*trans*-11 CLA，随季节变化，CLA 与 *trans* C18:1 存在密切的正相关关系。如表 3.10 结果所示，绵羊奶 CLA 含量最高，其次是牛奶和山羊奶。Wolff（1995）报道，绵羊和山羊乳脂中 *trans* C18:1 占总脂肪酸比例分别为（4.5±1.1）g/100 g 和（2.7±0.9）g/100 g，*trans*-11 C18:1 是主要异构体。以苜蓿干草、小麦秸秆和精料为基础的相同日粮饲喂绵羊和山羊的结果表明，绵羊奶中 *cis*-9,*trans*-11 CLA（1.56 g/100 g vs 0.92 g/100 g 总脂肪酸）和 *trans*-11 C18:1（3.00 g/100 g vs 1.70 g/100 g 总脂肪酸）含量均高于山羊奶（Tsiplakou 和 Zervas，2008）。

因此，已有报告表明绵羊奶较山羊奶相比含有更高的 *cis*-9,*trans*-11 CLA 和 *trans*-11 C18:1。

表 3.10　反刍动物的有机散装奶中单不饱和脂肪酸（MUFA）、多不饱和脂肪酸（PUFA）和总共轭亚油酸（CLA）的平均含量（g/100 g 总脂肪酸，$n=8$）

反刍动物	MUFAs	PUFA	CLA
牛	23.2±1.7	2.42±0.60	1.01±0.25
山羊 放牧	26.9±5.4	2.58±0.21	0.65±0.25
山羊 舍饲	21.8±0.9	4.05±0.25	0.64±0.15
绵羊	23.0±3.2	3.85±1.35	1.08±0.32

资料来源：Jahreis, G., Fritsche, J., Möckel, P., Schöne, F., Möller, U., & Steinhart, H. (1999). The potential anticarcinogenic conjugated linoleic acid, *cis*-9,*trans*-11 C18:2, in milk of different species: cow, goat, ewe, sow, mare, woman. Nutr. Res., 19, 1541–1549.

3.1.8.1　山羊（*Caprine*）乳脂脂肪酸组成

关于山羊奶质量、安全和生产方面的总体信息，可参考 Silanikove 等（2010）发表的综述文章。

从 Chilliard 等（2007，2014）综述文献的结果来看，泌乳阶段对山羊和奶牛乳脂产量和脂肪酸组成的影响相似。相反，两种反刍动物乳脂产量和脂肪酸组成对日粮反应特别是对日粮添加脂肪的反应在这两种反刍动物是不同的。山羊对日粮引起的瘤胃生物氢化途径的改变不敏感，即导致奶牛主要中间产物 *trans*-11 C18:1 转化为 *trans*-10 C18:1。山羊乳脂分泌对具有抗脂生成的 *trans*-10,*cis*-12 CLA 也不敏感。与这些结果一致的是，和奶牛相比，富含淀粉和多不饱和脂肪酸的日粮对山羊乳腺生脂基因的表达影响较小。山羊奶风味或酸败的形成与该物种乳脂脂肪酸组成和脂解系统固有特性有关。与奶牛相比，山羊奶中脂蛋白脂酶活性较低。

表 3.11 列举了关于饲喂不同粗饲料的山羊乳脂中部分脂肪酸的数据。与牛奶相比，牧草对山羊乳脂肪酸组成的影响的相关研究非常有限，绵羊乳脂肪酸也是如此。

Steinshamn 等（2014）研究发现，与饲喂干草山羊相比，放牧山羊奶中饱和脂肪酸（C12:0、C14:0 和 C16:0）比例较低，而 C18:0、*trans*-11 C18:1、*cis*-9,*trans*-11 CLA 及 α 黄亚麻酸的比例较高。在固定精料比例的条件下（占日粮 30%），多年生黑麦草和白三叶草混合物比例的改变，造成山羊奶中脂肪酸组成发生显著变化。新鲜牧草比例的降低造成乳中 C12:0、C14:0 和 C16:0 比例增加，而 *trans*-11 C18:1、*cis*-9,*trans*-11 CLA 及 α-亚麻酸比例降低。因此，低比例新鲜牧草降低了乳脂的营养价值（Renna 等，2012a）。山羊从室内饲喂干草和精料到室外自由放牧的突然过渡，导致乳脂肪酸组成在 23 天内发生了显著变化（Renna 等，2012b）。在过渡前几天，脂肪酸组成就发生了变化，总 *trans* C18:1 和 *trans* C18:2、CLA 和 ω-3 脂肪酸稳定增加，试验结束时，这些脂肪酸含量分别为开始时的 4.0 倍、3.0 倍、3.9 倍和 2.2 倍。从益于健康来看，过渡后的乳脂成分持续改善。Cermaük 等（2013）也报道了相似结果。此外，干酪的脂肪酸组成与鲜山羊奶相似。

单独饲喂车轴草和饲喂 1∶1 比例的车轴草和精料生产的山羊奶中 *cis*-9,*trans*-11 CLA 含量分别为 1.85 g/100 和 1.05 g/100 g 脂肪，*trans*-11 C18:1 含量分别为 0.51 g/100 g 和 0.35 g/100 g 脂肪（Tyagi 等，2009）。

总体而言，与奶牛类似，干草中添加新鲜牧草可提高山羊乳脂成分的营养价值。

3.1.8.2 绵羊（Ovine）乳脂肪酸组成

表 3.11 列举了关于饲喂不同草料的绵羊奶中测定的脂肪酸含量。

Templeman 和 Tivey（1997）报道，与牛奶相比，绵羊奶中含有较高的 PUFAs 和 SFAs（C8:0-C14:0）含量，较低的长链脂肪酸（C15:0-C24:0）含量。

Cabiddu 等（2005）对提高绵羊奶中有益脂肪酸水平的已有数据进行了整理。采食豆科和禾本科混合的牧草，绵羊乳脂中 PUFA 比例高于采食单独禾本科牧草（表 3.11）。如果混合牧草中含有富含亚油酸的菊科植物-苘蒿，则奶中 *trans*-11 C18:1 和 *cis*-9, *trans*-11 CLA 含量更高。Meĭuchovát 等（2008）基于研究结果推断，放牧绵羊奶中 CLAs 含量的季节性变化主要与牧草中 α-亚麻酸季节性变化有关。

通过对青大麦或多年生黑麦草轮牧和由燕麦干草、燕麦青贮精料组成日粮（舍饲）比较，Atti 等（2006）发现，绵羊奶中 C4:0-C10:0 含量没有差异，然而放牧绵羊奶中的中链脂肪酸含量显著增加。相反，放牧绵羊奶长链脂肪酸含量增加，放牧和舍饲绵羊奶中 α-亚麻酸含量分别为 0.45 g/100 g 和 0.27 g/100 g 脂肪。放牧绵羊奶中总 CLAs 含量也显著高于舍饲，即多年生黑麦草放牧、青大麦放牧和舍饲绵羊奶中总 CLA 含量分别为 1.03 g/100 g、0.73 g/100 g 和 0.25 g/100 g 总脂肪。Dervishi 等（2012）也报道了类似结果。他们比较了高山放牧（主要是高羊茅、草甸羊茅和白三叶）与饲喂来自相同牧场制备的干草，放牧绵羊奶中 *cis*-9, *trans*-11 CLA 含量显著高于饲喂干草绵羊。Mierlita（2012）也证实了放牧较储存牧草相比的优越性。较以干草和精料为基础的 TMR 日粮相比，放牧绵羊奶中有更高的 *trans*-11 C18:1、*cis*-9, *trans*-11 CLA 和 α-亚麻酸含量，但中链脂肪酸含量较低。

与饲喂精料比例高达 50% 的牧草青贮混合日粮相比，饲喂牧草青贮绵羊奶中含有更高比例的 CLAs 和 α-亚麻酸，而 C18:0 和 18:2n-6 比例显著降低（Bernes 等，2012）。Mierlita 和 Vicas（2015）报道，与饲喂青贮牧草组相比，玉米青贮组绵羊奶中 RA 含量较高（2.24 g/100 g vs 1.67 g/100 g 总脂肪酸），以及反式十八碳烯酸（TVA）含量也较高（3.65 g/100 g vs 2.88 g/100 g 总脂肪酸）（表 3.11）。在奶牛饲料中，玉米青贮和禾本科牧草青贮对有益脂肪酸含量的影响没有明显差异（参见表 3.9），这并不常见。

表 3.11 饲喂不同饲草的山羊乳脂中选定脂肪酸的平均含量（g/100 g 脂肪）

饲草种类	脂肪酸						文献
	C16:0	cis9 C18:1	trans C18:1	C18:2 n-6	C18:3 n-3	cis-9, trans-11 CLA	
山羊							
全年概况（n=332）	28.4	18.6	—	2.5	0.5	0.5	Ferrand-Calmels 等（2014）
全年概况：							
阿尔卑斯奶山羊（7 349 只）	27.9	20.4	—	—	—	0.5	Maroteau 等（2014）
萨能奶山羊（6 328 只）	28.5	20.2	—	—	—	0.5	
冬季奶	23.1	27.6	—	5.0	0.6	—	Siefarth and Buettner（2014）
夏季奶	28.0	23.1	—	4.5	0.7	—	
牧场放牧（多年生黑麦草和红三叶草）	18.2	18.8	4.0[b]	1.2	1.0	0.1	Renna 等（2012b）
播种牧场放牧（梯牧草、草甸羊茅和光滑的草地）——早期放牧季节	26.6	28.3	0.7	1.0	0.3	0.2	Steinshamn 等（2014）
——晚期放牧季节	29.8	21.0	0.8	0.7	0.2	0.2	Steinshamn 等（2014）
高山开阔草原（主要是禾本科）	19.1	11.6	1.6	1.2	0.4	—	Iussig 等（2015）
新鲜饲料	25.4	20.0	0.5[b]	—	1.3	1.9	Tyagi 等（2009）
草坪干草	26.4	16.9	2.3	2.1	1.0	0.8	Bernard 等（2009）

(续表)

饲草种类	脂肪酸						文献
	C16:0	cis9 C18:1	$trans$ C18:1	C18:2 n-6	C18:3 n-3	cis-9, $trans$-11 CLA	
草坪干草[a]	21.6	25.4	1.0[b]	1.6	0.5	痕量	Renna 等（2012b）
草地干草（主要是梯牧草和草甸羊茅）高品质	31.5	26.4	0.5	1.0	0.3	0.1	Steinshamn 等（2014）
低品质	27.7	31.7	0.8	1.1	0.2	0.2	Steinshamn 等（2014）
一年生和多年生混合种的干草（干旱的北非科尔坦）	27.7	16.1	1.6	2.1	0.3	0.7	Ayeb 等（2016）
燕麦干草	25.9	20.2	0.7	1.7	0.3	0.6	Ayeb 等（2016）
苜蓿干草和小麦秸秆	30.6	25.6	1.7[b]	2.9	0.3	0.9	Tsiplakou 和 Zervas（2008）
玉米青贮	29.9	13.7	2.4	2.4	0.2	0.8	Bernard 等（2009）
绵羊							
全年概况（n=200）	26.6	15.8	—	1.4	0.7	0.9	Ferrand-Calmels 等（2014）
一年生黑麦草-新鲜的，春季	24.7	21.1	2.5	1.5	1.4	1.4	Addis 等（2005）
新鲜，冬季	23.9	22.0	2.1	1.6	1.5	1.2	Addis 等（2005）
新鲜，成长阶段[a]	22.0	13.2	2.6[b]	1.1	1.3	1.5	Cabiddu 等（2005）

(续表)

饲草种类	脂肪酸						文献
	C16:0	cis9 C18:1	trans C18:1	C18:2 n-6	C18:3 n-3	cis-9, trans-11 CLA	
新鲜，繁殖期[a]	26.0	16.4	1.9[b]	1.3	1.4	1.2	Cabiddu 等（2005）
苏拉-新鲜，生长阶段[a]	24.3	11.9	2.9[b]	1.6	2.5	1.3	Cabiddu 等（2005）
新鲜，生长阶段[a]	25.7	11.6	1.6[b]	1.7	3.3	0.7	Cabiddu 等（2005）
毛刺三叶草-新鲜，春季	23.1	29.9	2.3	2.8	1.8	1.7	Addis 等（2005）
新鲜，冬季	23.9	21.5	3.2	2.4	2.2	2.3	Addis 等（2005）
多年生黑麦草牧草[a]	27.7	21.2	—	1.6	0.4	1.0	Atti 等（2006）
青稞放牧	26.2	21.4	—	1.7	0.5	0.7	Atti 等（2006）
牧场放牧-春季	22.4	18.3	5.1[b]	2.3	1.7	1.3	Meluchová 等（2008）
放牧，秋季	23.7	21.5	4.0[b]	2.9	1.5	2.8	Meluchová 等（2008）
放牧（盛行高羊茅、草甸羊茅和白三叶草）	20.0	28.6	0.5[b]	1.9	1.5	1.6	Dervishi 等（2012）
饲料							
放牧+700 g 干草	23.3	22.5	3.5	2.0	2.1	2.0	Mierlita（2016）

(续表)

饲草种类	脂肪酸						文献
	C16:0	cis9 C18:1	trans C18:1	C18:2 n-6	C18:3 n-3	cis-9, trans-11 CLA	
玉米青贮饲料	22.7	14.1	6.7	5.0	0.4	0.8	Reynolds 等 (2006)
	21.7	13.9	6.2	2.8	0.3	0.6	Reynolds 等 (2006)
	24.3	18.2	3.7[b]	1.4	0.8	2.2	Mierlita 和 Vicas (2015)
青贮饲料[a]	29.3	23.7	2.1[b]	1.3	2.0	0.7	Bernes 等 (2012)
青贮草 (鸭茅、梯牧草等)	20.7	24.1	2.9[b]	1.7	1.8	1.7	Mierlita 和 Vicas (2015)
紫花苜蓿干草	22.5	14.8	4.9	3.3	0.7	2.7	Reynolds 等 (2006)
燕麦青贮和燕麦干草	31.9	19.1	—	1.6	0.3	0.2	Atti 等 (2006)
草地干草 (高羊茅, 草甸羊茅和白三叶草)[a]	21.7	27.7	0.5[b]	2.2	1.5	1.2	Dervishi 等 (2012)
草地干草	24.9	18.9	2.2	2.2	1.3	1.1	Mierlita (2016)
紫花苜蓿芯块	30.5	6.8	5.6	3.4	1.1	0.2	Reynolds 等 (2006)
苜蓿干草和麦秸	28.5	22.8	3.0[b]	3.8	0.6	1.6	Tsiplakou 和 Zervas (2008)

[a] 脂肪酸比例表示为 g/100 g 乳脂。
[b] trans-11 C18:1 含量。

综上所述，新鲜牧草对绵羊奶脂肪酸组成的影响大于相同种类的储存干草全混合日粮。截至本书出版，由于缺乏数据，我们还无法比较新鲜禾本科牧草和新鲜豆科牧草类对脂肪酸组成的影响。

3.1.9 结论

改善反刍动物奶中脂肪酸组成，尤其牛奶，已成为一项长期策略。研究者已经在几个方面对提高不饱和脂肪酸比例（PUFAs、CLAs 和 $trans$-11 C18:0）和降低与高胆固醇相关的饱和脂肪酸（SFAs）比例进行了尝试和探索，最重要的是饲养方式。尽管粗饲料中脂肪酸含量水平相对较低，但它们是最经济实惠的选择，常作为反刍动物日粮不饱和脂肪酸的主要来源。α-亚麻酸是新鲜粗饲料（除玉米外）中的主要脂肪酸，其次是棕榈酸和亚油酸。

多不饱和脂肪酸的氧化损失发生在青贮前的长期枯萎、田间干燥和青贮饲喂期间。青贮期间大量的脂解会提高瘤胃多不饱和脂肪酸的生物氢化速率。因此，与饲喂青贮或干草的奶牛相比，饲喂新鲜牧草的牛奶，特别是物种丰富的草原或饲用豆科牧草，有较高的不饱和脂肪酸与脂肪酸的比例，而且有益的反式脂肪酸即 cis-9, $trans$-11 CLA 和 $trans$-11 C18:1 的含量较高。尽管数据较少，但在绵羊和山羊奶中也得出类似结果。饲喂禾本科牧草青贮或豆科牧草青贮的奶牛的乳脂比饲喂玉米青贮的乳脂在营养上更好。但是，前者脂肪更易氧化。

总之，乳脂肪酸组成是饲料、动物和环境等多种因素综合作用的结果，牧草只是其中一个参与因素。再者，脂肪酸组成只是畜牧管理系统决策须考虑的因素之一。

3.2 维生素和维生素原

畜禽健康是影响动物性食品质量、安全和健康效应的主要因素。饲料质量是决定动物健康和必需微量营养素（特别是维生素和维生素原）迁移进入动物产品的一个非常重要的因素。

在牧草供应和日照不足的集约化养殖条件下，牛对脂溶性维生素 A

（视黄醇）、维生素 D（维生素 D_2 麦角钙化醇和维生素 D_3 胆钙化醇）和维生素 E（生育酚）需要量在过去十年已被进行了修订。最新的维生素需要量可通过维生素补充剂实现。然而，工业合成维生素补充剂并不能满足现代有机生产模式。新鲜和储藏牧草是维生素及维生素前体物最安全和最方便的天然来源。其次胡萝卜素、视黄醇和生育酚具有抗氧化作用，能够保护牛奶、乳制品及体脂中不饱和脂肪酸免受氧化。

关于类胡萝卜素，本节只列出能够转化为视黄醇的类胡萝卜素，而其他具有生物活性的类胡萝卜素将在第 3.3 节中描述。

3.2.1 β-胡萝卜素和维生素 A

全反式视黄醇（VA1）是天然化合物中生物活性最活跃的化合物。在人类营养中，视黄醇缺乏在一定程度上会对上皮组织产生负面影响（如皮肤增厚、过度角质化），也可导致夜盲症。成人每日需要量为 0.8~1.0 mg（2 600~3 300 IU），妊娠期和哺乳期妇女需要量适当增加，儿童每日需要量为 0.4~0.6mg（1 300~2 000 IU）。约 1/2 或更多的需要量是通过植物源性食物中维生素原提供，另一部分则由动物源性食品中的视黄醇和维生素原来提供。例如，在捷克共和国人口中，奶及奶制品满足人体约 15% 的视黄醇需要量。肝脏中视黄醇吸收及其储存基本上是以脂肪酸酯形式发生，肝脏储存 250~500 mg 视黄醇。

维生素 A 的总含量通常以国际单位（IU）表示。一个 IU 相当于 0.3 μg 视黄醇、0.6 μg β-胡萝卜素、1.2 μg 其他维生素原或 0.33 μg 乙酸视黄酯（维生素添加剂）。由于食物中维生素原吸收率低，另一种更准确的表达模式即视黄醇活性当量（RAE）。即 1 RAE 相当于 1 μg 视黄醇、2 μg 溶于黄油中的 β-胡萝卜素、12 μg 日粮中的 β-食胡萝卜素或 24 μg 日粮中的其他维生素原。

几种类胡萝卜素，尤其是全反式 β-胡萝卜素，是维生素 A 的前体，在动物体内可以合成维生素 A。图 3.2 列出了视黄醇及其主要维生素原 A 以及 α、β 和 γ-胡萝卜素的化学结构。β-紫罗兰酮环是视黄醇的生物活性所必需结构，β-胡萝卜素分子有两个此环，而 α-和 γ-胡萝卜素仅有一个。因此，与其他胡萝卜素和几种次要类胡萝卜素相比，β-胡萝卜素

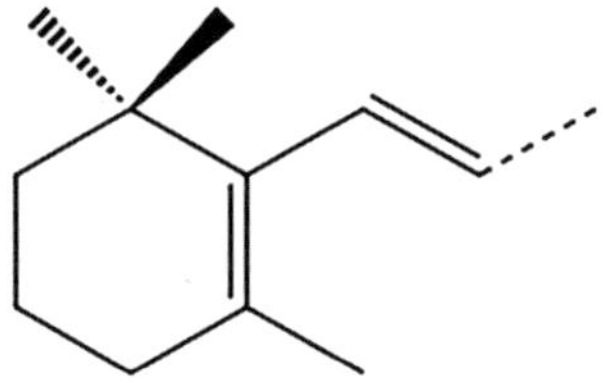

β-紫罗兰酮

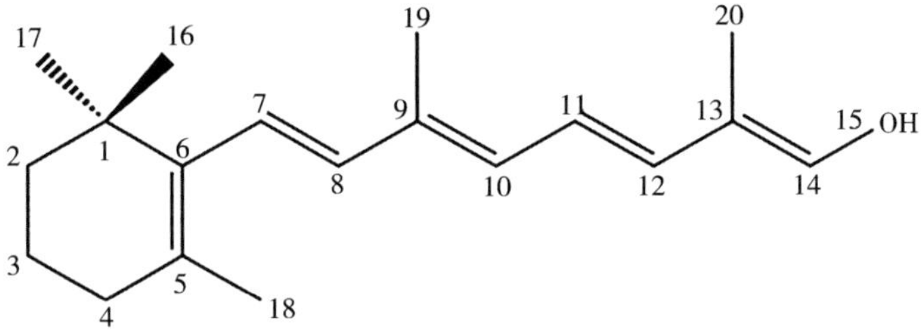

全反式视黄醇（维生素A_1）

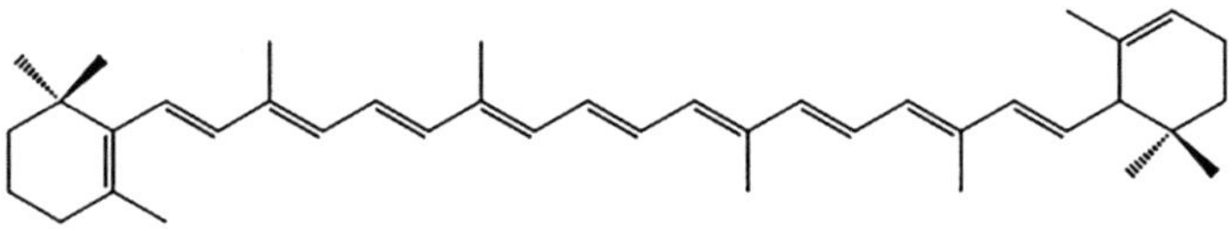

α-胡萝卜素

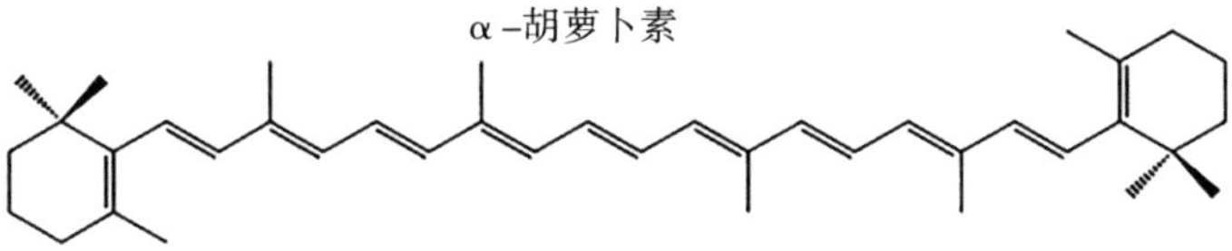

β-胡萝卜素

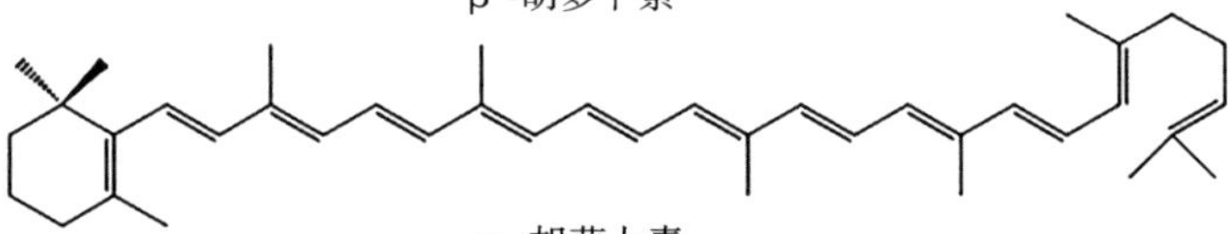

γ-胡萝卜素

图 3.2　β-紫罗兰酮环，视黄醇（维生素 A_1）和
α-胡萝卜素、β-胡萝卜素和 γ-胡萝卜素的化学结构

是更有效的前体物。然而，β-胡萝卜素在人体内转化为视黄醇是相当复杂的。通常，产生 1 mg 视黄醇需要 6 mg β-胡萝卜素，然而牛奶、植物油或动物脂肪中的比例较低，而煮熟的叶类蔬菜的比例较高。

此外，β-胡萝卜素存在多种几何异构体。只有全反式-β-胡萝卜素才能发挥完全的生物潜力，而异构化只限于顺式位置则会大大降低维生素原的价值。大多数文献报道了总β-胡萝卜素含量,但有关饲料中几何异构体的分布情况的信息相对有限。因此,应谨慎考虑以下关于总β-胡萝卜素含量的数据。此外,早期有关饲料中β-胡萝卜素含量的数据可能有些误导。传统的化学分析通常将"胡萝卜素"确定为胡萝卜素位置和几何异构体的非特异性混合物,有时甚至包括其他类胡萝卜素。最近的分析方法,主要是高效液相色谱(HPLC),能够分离不同生物学效价的单个类胡萝卜素,异构类胡萝卜素(α-胡萝卜素,β-胡萝卜素和γ-胡萝卜素)和各种立体异构体(顺反)。

对于反刍动物来说,视黄醇也是必需的,因为它参与了动物的繁殖和生长过程。因此,它常常被添加在全混合日粮中。

3.2.1.1 新鲜和储存牧草中的β-胡萝卜素

有关新鲜牧草中总β-胡萝卜素含量,我们整理了过去十年的文献数据(表3.12)。Muler等(2007)在论文中收集了早期数据,显示β-胡萝卜素含量值通常在40~60 mg/kg 干物质(DM)的范围内,然而,也报道了较低和较高的含量。文献对于混合草料数据报道频次较高,关于单个草料,Lindqvist等(2014)在一项历经2年多的试验中报道,百脉根、白三叶草、多年生黑麦草、梯牧草和红三叶草中总β-胡萝卜素含量分别为 80 mg/kg、67 mg/kg、62 mg/kg、54 mg/kg 和 44 mg/kg DM。

表3.12 新鲜牧草中总β-胡萝卜素含量(mg/kg DM)

新鲜牧草(参照干物质基础上的重量比例)	β-胡萝卜素含量	国家	参考文献
高羊茅牧场	99.7	美国	Pickworth 等(2012)
天然山地草原(6月中旬和轮作放牧)	63.8	法国	Calderon 等(2006)
永久草地(0.45 梯牧草+0.45 草甸羊茅)2次刈割	50	瑞典	Müller 等(2007)
草本混合物(0.43 菊苣+0.21 英国车前草)8月中旬	63.1	丹麦	Petersen 等(2011)
0.85 多年生黑麦草+0.15 白三叶草-4次刈割平均值	48	丹麦	Elgersma 等(2013)
三叶草混合物(0.78 白三叶草+0.21 多年生黑麦草)8月中旬	32.2	丹麦	Petersen 等(2011)

(续表)

新鲜牧草（参照干物质基础上的重量比例）	β-胡萝卜素含量	国家	参考文献
混合饲草新鲜/枯萎牧草		瑞典	Lindqvist 等（2012）
百脉根三叶草+梯牧草	56.2/49.5		
红三叶草+梯牧草	39.1/30.3		
红三叶草+草甸羊茅	35.6/35.9		
混合饲草-4 次刈割平均值豆类/草成分		丹麦	Lindqvist 等（2014）
百脉根+梯牧草	80/53		
红三叶草+梯牧草	43/51		
红三叶草+多年生黑麦草	45/60		
白三叶草+多年生黑麦草	67/63		
苜蓿-4 次刈割平均值	26	丹麦	Elgersma 等（2013）
红三叶草-首次刈割	29.0	法国	Cardinault 等（2006）
黄甜三叶草-4 次刈割平均值	33	丹麦	Elgersma 等（2013）
百脉根-4 次刈割平均值	59	丹麦	Elgersma 等（2013）
车前草	56	丹麦	Elgersma 等（2013）

与其他类胡萝卜素类似，β-胡萝卜素的实际含量受多种因素影响，存在种间差异。β-胡萝卜素含量最有可能随着氮肥的增加而增加。季节（收割季节）或成熟阶段对 β-胡萝卜素含量影响仍存在争议，但总体来说，β-胡萝卜素含量几乎随牧草成熟而降低。叶片中 β-胡萝卜素含量远高于茎中含量，因此，饲料中 β-胡萝卜素含量随着叶-茎的升高而增加。昼夜间也存在变化，早晨水平最高，晴天比阴天有更高 β-胡萝卜素含量。

干草和青贮饲料中总 β-胡萝卜素含量见表 3.13。在 Kalac 和 McDonald（1981）和 Muler 等（2007）的论文中收集了早期的研究数据。和其他类胡萝卜素相似，胡萝卜素易发生异构化和氧化，主要是由于太阳辐射，特别是紫外线的作用。因此，牧草田间晾晒和青贮前凋萎损失是无法避免和预测的。在天气条件不好的情况下长时间干燥会导致损失增加。从表 3.12 和表 3.13 中的数据对比可知，相同草料，干草中 β-胡萝卜素含量比青贮低，可能是青贮窖内厌氧还原环境较干草储存更能避免草料氧化。特别是 Pickworth 等（2012）报道，新鲜高羊茅牧草和高羊茅干草中的相对 β-胡萝卜素比例分别为 100% 和 7.3%。

表 3.13　牧草中总 β-胡萝卜素含量（mg/kg DM）

饲草种类（基于干物质的重量比例）	β-胡萝卜素	国家	文献
干草			
干草（未指明）	41.6–20.8[a]	丹麦	Havemose 等（2006）
高羊茅干草	7.3	美国	Pickworth 等 2012)
鸭茅干草	7.8	美国	Pickworth 等（2012）
苜蓿草	7.3	美国	Pickworth 等（2012）
青贮饲料			
永久草地（0.45 梯牧草+0.45 草甸羊茅）2 次切割		瑞典	Müller 等（2007）
轻度枯萎制作的青贮饲料	29.6		
中度枯萎制作的青贮饲料	14.3		
混合饲草		瑞典	Hojer 等（2012a）
0.66 梯牧草+0.16 百脉根	28.1		
0.41 红三叶草+0.26 梯牧草+0.23 草甸羊茅	31.0		
混合饲草，不含青贮饲料添加剂		瑞典	Lindqvist 等（2012）
百脉根三叶草+梯牧草	41.2		
红三叶草+梯牧草	31.4		
红三叶草+草甸羊茅	38.5		
有机农场的三叶草青贮饲料	20.7	丹麦	Mogensen 等（2012）
三叶草青贮饲料	13.1	丹麦	Havemose 等（2006）
来自有机农场的玉米青贮饲料	7.6	丹麦	Mogensen 等（2012）

[a] 试验期间 β-胡萝卜素含量下降。

Zarend 和 Steger（1971）对 11 种不同青贮饲料的研究发现，生物活性最强的维生素 A 原——全反式 β-胡萝卜素占所有 β 胡萝卜素异构体的70%。在青贮过程中，与含量较少的 cis-9 β-胡萝卜素和 cis-9，cis-15 β-顺胡萝卜素相比，全反式 β-胡萝卜素的比例下降，生物活性的降低约为15%。然而，异构化所引起的损失要低于青贮过程中 β-胡萝卜素的总减少量。

挥发性脂肪酸，特别是甲酸和丙酸，常常作为青贮饲料防腐剂，它们的使用会显著增加 β-胡萝卜素损失，特别是氧气进入时，如推迟封窖或青贮料取料饲喂期间。红三叶、白三叶、苜蓿及向日葵有较高的 β-胡萝卜素损失，但在禾本科、黑麦草或燕麦草中并没有发现（Kalac, 1983）。Lindqvist 等（2012）在一篇关于禾本科与豆科混合青贮的论文中报道，与初始含量相比，未添加任何添加剂、添加乳酸菌与结构性多糖水解酶和添加甲酸与丙酸青贮中 β-胡萝卜素损失分别为 3.9%、8.0%和22.5%。与上述论文相似的试验设计下，Shingfield 等（2005）发现由梯牧草和草地羊茅枯萎制作的混合青贮中 β-胡萝卜素含量差异很小，这种区别可能是先前研究中含有一定比例的对酸敏感的豆科类牧草所致。

众所周知，玉米青贮中 β-胡萝卜素含量极低，已有大量研究报道了奶牛"玉米青贮维生素 A 缺乏综合征"。据 Topilipavicius 和 Mikulionienè（2010）研究，从幼植株到籽实期的5个阶段，玉米青贮中 β-胡萝卜素含量从 80 mg/kg DM 稳定下降至 10 mg/kg DM。霜期制作的全株玉米青贮中 β-胡萝卜素含量极低。

总体来说，在不同主要草料贮藏方法之间，β-胡萝卜素损失差异很大。一般来说，青贮比干草具有更高的营养价值。

3.2.1.2 牛奶中的 β-胡萝卜素和维生素 A

β-胡萝卜素和视黄醇都是由奶牛体内的维生素原产生，是牛奶中有价值的脂溶性成分。它们在乳脂中的含量受许多因素影响，如遗传、奶牛管理、泌乳期、季节及营养。不同于大多数农场动物，牛循环血液中胡萝卜素和其他类胡萝卜素含量相当高，牛奶中 β-胡萝卜素来源于乳腺摄取。

奶牛乳脂中 β-胡萝卜素含量的变异主要取决于日粮供应，整理的文献数据见表3.14。数据复杂，因为不同作者对牛奶中 β-胡萝卜素和视黄醇的含量使用了不同单位（mg/L，mg/kg，或 mg/kg 乳脂）。由于缺乏乳脂含量和乳密度的信息，以 mg/kg 乳脂表示的数据不能精确地重新计算为 mg/L。以一种简化的方式，假设牛奶中脂肪含量为 40 g/kg，以 mg/kg 乳脂表达的数据应该除以 25 即为牛奶中的含量。由于通常牛奶密度约为 1.030 g/mL，以 mg/L 和 mg/kg 表示的值并无差异。

Agabriel 等（2007）对法国农场和 Chassaing 等（2016）对欧洲 4 个国家夏季放牧或饲喂新鲜牧草和冬季饲喂贮存牧草特别是青贮的数据证实了季节效应，即夏季奶中 β-胡萝卜素和视黄醇含量均高于冬季（表 3.14）。

表 3.14　牛奶中总 β-胡萝卜素（mg/L）和视黄醇（mg/L）含量与饲料的关系

饲草种类	β-胡萝卜素	视黄醇	国家	文献
商业牛奶				
生牛奶[a]	0.19±0.04	0.41±0.06	荷兰	Hulshof 等（2006）
巴氏杀菌 全脂[a]	0.17±0.02	0.34±0.04		
巴氏杀菌半脱脂[a]	0.08±0.01	0.14±0.02		
黄油[a]	3.70±0.65	8.00±0.73		
传统（未指定）[b]	2.0±0.7	—	意大利	Bergamo 等（2003）
有机（未指定）[b]	3.2±0.7	—		
农场散装牛奶				
季节				
冬季饲喂-青贮饲料[b]	2.5~3.5	5.2~7.7	法国	Agabriel 等（2007）
夏季饲喂-牧草[b]	4.9~5.3	7.2~7.6		
农场散装牛奶-青贮牧草玉米青贮饲料-冬天[b]	2.4±1.0	—	瑞典	Larsen 等（2010）
未添加玉米青贮饲料-冬天[b]	3.8±1.6			
玉米青贮饲料-夏天[b]	2.1±1.0	—		
未添加玉米青贮饲料 b	4.0±2.0	—		

（续表）

饲草种类	β-胡萝卜素	视黄醇	国家	文献
传统农场[b]	4.99±2.10	16.3±3.74	英国	Ellis 等（2007）
有机农场[b]	5.35±1.35	14.1±2.60		
传统农场-舍饲季节	0.18	0.32	瑞典	Fall 和 Emanuelson（2011）
有机农场-舍饲季节	0.19	0.32		
有机农场-牧草-苜蓿青贮饲料	0.17±0.02	0.14±0.06	丹麦	Mogensen 等（2012）
新鲜牧草				
天然草原放牧	0.3	—	意大利	Marino 等（2014）
耕地放牧	0.2	—		
草本混合（0.43 菊苣+0.21 英国车前草）8 月中旬	0.26	0.79	丹麦	Petersen 等（2011）
苜蓿草混合物（0.78 白色三叶草+0.21 多年生黑麦草）8 月中旬	0.27	0.67		
干草				
生长早期的牧草和草甸羊茅	0.14	0.26	芬兰	Shingfield 等（2005）
鸭茅	0.09	0.17	法国	Calderón 等（2007）
青贮				
青贮饲料	0.70±0.08	—	丹麦	Havemose 等（2004）
多年生黑麦草	0.13	0.18	法国	Calderón 等（2007）
初级生长，枯萎青草，草甸羊茅[a]			芬兰	Shingfield 等（2005）
无添加	0.22	0.18		
LAB+纤维素酶	0.26	0.33		
甲酸	0.19	0.24		
叶草青贮			瑞典	Johansson 等（2014）
第一年	0.12	0.23		
第二年	0.21	0.37		

(续表)

饲草种类	β-胡萝卜素	视黄醇	国家	文献
饲草混合			瑞典	Hojer 等（2012a）
0.66 牧草+0.16 百脉根[a]	0.28	0.39		
0.41 红三叶草+0.26 牧草+0.23 草甸羊茅[a]	0.31	0.42		
玉米青贮饲料	0.22±0.03	—	丹麦	Havemose 等（2004）
玉米青贮+苜蓿饲料			丹麦	Larsen 等（2013）
比例 2∶1（w/w DM）[b]	2.16	—		
比例 5∶1（w/w DM）[b]	1.76	—		

[a] mg/kg 牛奶。

[b] mg/kg 乳脂。

LAB：乳酸菌；DM：干物质。

Shingfield 等（2005）研究发现，与饲喂干草所产的牛奶相比，饲喂来自相同草场的青贮牧草所产的牛奶含有更高的 β-胡萝卜素含量，平均含量分别为 0.19~0.22 mg/kg 和 0.14 mg/kg，牛奶中 β-胡萝卜素的分泌与采食量有关，但平均转移效率很低仅为 0.07%；另外在这两种饲喂模式牛奶中维生素 A 含量无显著差异。Havemose 等（2006）计算得出，β-胡萝卜素从禾本科-三叶草青贮料和干草到牛奶中的转移效率分别为 6.8% 和 1.8%~2.2%。Hojer 等（2012a）将两种青贮饲料的转移率表示为视黄醇当量（表 3.13 和表 3.14）即牛奶（6×视黄醇+β-胡萝卜素含量）与饲料中 β-胡萝卜素量的比率，转移率分别为 0%~16% 和 0%~22%，试验数据变化较大。

综上所述，与豆科或禾本科牧草青贮相比，玉米青贮缺乏 β-胡萝卜素。与饲喂各种禾本科与豆科混合牧草的牛奶相比，饲喂玉米青贮的牛奶中 β-胡萝卜素明显较低，这在表 3.14 中 Havemose 等（2004）和 Larsen 等（2010，2013）的数据得以证实。

有研究比较了饲料不同贮存方式对牛奶中 β-胡萝卜素含量的影响，结果发现牧草青贮到干草的转换导致牛奶中反式 β-胡萝卜素和视黄醇含量迅速下降（Nozie 等，2006b）。Calderón 等（2007）研究了饲喂干草转换到青贮发现，牛奶中 β-胡萝卜素含量则迅速增加。研究者认为，在类胡萝卜素含量高的日粮中，乳腺 β-胡萝卜素的分泌并不受到 β-胡萝卜素到达乳腺的数量的限制，而是受到涉及从血浆脂蛋白到乳汁的 β-胡萝卜素转移机制的调控。

通过对英国（Ellis 等，2007）和瑞典（Fall 和 Emanuelson，2011）传统农场和有机农场的散装牛奶的比较发现，两种饲养模式下牛奶中 β-胡萝卜素和视黄醇含量没有差异。传统农场全混合日粮添加维生素 A 可导致牛奶视黄醇水平略高于仅利用天然有机饲料的有机农场（表 3.14）。与有机牛奶和传统牛奶生产模式相比，采用广泛放牧、以牧草作为几乎唯一饲料的牛奶中 β-胡萝卜素和视黄醇含量均较高（Slots 等，2009）。然而后者有较低的日产奶量。

β-胡萝卜素、其他类胡萝卜素以及生育酚均参与了乳脂的氧化稳定性，这将在第 3.3 节中加以讨论。

总的来说，新鲜牧草是 β-胡萝卜素最丰富的来源。与牧草青贮特别是在未萎蔫的牧草青贮相比，干草 β-胡萝卜素损失更多。与禾本科和豆科牧草青贮相比，玉米青贮是一种较差的 β-胡萝卜素来源。

3.2.1.3　山羊和绵羊奶中的 β-胡萝卜素和维生素 A

山羊和绵羊奶及其产品，特别是奶酪，与牛奶及其产品相比具有一些营养优势。综述文章（Jandal，1996；Park 等，2007）表明，山羊和绵羊奶脂肪和蛋白质更容易被消化、维生素和矿物质含量更高、低过敏性，蛋白质源降压活性和其他生物活性肽是山羊和绵羊奶及奶制品日益流行的主要因素。山羊奶用于生产液态奶和其他乳制品，而绵羊奶更适合用于生产奶酪。

表 3.15 中，关于山羊和母羊生乳中 β-胡萝卜素和视黄醇含量的数据非常有限。视黄醇含量似乎高于牛奶（表 3.14）。Gentili 等（2013）报道中山羊奶视黄醇含量比其他研究者报道的数据高一个数量级，因此应谨慎考虑。泌乳早期山羊奶中视黄醇含量明显低于泌乳后期（Michlová 等，2015）。由于数据有限，无法评估乳汁中视黄醇水平与不同牧草饲喂之间的关系。关于 β-胡萝卜素的数据非常缺乏，Lucas 等

（2008a）在山羊乳脂中没有发现 β-胡萝卜素，这与奶牛乳脂不同。与牛肠道相比，山羊肠道中的 15,15′双加氧酶能将 β-胡萝卜素转化为视黄醛。

表 3.15　山羊和绵羊奶中 β-胡萝卜素（mg/L）和视黄醇（mg/L）含量与饲料的关系

饲料	β-胡萝卜素	视黄醇	国家	参考文献
山羊				
整体文献数据[a]	—	0.56		Park 等（2007）
牧场奶罐数据[a]	—	0.79±0.08	捷克共和国	Michlova 等（2015）
放牧的饲喂模式	ND	4.32	意大利	Gentili 等（2013）
亚历山大车轴草		0.46±0.04	印度	Tyagi 等（2009）
亚历山大车轴草+精料（1∶1）	—	0.27±0.03		
绵羊				
整体文献数据	—	0.44		Park 等（2007）
牧场奶罐数据[a]	—	0.93±0.07	捷克共和国	Michlova 等（2015）
基于放牧的饲喂模式	ND	4.32	意大利	Gentili 等（2013）

[a] 表示为 mg/kg 奶。
ND，未检测到。

Lucas 等（2008a）比较了 306 份牛奶奶酪和 106 份羊奶奶酪，牛奶奶酪 β-胡萝卜素的平均值为（3.78±1.88）mg/kg 脂肪，而羊奶奶酪为 0。牛奶和山羊奶酪的脂肪中视黄醇的平均含量分别为（5.26±1.50）mg/kg 和（6.56±2.49）mg/kg。

3.2.2　维生素 E：生育酚

维生素 E 是一类四种异构的生育酚（α-、β-、γ-和 δ-）和四种生育三烯酚（类似于 α-至 δ-）的总称，其都是脂溶性的。α-生育酚（准确地说是 2R,4′R,8′R-α-生育酚；曾用名是 D-α 生育酚；图 3.3）是维生素 E 的最有效形式，约占活组织中维生素 E 活性的 90%。维生素 E 的主要生物学功能是抑制自由基的抗氧化作用，从而保护细胞膜多不饱和脂肪酸和脂蛋白免受氧化损伤。此外，维生素 E 还能改善免疫应答。IU 的定义是 1mg 合成的 α-生育酚乙酸酯的活性。

维生素 E 能够改善奶牛的繁殖性能，也能够增强巨噬细胞功能，降低临床型乳腺炎的发生。Baldi（2005）、Debier 和 Larondelle（2005）对其代谢和作用进行了综述。新鲜饲草是维生素 E 的天然来源，其饲喂量的减少会导致奶牛的推荐摄入量大幅增加。最新研究表明，干奶期和产后奶牛应补饲 80 IU/kg DMI 维生素 E，泌乳期奶牛补饲 20 IU/kg DMI 维生素 E。一般认为，当血浆中 α-生育酚含量高于 3~3.5 μg/mL 时，或当其与血浆胆固醇含量之比高于 2 时，维生素 E 摄入量就足够了。若达到该水平以上，补充维生素 E 则无更多的益处（Baldi, 2005）。

在人类营养中，维生素 E 的需求很大程度上取决于膳食中多不饱和脂肪酸的摄入量。多不饱和脂肪酸的摄入量增加，成人维生素 E 日需求量可提高到 20~30 mg。维生素 E 的主要来源是植物性食物，特别是油脂。在营养表中，牛常乳、初乳、黄油和牛脂肪组织的维生素 E 含量范围分别为 0.2~1.2 mg/kg、2~5 mg/kg、10~50 mg/kg 和 20 mg/kg。

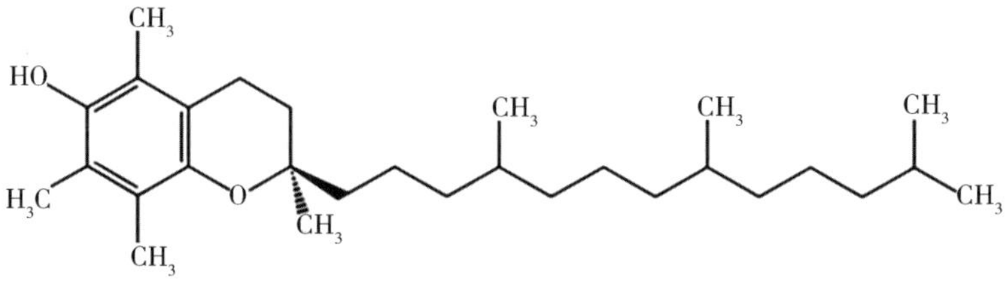

图 3.3　α-生育酚的化学结构

3.2.2.1　新鲜和储存饲草中 α-生育酚

关于新鲜牧草和储存前打蔫的牧草中生育酚含量的数据非常少。α-生育酚的现有数据如表 3.16 所示。γ-生育酚含量数据一直非常少。通常报道的含量比 α-生育酚水平低数倍。在表 3.16 的数据中，Lynch 等（2001）报道爱尔兰农场的 α-生育酚含量大大低于其他欧洲国家。总的来说，大多数新鲜牧草 α-生育酚含量为 50~70 mg/kg DM。

Lindqvist 等（2014）报道了新鲜百脉根三叶草、多年生黑麦草、梯牧草、白三叶草和红三叶草中 α-生育酚的平均含量分别为 86 mg/kg、50 mg/kg、46 mg/kg、37 mg/kg 和 34 mg/kg DM。Beeckman 等（2010）发现新鲜多年生黑麦草、白三叶草和红三叶草中 α-生育酚较高，分别为 156 mg/kg、49 mg/kg 和 74 mg/kg DM。Lynch 等（2001）发现新鲜牧草中 α-生育酚含量的顺序为：放牧牧草、草甸草（80%绒毛草属和 20%雀麦属）、灌木篱草（主要是鸭茅）、白三叶草和红三叶草。然而，与其他天然化合物一样，α-生育酚含量受到许多内源性和外源性因素的影响。因此，到本书出版为止，还不可能对各种牧草给出格式化的值。

从表 3.16 的数据可以看出，青贮前枯萎过程中 α-生育酚的损失是初始含量的 20%~35%，且随着枯萎时间的延长而增加。因此，可以预计，在干草制作过程中 α-生育酚的损失甚至更高。由于干草的数据非常有限，还无法确定其损失率。

关于青贮影响 α-生育酚的数据是杂乱的，Lynch 等（2001）观察到第三次刈割青贮的 α-生育酚含量明显低于前一次刈割。Muller 等（2007）发现牧草在青贮期间 α-生育酚损失量是初始含量的 40%~60%。Lindqvist 等（2012）在轻度枯萎的豆科植物混合物青贮期间，确定了不同的平均损失。青贮对照组和青贮用甲酸/丙酸混合处理组中 α-生育酚的损失率分别为 3.5% 和 13%。相比之下，添加乳酸菌、纤维素酶和半纤维素酶制备的青贮料可提高 27%。Beeckman 等（2010）发现三种饲草在没有任何添加剂制作青贮情况下，α-生育酚的损失率显著不同，以枯萎牧草干物质中的含量百分比表示，多年生黑麦草、红三叶草和白三叶草 α-生育酚的损失率分别约为 43%、17% 和 0%。

遗憾的是，全株玉米青贮的数据缺乏。Beeckman 等（2010）报道混合全株玉米青贮和混合玉米芯青贮（CCM）中，α-生育酚含量约为 5 mg/kg DM。这样的含量可与干草的含量相当。

表 3.16　新鲜和储存饲草中 α-生育酚含量（mg/kg DM）

饲草（干物质基础上的重量比例）	α-生育酚	国家	参考文献
新鲜牧草			
多年生黑麦草		比利时	Beeckman 等（2010）
新鲜	156±11.3		
萎蔫至 DM 400 g/kg FM	126±36.7		
放牧牧草，不明混合物	13.9~15.2	爱尔兰	Lynch 等（2001）
草甸草（80%绒毛草属和20%雀麦属）	7.6~8.4	爱尔兰	Lynch 等（2001）
永久草地-混合 0.45 梯牧草+0.45 草甸羊茅-第 1 次刈割		瑞典	Muuller 等（2007）
不萎蔫	74		
萎蔫 24h	68		
萎蔫 34h	53		
草本混合物（0.43 菊苣+0.21 英国车前草）8月中旬	18.7		Petersen 等（2011）
0.85 多年生黑麦草+0.15 白色三叶草-四次刈割平均值	39		Elgersma 等（2013）
混合饲草-第 1 次再生-未枯萎/枯萎的牧草			Lindqvist 等（2012）
百脉根+梯牧草	58.8/41.1		
红三叶草+梯牧草	51.1/40.1	丹麦	
红三叶草+草甸羊茅	59.7/48.6	丹麦	
混合饲草-4 次刈割平均值-豆科/草成分			Lindqvist 等（2014）
百脉根+梯牧草	86/72		
红三叶草+梯牧草	35/58	瑞典	
红三叶草+多年生黑麦草	33/47		
白三叶草+多年生黑麦草	36/54	丹麦	
苜蓿-4 次刈割平均值	21	丹麦	Elgersma 等（2013）
红三叶草-第 1 次刈割		法国	Cardinault 等（2006）
红三叶草		比利时	Beeckman 等（2010）
新鲜	29.0		

(续表)

饲草（干物质基础上的重量比例）	α-生育酚	国家	参考文献
枯萎至干物质 400 g/kg FM	74±5.7		
白三叶草	48±3.2	比利时	Beeckman 等（2010）
新鲜	49±0.7		
枯萎至 DM 400 g/kg FM	43±8.1		
黄色甜三叶草-4 次刈割平均值	23	丹麦	Elgersma 等（2013）
百脉根-4 次刈割平均值	65	丹麦	Elgersma 等（2013）
车前草	77	丹麦	Elgersma 等（2013）
干草			
梯牧草和草甸羊茅的混合物-初级生长	22.3	芬兰	Shingfield 等（2005）
草-三叶草	13.8	丹麦	Havemose 等（2006）
农场规模-未指明的成分	4.5±1.7	比利时	Beeckman 等（2010）
青贮饲草			
农场草青贮饲料		爱尔兰	Lynch 等（2001）
第 1 次刈割（$n=117$）	20.8±0.8		
第 2 次刈割（$n=59$）	24.0±1.2		
混合 0.45 梯牧草+0.45 草甸羊茅-第 1 次刈割，圆包		瑞典	Muller 等（2007）
枯萎 4h	31.9		
枯萎 24h	26.8		
枯萎 34h	33.6		
混合饲草-第 1 次再生，没有青贮饲料添加剂		瑞典	Lindqvist 等（2012）
百脉根+梯牧草	56.9		
红三叶草+梯牧草	30.1		
红三叶草+草甸羊茅	38.3		
混合饲草		瑞典	Hojer 等（2012）
0.66 牧草+0.16 百脉根	20.2±2.8		
0.41 红三叶草+0.26 牧草+0.23 草甸羊茅	22.4±2.4		

3.2.2.2 牛奶中生育酚含量

牛奶中维生素 E 的含量受许多因素的影响,如营养、季节、奶牛管理、遗传和泌乳期。α-生育酚向牛奶的转移似乎不是通过脂类转移的被动机制发生的。

不同饲料饲喂对奶牛乳中 α-生育酚含量的影响如表 3.17 所示。这些数据源于没有在 TMRs 中添加合成的生育酚。这种补充对保持奶牛良好的健康状况和生产性能是必要的。因此,有机牛奶的维生素 E 含量往往低于传统条件下生产的牛奶。

表 3.17 部分文献中生育酚含量的数据以 mg/kg 乳脂表示,由于缺乏实际乳脂含量和乳密度的信息,无法精确计算为 mg/L。简单的方法,用脂肪含量为 40 g/kg 的牛奶,表示为 mg/kg 乳脂的数据应除以 25。放牧奶牛大罐奶中 α-生育酚含量约为 (0.24±0.20) mg/kg (Agabriel 等,2007),玉米青贮和紫花苜蓿青贮混合比例为 2∶1 和 5∶1 饲喂的牛奶中 α-生育酚含量分别为 0.42 mg/kg 和 0.39 mg/kg。由于牛奶密度一般约为 1.030 g/mL,以 mg/L 和 mg/kg 表示的值之间的差异不显著。

从表 3.17 数据可以看出,奶牛饲喂不添加合成生育酚的饲料,其乳中 α-生育酚含量一般为 0.3~1.2 mg/L。

表 3.17 与饲草相关的牛奶中生育酚含量 (mg/kg DM),数据源于奶牛日粮中未添加合成生育酚

饲草(干物质基础上的重量比例)	α-生育酚	γ-生育酚	国家	参考文献
放牧奶牛大罐奶[a]	6.1±5.0	—	法国	Agabriel 等 (2007)
放牧奶牛大罐奶 　天然草场 　人工草场	 0.7 0.5	 — —	意大利	Marino 等 (2014)
有机牧场,季节性舍饲	0.8	—	瑞典	Fall 和 Emanuelson (2011)
梯牧草+草甸羊茅干草[b]	0.54	—	芬兰	Shingfield 等 (2005)
鸭茅草干草	0.27	—	法国	Calderón 等 (2007b)

（续表）

饲草（干物质基础上的重量比例）	α-生育酚	γ-生育酚	国家	参考文献
梯牧草+草甸羊茅青贮[b]			芬兰	Shingfield 等（2005）
无发酵剂添加	1.14	—		
LAB 接种发酵[c]	1.15	—		
甲酸+磷酸	1.10	—		
禾本科草和三叶草	0.85	0.03	丹麦	Havemose 等（2004）
	0.47	—	丹麦	Havemose 等（2006）
	0.52；0.75		瑞典	Johansson 等（2014）
混合饲草青贮			瑞典	Höjer 等（2012a）
0.66 梯牧草+0.16 百脉根[b]	1.63			
0.41 红三叶+0.26 梯牧草+0.23 草甸羊茅[b]	1.57			
玉米青贮	0.37	0.01	丹麦	Havemose 等（2004）
玉米青贮和苜蓿青贮[a]			丹麦	Larsen 等（2013）
2∶1 比例（质量比）	10.4	0.32		
5∶1 比例（质量比）	9.8	0.37		

[a] 表示 mg/kg 乳脂肪；

[b] 表示 mg/kg 乳；

[c] LAB：乳酸菌。

  关于放牧或舍饲新鲜牧草对牛奶 α-生育酚的影响，目前仅有少量相关的学术文献资料。Slots 等（2009）发现，与有机奶和传统奶相比，几乎以放牧牧草为唯一饲料来源的生产系统下饲养的奶牛，其乳中 α-生育酚含量最高。当然，这种放牧模式导致了日产奶量较低。

  在 Shingfield 等（2005）的报告中，以青贮料和干草饲喂的牛奶中 α-生育酚的含量分别为 1.10~1.15 mg/kg 和 0.54 mg/kg。奶中 α-生育酚的分泌与日粮摄入量有关，然而，转移的平均效率仅为 2.8%。比较而言，Havemose 等（2006）发现用饲草-白三叶草青贮饲料或草甸干草饲喂牛奶中 α-生育酚含量分别是 0.47 mg/L 或 0.50 mg/L，差异不显著。Havemose 等（2004）研究发现，红三叶青贮有效生育酚含量比玉米青贮含量更高。饲喂苜蓿青贮或玉米青贮的奶牛乳中 α-生育酚含量分别为 0.85 mg/L 和 0.38 mg/L，γ-生育酚含量分别为 0.03 mg/L 和 0.01 mg/L。Mogensen 等（2012）研究表明，丹麦 5 个有机牧场的牛奶中 α-生育酚含量平均为（0.82±0.23）mg/L，而以红三叶草青贮饲喂的瑞典红牛乳中 α-生育酚水平是其两倍，为 1.60 mg/kg。α-生育酚从饲料到牛奶的转化效率约为 6%（Höjer 等，2012a）。

奶牛日粮由青贮向干草饲料的转变会导致牛奶中 α-生育酚含量在最初 2 周内迅速下降，然后含量略有增加，并在接下来的 6 周保持稳定。试验结束时，高能摄食条件下青贮和干草饲喂奶牛的 α-生育酚含量分别为 21.4 mg/kg 和 14.2 mg/kg 乳脂，高能限饲条件下分别为 26.2mg/kg 和 17.4 mg/kg 乳脂（Noziés 等，2006b）。

Calderón 等（2007）研究了干草为基础的日粮逆向转变为青贮牧草和苜蓿浓缩蛋白作为 α-生育酚来源的饲料比例逐渐增加的情况，乳中 α-生育酚含量在变化后的第 1 周迅速增加，随后进入平稳状态。在为期 6 周试验期结束时，乳脂中 α-生育酚含量与日粮中青贮牧草和苜蓿浓缩蛋白比例呈线性关系，试验日粮组和干草组牛乳中 α-生育酚含量分别为 11.3mg/kg 和 7.8 mg/kg 乳脂，即牛奶中 α-生育酚含量约为 0.45mg/kg 和 0.31 mg/kg，遗憾的是，未测定干草和青贮牧草中 α-生育酚的含量。

因此，青贮饲料比干草含有更多 α-生育酚，可能是因为干草干燥和储存过程中损失了更多的 α-生育酚。

Agabriel 等（2007）研究季节因素对法国大罐奶中 α-生育酚的影响。α-生育酚平均含量在 5—9 月和 3 月分别为 18.8~21.7mg/kg 和 10.5 mg/kg 乳脂，即牛奶中 α-生育酚含量为 0.75~0.87mg/kg 和 0.42 mg/kg。这种差异可能是由干草或青贮牧草在饲料中的比例差异造成。同样，在英国无论是传统农场还是有机农场，冬季 α-生育酚含量均最低（Ellis 等，2007）。

Debier 和 Larondelle（2005）综述文章中所显示的数据，与常乳相比，初乳含有相当高水平的维生素 E。一般而言，初乳和常乳的含量分别为 1.9~5.3 mg/L 和 0.28~0.92 mg/L。

α-生育酚是牛奶中重要的抗氧化剂，可以防止不饱和脂肪酸的氧化。这些过程导致了自发氧化而产生异味（Juhlin 等，2010）。Havemose 等（2004）研究表明，饲喂青贮饲草所产的牛奶抗氧化能力（也包括类胡萝卜素）高于饲喂玉米青贮所产的牛奶，但饲喂青贮饲草的牛奶脂质氧化程度较高，而喂食青贮饲料的奶牛乳脂中的亚麻酸含量更高，这可能是造成这种情况的原因。

总的来说，α-生育酚含量变化巨大，牛奶 α-生育酚含量一般为 0.3~1.2mg/L，其中奶牛日粮没有添加合成生育酚，如有机牛奶中。初乳中维生素 E 的含量比常乳高得多。

3.2.2.3 山羊奶和绵羊奶中生育酚

在评估前述维生素 E 的数据时，Raynal-Ljutovac 等（2008）表明山羊、绵羊和奶牛乳中维生素 E 的含量分别是 0.4 mg/kg、1.1 mg/kg 和 1.1 mg/kg。Michlová 等（2015）最近研究结果表明，农场山羊和绵羊散装奶中维生素 E 的含量较高，分别为（1.29±0.35）mg/kg 和（2.93±0.87）mg/kg。然而，从这些论文中还不能推测出各种饲料的效果。饲喂新鲜蛇麻草的山羊奶维生素 E 含量平均为 1.38 mg/L，而用精料（重量比 1:1）喂养的山羊所产的奶含有 1.20 mg/L。

Lucas 等（2008a）测定了法国农家奶酪中 α-生育酚含量，发现在 106 份山羊奶奶酪样品和 306 份牛奶奶酪样品中分别为（6.71±2.97）mg/kg 和（6.44±3.30）mg/kg 脂肪。Lucas 等（2008b）指出法国农场 Rocamadour 山羊奶酪（n = 126）中 α-生育酚平均含量为（1.56±0.73）mg/kg。在永久性草地放牧和饲喂低比例干草、牧草和干草比例相似、永久草地干草和苜蓿干草所产的山羊奶中 α-生育酚平均含量为 9.43mg/kg、7.71mg/kg、5.60 mg/kg 和 5.19mg/kg 脂肪。

尽管有限的数据不能得出普遍的结论，但与牛奶相比，绵羊奶的 α-生育酚含量可能相当或更高，而山羊奶的 α-生育酚含量则较低。最可能的是，饲喂新鲜牧草比饲喂干草提高了奶中 α-生育酚的含量。

3.2.3 麦角固醇：维生素 D_2 原

维生素 D 是哺乳动物必需的微量营养因子，其主要作用是维持和调节钙的平衡。缺乏维生素 D 会引起儿童和动物发生佝偻病以及老年人和成年动物的骨质疏松。此外，人体内维生素 D 缺乏会增加癌症、心血管疾病和糖尿病的风险以及免疫应答降低等。全球范围内都有维生素 D 摄入量和水平不足的报道。

维生素 D 包括维生素 D_2（麦角钙化醇）和维生素 D_3（胆钙化醇）两种。维生素 D_2 是由真菌的维生素原麦角固醇（ERG）经 UV-B 辐射（波长低于 315 nm）合成。维生素 D_3 是由哺乳动物体内的维生素 7-脱氢胆固醇通过 UV-B 辐射合成。虽然维生素 D_3 也被称为动物维生素 D，但这并不完全准确，因为它在几种植物特别是茄科植物中也被发现。

主要存在于奶中的维生素 D_2 和维生素 D_3 原，在哺乳动物的肝脏中羟基化为 25-羟维生素 D_2 和 25-羟维生素 D_3，在肾脏中进一步羟基化成具有代谢活性的 1,25-二羟基形式的两种维生素。一般认为，维生素 D_2 和维生素 D_3 的生物活性相等。

美国国家研究委员会（2001）建议为泌乳奶牛每天每千克体重提供 0.75 μg 维生素 D（30 IU；1 IU = 0.025 μg 维生素 D）。

成年男性维生素 D 日摄入量推荐量为 2.5~10 μg，儿童、孕妇和哺乳期女性摄入量需要更高。常见的维生素 D 包括所有的维生素原、维生素以及它们的羟基代谢物。维生素 D 在牛奶、奶油、黄油中的含量分别达到了 1 μg/kg、4 μg/kg 和 10~20 μg/kg（Park 等，2007），通过与之前的数据比较，奶牛、山羊和绵羊的奶中维生素 D 的含量分别为 0.5 μg/kg、0.58 μg/kg 和 1.8 μg/kg。

丹麦的牛奶（1.5%的脂肪）和黄油中维生素 D_2 的平均含量分别为 (0.034±0.012) μg/kg 和 (0.61±0.005) μg/kg。此外，维生素 D_2 生物效价必须包含大致相同含量的 25-羟基维生素 D_2。牛奶中维生素 D_2 含量在 5—7 月最高，2—4 月最低，黄油中的维生素 D 含量变化不大（Jakobsen 和 Saxholt，2009）。

3.2.3.1 牧草中的麦角固醇

目前关于新鲜和青贮牧草中麦角固醇（ERG）和维生素 D_2 含量的数据很少，干草中维生素 D_2 含量的报道主要在 20 世纪 50~80 年代（Japelt 等，2011a 和其中引用的文献）。因此，这些数据应该慎重对待。

以前通过基于治愈维生素 D 缺乏大鼠佝偻病能力的生物学试验来确定维生素 D 的活性。这些方法无法区分维生素 D 的各个成分，而传统的基于高效液相色谱（HPLC）的化学方法处理复杂的基质（如植物材料）方面也存在困难。近年来，液相色谱串联质谱（LC-MS/MS）的使用有效地解决了分析含量时遇到的问题（Japelt 等，2011b）。

饲料中 ERG 和维生素 D_2 的含量通常被认为是真菌生物量水平的标志，但是关于动物对其需求量的数据很少。

之前的观点是在中欧多个国家的环境条件下，研究低投入牛饲养管理中晚秋和冬季放牧用的青草的真菌污染问题，表 3.18 是具体数据。通过 HPLC 法测定牧草中的麦角固醇含量为 20~400 mg/kg DM，变化范围很大。这是由于多种因素造成的，这些牧草通常是第二次或第三次刈割，11 月至翌年 1 月期间被用于分析，之前牧草通常在 6 月至 8 月刈割。

表 3.18　中欧秋冬季放牧牧草中麦角固醇的平均含量（mg/kg DM）

牧草	收获时间	麦角甾醇	参考文献
高羊茅	1 月	70~250	Wolf 和 Opitz von Boberfeld（2003）
四种羊茅属植物	12 月至翌年 1 月	100~200	Opitz von Boberfeld 和 Banzha（2006）
高羊茅 多年生黑麦草	11 月至翌年 1 月	100~400	Opitz von Boberfeld 等（2006）
羊茅草场 巴布拉山羊茅	10 月至 12 月	95~110	Skládanka 等 （2008，2009）
鸭茅 高草燕麦草		137~146 140	
高羊茅 巴布拉山羊茅 布劳尼羊茅	10 月至 12 月	40~220 20~100 35~240	Skládanka（2011）

一般认为，牧草收获日期延迟是影响 ERG 含量增加的主要因素，Opitz von Boberfeld 和 Banzhaf（2006）指出夏季和冬季收割时间延迟，*Festulolium* spp. 中 ERG 含量越高。Skládanka 等（2008）在两种羊茅黑麦草属植物鸡冠草和高燕麦草的报告中指出，羊茅黑麦草中低水平的 ERG 对霉菌污染的抗性高于鸡冠草和高燕麦草（Skládanka 等，2008）。此外，高羊茅中的麦角固醇含量随着施氮量的增加而增加（Wolf 和

Opitz von Boberfeld，2003）。

在秋冬季节，麦角固醇的含量随着湿度的增加和温度的降低而增加，这种条件下利于霉菌生长（Golinski 等，2006）。但是 ERG 与真菌毒素，尤其是玉米赤霉烯酮和脱氧雪腐镰刀菌烯醇含量之间并没有明确的相关性（Skládanka 等，2011）。此外，降低环境温度可以减少霉菌毒素的形成，同时促进 ERG 的产生。

Japelt 等（2011a）研究了动物对 ERG 的需求，采用 LC-MS/MS 方法测定了 6 种多年生黑麦草品种播种后第一年 6—11 月四次刈割中 ERG 和维生素 D_2 含量的变化。维生素 D_2 含量很低，仅占 ERG 含量的 0.2%，ERG 含量从 6 月 4 日第一次刈割（1 mg/kg 鲜重）到 9 月 2 日第三次刈割（平均水平约 10.5 mg/kg 鲜重）后显著增加，然后下降至平均含量（11 月 10 日第四次切割时为 6.1 mg/kg 鲜重）。在这项研究中，多年生黑麦草的平均干物质含量为 19.2%。这些结果与 6 月和 7 月报道的几种牧草的平均 ERG 含量 3.8 mg/kg DM 和 13.1 mg/kg DM 相当（Skládanka 等，2011），但远低于表 3.18 中通过 HPLC 方法确定的 11 月至翌年 1 月的结果。此外，在丹麦的一项研究报告中（Japelt 等，2011a）指出，ERG 含量在利于霉菌生长的环境即较高的湿度和较低的温度条件下增加。总的来说，多年生黑麦草以及其他牧草可能是反刍动物 ERG 的重要来源。但目前还是缺乏饲草保存期间 ERG 和维生素 D_2 变化，特别是干草和青贮，以及关于饲草和牛奶中 ERG 之间关系的可靠数据。

3.2.4 水溶性维生素

牛奶中除含有丰富的脂溶性维生素外，还含有水溶性维生素（或 B 族维生素）。西方饮食结构中，核黄素（维生素 B_2）的主要摄入来源是奶及奶制品，此外，牛奶中富含维生素 B_{12}（corrinoids）。因此，从乳中获取这种维生素比合成方式更方便（Matte 等，2012）。

与脂溶性维生素不同，B 族维生素是由反刍动物瘤胃中微生物合成。Santschi 等（2005）研究表明 B 族维生素主要存在于瘤胃内容物的细菌部分，而在周围的液体中存在较少。此外，他们还观察到瘤胃维生素水平随日粮精粗比的变化而变化。

然而，关于饲料中 B 族维生素的信息，它们在瘤胃中的代谢，以及除了瘤胃微生物合成的维生素之外它们的作用，潜在地转移到奶中的信息还不十分清楚。表 3.19 是三种牧草中 B 族维生素含量的数据。增加保存饲料（玉米青贮料、苜蓿干草和干草）与非纤维碳水化合物含量的饲料比例会降低瘤胃中对吡哆醇（维生素 B_6 的主要形式）、叶酸（维生素 B_9）和类胡萝卜素（维生素 B_{12}）的合成。反过来增加非纤维碳水化合物的比例会增加瘤胃烟酸（维生素 PP）和吡哆醛（维生素 B_6）的合成（Schwab 等，2006）。Castagnino 等（2016a）在鸭茅草青贮中测定的硫胺素、核黄素、烟酸、维生素 B_6 和叶酸含量分别为 1.5 mg/kg、63.8 mg/kg、80.5 mg/kg、10.0 mg/kg 和 0.40 mg/kg DM，这些维生素在苜蓿青贮饲料中相应值分别为 2.3 mg/kg、85.9 mg/kg、38.9 mg/kg、17.2 mg/kg 和 0.41 mg/kg DM。Castagnino 等（2016b）进一步研究发现切短的鸭茅草青贮中硫胺素、核黄素、烟酸、维生素 B_6、

表 3.19 牧草中水溶性维生素含量 (mg/kg DM)

维生素		禾本科干草	苜蓿干草	青贮玉米
硫胺素	B_1	0.89	1.9	0.57
核黄素	B_2	9.9	17.5	3.5
烟酸	PP	11.8	26.4	22.5
烟酰胺		0.34	7.6	1.5
吡哆醇	B_6	1.8	4.5	1.9
吡哆胺		0.25	0.82	0.24
吡哆醛		0.15	0.61	0.44
生物素	H，B_7	7.4	6.4	7.3
叶酸	B_9，BC	0.52	1.6	0.48
Corrinoids	B_{12}	0.02	0.01	0.03

资料来源：改编自 Schwab, E.C., Schwab, C.G., Shaver, R.D., Girard, C.L., Putnam, D.E., &Whitehouse, N.L. (2006). Dietary forage and nonfiber carbohydrate contents influence B - vitamin intake, duodenal flow, and apparent ruminal synthesis in lactating dairy cows. J. Dairy Sci., 89, 174-187.

叶酸和维生素 B_{12} 的含量分别为 1.3 mg/kg、131 mg/kg、77.4 mg/kg、12 mg/kg、0.21 mg/kg 和 0.016 mg/kg DM，切短的苜蓿青贮饲料中相应值分别为 2.0 mg/kg、132 mg/kg、170 mg/kg、8.2 mg/kg、0.21 mg/kg 和 0.004 mg/kg DM。但是这些研究中的数据只涉及饲喂试验中使用的一到两种牧草，因此无法进一步进行概述。

Castagnino 等（2016a）比较了苜蓿和鸭茅青贮饲料对泌乳奶牛瘤胃 B 族维生素合成的影响，发现十二指肠微生物氮流量与烟酸、核黄素、维生素 B_6、叶酸和维生素 B_{12} 等合成存在正相关。Castagnino 等（2016b）进一步研究发现硫胺素、核黄素、烟酸和维生素 B_6 的瘤胃合成与其饲料摄入量呈负相关，表明当日粮供应增加时，瘤胃细菌合成减少。此外，降低苜蓿和鸭茅草青贮料的颗粒长度对于达到奶牛小肠吸收部位的 B 族维生素数量影响有限。

干奶期的日粮变化包括不同比例的玉米青贮饲料、麦秸和精料能够改变初乳中的维生素 B_{12} 含量，但对泌乳早期的维生素 B_{12} 和叶酸水平没有影响（Duplessis 等，2015）。Duplessis 等（2016）进一步测定了加拿大牛奶中维生素 B_{12} 含量为 2.31～3.88 μg/L，每天一杯牛奶（250 mL）能够提供所需维生素 B_{12} 的 23%～40%。奶牛群体和个体之间维生素 B_{12} 含量存在很大差异，但是胎次（初产与多胎）以及产犊后的时间均不影响牛奶中维生素 B_{12} 的含量。牛奶中春秋季节维生素 B_{12} 含量最高，但是目前还没有关于日粮成分与牛奶中维生素 B_{12} 含量之间相互关系的报道。

Shingfield 等（2005）研究发现饲喂梯牧草和草甸羊茅干草的奶牛奶中核黄素的含量（1.13 mg/kg）明显低于饲喂同一草场青贮饲料的奶牛奶中核黄素的含量（1.51 mg/kg），但是硫胺素和吡哆醇含量差异并不显著。Poulsen 等（2015）通过比较丹麦三家奶牛场牛奶中的核黄素含量发现夏季放牧期牛奶中的核黄素含量显著低于冬季舍饲贮存牧草时的核黄素含量。

一般而言，还需要通过进一步研究来阐明由基因调控引起的牛奶中的水溶性维生素含量与饲喂日粮变化的关系。

3.2.5 结论

几种类胡萝卜素，尤其是全反式 β-胡萝卜素是动物体内产生的全反式视黄醇（维生素 A_1）的维生素原。乳脂中 β-胡萝卜素含量的变化主要取决于其日粮供应。关于绵羊和山羊生乳中 β-胡萝卜素和视黄醇含量的数据很少，但是视黄醇含量似乎高于牛奶。

饲料中 β-胡萝卜素的实际含量受很多内在和外在环境因素的共同影响。新鲜牧草是 β-胡萝卜素最主要的来源，β-胡萝卜素在干草中的损失量大于青贮饲料，尤其是新鲜牧草制成的青贮饲料。与青贮牧草和豆科植物相比，玉米青贮料中的 β-胡萝卜素含量较低。

维生素 E 是一类四种异构的生育酚和四种生育三烯酚的通用名称，其中 α-生育酚是最重要的营养成分之一，人体所需营养中维生素 E 的主要来源是植物油。α-生育酚在牛奶中含量通常在 $0.3 \sim 1.2$ mg/L，在日粮不添加合成生育酚的条件下有机奶中 α-生育酚含量较高，初乳中的维生素 E 含量明显高于常乳。绵羊奶中 α-生育酚含量似乎相当或高于牛奶，山羊奶中的 α-生育酚含量低于同类奶。

青草青贮前的枯萎期间 α-生育酚的损失在初始含量的 20%~35%，并且随着枯萎时间的延长而增加。因此，可以预期干草晒干的过程中损失会更多。α-生育酚在牧草青贮时含量变化的报道很多，但是很少有研究报道玉米青贮时的变化。总的来说，青贮饲料与干草相比具有更丰富的 α-生育酚，这可能是由于干草在晒干和储存过程中这种化合物的损失更多。

饲草料中 ERG、维生素 D_2 原和维生素 D_2 的含量通常被认为是真菌生物量水平的标志。通过研究发现延迟刈割是影响 ERG 含量增加的主要因素。此外，夏季和冬季刈割延迟时间越长，ERG 含量也越高。在秋冬季节，ERG 含量会随着湿度的增加和温度的降低而增加。但是目前没有关于饲草贮存期间 ERG 含量和维生素 D_2 变化的可靠数据，特别是干草和青贮，以及关于饲草和牛奶中 ERG 之间的关系。

与脂溶性维生素不同，B 族维生素是由反刍动物瘤胃微生物合成。维生素 B_2 的主要来源是奶及奶制品，牛奶中丰富的维生素 B_{12} 比合成这种维生素更方便。通常情况下，需要进一步研究来阐明奶中水溶性维生素含量的变化是否由饲料配方或基因调控引起。

3.3 类胡萝卜素

类胡萝卜素普遍存在于高等植物和藻类产品中，主要参与光合作用过程。在已知的近 1 000 种类胡萝卜素中，可在牧草中检测到 10 种，主要是多不饱和烃性质的胡萝卜素（特别是 β-胡萝卜素）和含氧叶黄素（叶黄素、新黄质、紫黄质、玉米黄质和花黄素）。牧草中类胡萝卜素的化学结构见图 3.4，结构中双键较多导致切碎的牧草中类胡萝卜素在光的作用下发生氧化和异构化（全反式酮形成顺式异构体），并且非极性结构直接影响了其在脂肪中的溶解度。

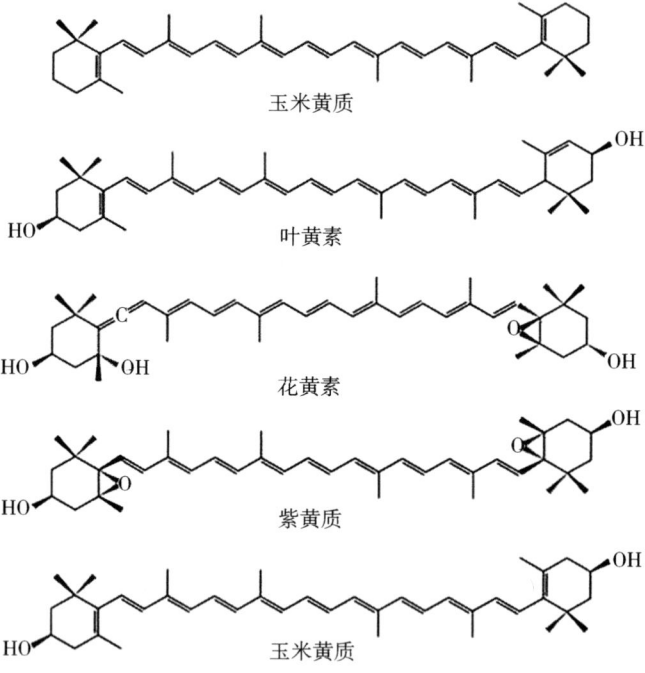

图 3.4 牧草中类胡萝卜素的化学结构

牛奶及其制品中的类胡萝卜素作为天然抗氧化剂对人类营养和健康尤为重要，全反式β-胡萝卜素是主要的维生素原，其中一些是维生素A的前体，关于胡萝卜素的作用在3.2.1节中进行了详细描述。此外，黄油和奶酪中的乳脂类胡萝卜素导致其呈现黄色，这被视为"绿色或自然形象"。与其他反刍动物不同，牛体内循环的血浆和储存在脂肪组织中的类胡萝卜素，特别是β-胡萝卜素，含量相当可观。

Nozière等（2006a）论述了类胡萝卜素从饲料到黄油和奶酪中的转化过程，Álvarez等（2015）研究了血浆和牛奶中类胡萝卜素含量的主要影响因素，这为类胡萝卜素的功能研究提供了大量的参考依据。

3.3.1 新鲜和储存牧草中的类胡萝卜素

目前关于新鲜牧草保存、储存和饲喂过程中类胡萝卜素含量变化的报道比较少，而且这主要限于β-胡萝卜素（表3.12和表3.13）和叶黄素。表3.20整理了近些年的数据，在新鲜牧草中存在的主要类胡萝卜素是叶黄素、紫黄质和β-胡萝卜素。

表3.20 牧草中类胡萝卜素的含量（mg/kg DM）

饲料	叶黄素	玉米黄质	紫黄质	国家	参考文献
新鲜牧草					
多年生草地（0.45梯牧草+0.45草甸羊茅）-第1次刈割	153	—	—	瑞典	Müller等（2007）
牧草（主要为禾本科）				西班牙	Álvarez等（2014）
牧场1	48.5±8.8	3.0±0.6	2.3±0.5		
牧场2	92.7±18.7	6.3±1.0	9.9±1.6		
草本混合草地（0.43菊苣+0.21英国车前草）				丹麦	Petersen等（2011）
8月中旬	262±2.3	—	—		
8月底	208±10.4	—	—		

（续表）

饲料	叶黄素	玉米黄质	紫黄质	国家	参考文献
三叶草混合草地（0.78白三叶草+0.21多年生黑麦草）				丹麦	Petersen等（2011）
8月中旬	232±12.0	—	—		
8月底	254±36.7	—	—		
混合草地（0.85多年生黑麦草+0.15白三叶草，4次刈割的平均值）	195	—	—	丹麦	Elgersma等（2013）
苜蓿（4次刈割的平均值）	129	—	—	丹麦	Elgersma等（2013）
红三叶草	136[a]	—	—	法国	Cardinault等（2006）
黄色甜草三叶草（4次刈割的平均值）	131	—	—	丹麦	Elgersma等（2013）
百脉根三叶草（4次刈割的平均值）	206	—	—	丹麦	Elgersma等（2013）
车前草	149	—	—	丹麦	Elgersma等（2013）
青贮饲料					
0.45甜蒿+0.45草甸羊茅混合草地				瑞典	Müller等（2007）
萎蔫4h	248	—	—		
枯萎24h	81	—	—		
萎蔫34h	142	—	—		
干草					
苜蓿草	519	32.3	0.8	法国	de Oliveira等（2012）

[a] 叶黄素 40 mg kg DM。

  牧草中的类胡萝卜素的总含量通常在250~500 mg/kg DM，表3.21是西班牙山区牧场植物中主要的类胡萝卜素的含量，总类胡萝卜素含量较高的是草本毛茛、禾本科植物和豆科植物。物种、成熟阶段、叶和茎的比例以及昼夜变化等都会影响牧草的类胡萝卜素含量。表3.22是山地草场放牧和轮牧持续成熟度和刈割顺序对6种类胡萝卜素含量变化的影响。总体而言，这些结果不足以对新鲜牧草中的类胡萝卜素含量进行可靠的分析。

表 3.21 5 月和 6 月收集的西班牙北部草场中主要植物的
类胡萝卜素平均含量（mg/kg DM）

植物	β-胡萝卜素	叶黄素	花药黄质	新黄质	黄质	玉米黄质
单子叶植物科						
禾本科（$n=4$）	29.5	139.9	15.1	18.9	22.7	9.5
灯心草科（$n=1$）	16.2	47.9	ND	ND	ND	ND
莎草科（$n=1$）	17.8	70.0	ND	ND	ND	15.5
双子叶植物						
蚕豆科（$n=4$）	23.8	118.3	8.5	9.8	10.3	11.2
蔷薇科（$n=1$）	15.3	77.4	7.9	8.4	8.1	9.0
菊科（$n=2$）	10.9	75.7	7.8	8.1	13.3	3.9
唇形科（$n=1$）	18.3	68.3	15.3	15.1	ND	ND
石竹科（$n=1$）	9.9	77.4	15.8	16.5	17.5	16.0
杜鹃花科（$n=1$）	42.5	129.7	15.6	9.1	8.3	ND
毛茛科（$n=1$）	25.3	130.3	18.1	18.9	17.8	17.3

注：n，收集的植物物种数量。ND，未检测到。
资料来源：改编自 Valdivielso, I., Bustamante, M. A., Aldezabal, A., Amores, G., Virto, M., Ruiz de Gordoa, et al.（2016）. Case study of a commercial sheep flock under extensive mountain grazing: pasture derived lipid compounds in milk and cheese. Food Chem., 197, 622-633.

表 3.22 草场初生和再生过程轮牧和放牧条件下牛奶中类胡萝卜
素含量（mg/kg DM）的变化

类胡萝卜素	初级生长			再次生长
	6月10日	6月20日	6月30日	10月3日
循环放牧				
β-胡萝卜素	33.5	32.8	32.5	60.4
叶黄素	179	161	141	247

（续表）

类胡萝卜素	初级生长			再次生长
	6月10日	6月20日	6月30日	10月3日
表叶黄素	34.1	30.1	25.2	50.5
玉米黄质	17.1	11.6	19.5	47.1
花药黄质	16.9	14.3	12.9	13.5
紫黄质	57.4	58.6	44.2	49.6
带状放牧				
β-胡萝卜素	49.9	37.1	33.8	91.4
叶黄素	217	157	113	335
表叶黄素	38.1	30.3	15.6	40.1
玉米黄质	67.4	54.4	35.1	109
花药黄质	9.0	7.0	5.5	8.6
紫黄质	74.8	52.5	33.5	99.8

资料来源：改编自 Calderón, F., Tornambé, G., Martin, B., Pradel, P., Chauveau-Duriot, B., & Nozière, P. (2006). Effects of mountain grassland maturity stage and grazing management on carotenoids in sward and cows milk. Anim. Res., 55, 533–544.

萎蔫是饲草料保存过程中的类胡萝卜素水平降低的一个重要因素，遇到长时间的潮湿天气或暴露在太阳辐射下。饲草料保存过程中总类胡萝卜素损失量依次为：未枯草青贮<枯草青贮<风干<田间干燥，损失主要发生在保存和后续存储期间，并且损失可能达到初始含量的20%~80%。在缺氧和还原条件下，青贮比干草的生产和储存更有优势。正如第3.2.1.1节提及的牧草青贮过程中加入酸性添加剂，特别是甲酸（Kalač, 1983）β-胡萝卜素的损失会显著增加，这可能是由于酶解引起的，但是目前尚缺少牧草储存过程中其他类胡萝卜素的损失的研究。

3.3.2 牛奶中的类胡萝卜素

牛奶中的类胡萝卜素含量取决于饲料摄入的性质和数量，以及它们从植物基质到乳腺的转移效率。从牛奶中类胡萝卜素含量低可以推断这种转移的效率受到很大限制。此外，类胡萝卜素从饲草料转移到牛奶的过程（即瘤胃消化、肠道吸收和组织代谢）也可能会影响类胡萝卜素对乳腺的利用（Nozière 等，2006a）。

饲草料中类胡萝卜素消化的第一步是植物基质的降解，但是瘤胃微生物对类胡萝卜素的降解程度尚不清楚。Nozière 等（2006a）报道叶黄素和胡萝卜素在消化道中降解存在差异。由于含氧叶黄素（图 3.4）比胡萝卜素更具极性，因此，其暴露在乳液和胶束的外表面，而胡萝卜素则聚集在这些颗粒的中心。此外，叶黄素从乳液到胶束的转移高于胡萝卜素。目前关于类胡萝卜素通过肠道的转移只在非反刍动物有过报道。新鲜红三叶草类胡萝卜素在羊小肠中的表观消化率分别为 0.18、0.30 和 0.39，而叶黄素、表叶黄素和全反式 β-胡萝卜素在大肠中的表观消化率分别为 -0.05、0.29 和 0.26。此外，Cardinault 等（2006）报道类胡萝卜素主要通过淋巴系统吸收。

全反式 β-胡萝卜素是牛血浆中循环的主要类胡萝卜素，而叶黄素在绵羊和山羊的血浆中占主导地位。奶牛血浆中的类胡萝卜素主要与高密度脂蛋白（HDL）相关，而在绵羊和山羊中，它们与低密度和极低密度脂蛋白（LDL 和 VLDL）部分相关。肝脏可能在类胡萝卜素对乳腺的利用中起着核心作用，而储存在动物脂肪组织中的类胡萝卜素是否在动物机体能量耗尽时释放还不十分清楚。

表 3.23 收集了牛奶中类胡萝卜素含量，表 3.14、表 3.17 和表 3.22 中类胡萝卜素含量以 mg/kg 乳脂表示，由于缺乏乳脂含量和乳密度的信息，无法精确重新计算为 mg/L。但是，牛奶密度一般为 1.030 g/mL，因此用 mg/L 或 mg/kg 表示的值之间的差异并不显著。

除 β-胡萝卜素外，在牛奶中也报道了其他三种类胡萝卜素的含量（表 3.23），叶黄素含量在 0.005~0.020 mg/L（即 0.125~0.500 mg/kg 乳脂），玉米黄质含量则相当低（0.001~0.005 mg/L，即 0.025~0.125 mg/kg 乳脂），关于 β-隐黄质含量的信息不多，可能与玉米黄质水平相当。尽管类胡萝卜素的含量很低，但是也影响了乳脂肪的颜色，即黄油和一些奶酪的颜色。

表 3.23　牛奶中类胡萝卜素的含量与饲喂饲料的关系（mg/L）

饲料	叶黄素	玉米黄质	β-隐黄质	国家	参考文献
散装和商用牛奶					
夏季散装牛奶[A]	0.45±0.19	0.11±0.05	—	瑞典	Larsen 等（2010）
冬季散装牛奶[A]	0.33±0.09	0.12±0.05	—		
未经加工的[B]	0.011±0.004	0.001±0.001	0.003±0.001	荷兰	Hulshof 等（2006）
巴氏杀菌，全脂[B]	0.010±0.003	0.001<0.001	0.003±0.001		
巴氏杀菌，半脱脂[B]	6±2	0.009±0.013	0.001±0.0011		
黄油[B]	0.197±0.059		0.066±0.011		
新鲜牧草					
玉米青贮+临时草地[A]	—			法国	Agabriel 等（2007）
	0.37	—	—		
草地+干草/青贮饲料	0.46	—	—		
草地+干草	0.49	—	—		
基于牧场的系统				英国 威尔士	Stergiadis 等（2015）
常规，高强度[A]	0.45±0.025	0.09±0.08	—		
常规低强度[A]	1.06±0.052	0.16±0.014	—		
有机，中等强度[A]	0.79±0.038	0.12±0.009	—		
干草					
干草	0.009±0.002	0.001±0	—	丹麦	Havemose 等（2006）
鸭茅草	0.024	—	—	法国	Calderón 等（2007）
青贮饲料					
多年生黑麦草青贮	0.024	—	—	法国	Calderón 等（2007）
草-红三叶草（0.67：0.33）青贮	0.019±0.002	0.004±0.001	—	丹麦	Havemose 等（2004）

(续表)

饲料	叶黄素	玉米黄质	β-隐黄质	国家	参考文献
白三叶草-草（0.66：0.34）青贮饲料	0.009±0.002	0.002±0	—	丹麦	Havemose 等（2006）
玉米青贮	0.003±0.001	0.001±0	—	丹麦	Havemose 等（2004）
玉米青贮+苜蓿青贮			—	丹麦	Larsen 等（2013）
比例2：1（w/w）^A	0.14	—	—		
比例5：1（w/w）^A	0.11	—	—		

注：A 表示为 mg/kg 乳脂。B 表示为 mg/kg 牛奶。

牛奶中的类胡萝卜素含量主要取决于日粮，另外动物因素（品种、胎次、泌乳阶段）也会影响类胡萝卜素含量。对法国农场奶罐样品的一项全年调查（Agabriel 等，2007）发现，3—7 月叶黄素平均含量为 0.27~0.59 mg/kg。牛奶的黄色程度在 2 月最浅，9 月最深，并且放牧或饲喂新鲜牧草的乳脂比冬季舍饲储存饲料的乳脂更黄。

Calderón 等（2007）研究发现牛奶中类胡萝卜素的含量随着青贮草料的变化而变化，奶牛日粮中的鸭茅干草被多年生黑麦草青贮饲料和苜蓿精料等含有高水平类胡萝卜素的日粮所取代时，类胡萝卜素的总摄入量从每天 1.6 g 增加到 7.4 g，发现牛奶中玉米黄质和叶黄素的含量变化不大，而 β-胡萝卜素水平在第 1 周迅速增加，3~4 周后达到稳定水平，干草饲料和试验饲料的总类胡萝卜素浓度分别为 3.47 mg/kg 和 4.97 mg/kg 的乳脂。全反式 β-胡萝卜素的含量分别为 2.31 mg/kg 和 3.55 mg/kg 的乳脂，即占总类胡萝卜素的 66.6% 和 71.4%。作者认为在高类胡萝卜素的日粮条件下，乳汁中 β-胡萝卜素的含量不受到达乳腺的 β-胡萝卜素的限制，而是受 β-胡萝卜素从血浆转移到乳汁的调控机制的影响。变体之间的牛奶颜色没有显著差异，而血浆颜色似乎是一种很有用的判断依据，可以作为奶牛日粮中胡萝卜素含量指标判定依据。

类胡萝卜素参与牛奶的氧化稳定性，尽管饲喂青贮饲料的奶牛产的牛奶具有更高的抗氧化能力，但饲喂青贮玉米的奶牛脂肪氧化更高，牛奶更容易受到蛋白质氧化的影响（Havemose 等，2004）。玉米青贮饲料与其他青贮饲料相比类胡萝卜素含量更低，特别是霜冻的玉米制成的青贮饲料。与放牧相比，饲喂玉米青贮饲料生产的牛奶中β-胡萝卜素含量较低，且用这种牛奶生产的奶酪颜色更白。总体而言，放牧奶牛的奶制成的奶制品比用饲喂干草和青贮饲料的奶牛的奶制成的奶制品颜色要黄得多。与干草或饲草青贮饲料相比，饲喂玉米青贮可以生产更白的黄油和奶酪。另外，饲喂青贮饲料的奶牛生产的奶要比饲喂干草的奶牛生产的奶更黄。由于山羊奶中只含有微量的类胡萝卜素，这就导致其呈白色（Zervas 和 Tsiplakou，2011）。

总体而言，类胡萝卜素从日粮中转移到牛奶中的比例相对较低。奶制品的类胡萝卜素含量和色泽可以通过饲养管理进行控制。新鲜牧草是牛奶中类胡萝卜素的最佳来源，冬季饲喂青贮饲料比干草更适宜，另外玉米青贮中的类胡萝卜素含量较少。

3.4　植物雌激素

植物雌激素是植物中同时具有雌激素和抗雌激素特性的化合物。植物雌激素的生物活性是基于它们与甾体激素 17β-雌二醇的结构相似性以及与雌激素受体结合的能力。植物雌激素可能对心血管疾病、癌症（尤其是乳腺癌和前列腺癌）、骨质疏松症和更年期综合征有预防作用（Tham 等，1998；Setchell 和 Cole，2006；Ward 和 Kuhnle，2010；Andres 等，2011；Jackson 等，2011；Sirotkin 和 Harrath，2014）。流行病学研究表明，这些疾病在习惯饮食以富含雌激素化合物——大豆制品的人群中发病率较低（Yuan 等，2007），但是越来越多的研究表明可能夸大了大豆对人类健康的影响。此外，许多植物雌激素也被认为是内分泌干扰物，可能对健康造成不利影响。植物雌激素对人身体健康是有益或有害是个复杂的问题，这可能与年龄、健康状况、消费习惯以及肠道微生物区系的组成等诸多因素相关（Patisaul 和 Jefferson，2010）。

异黄酮、香豆素类化合物和木脂素类化合物是具有不同化学结构的非甾体植物雌激素，并且具有活性。雌激素通常以糖苷的形式存在于植物中，通过肠道糖苷酶调节，释放的苷元可以被肠道微生物区系进一步代谢。

饲料中的植物雌激素，17β-雌二醇具有较弱的雌激素样活性，但在人体内的浓度可能比内源性雌激素高 100 倍（Tham 等，1998）。紫花苜蓿中典型的雌激素香豆素（图 3.5）以三醇为主要化合物，但是不

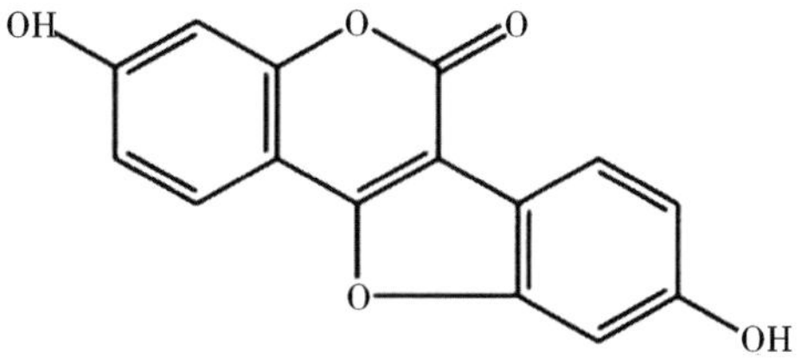

图 3.5 香豆素结构

会在瘤胃中代谢，主要转移到牛奶中。木脂素、马泰松脂醇和次异落叶松脂醇分别被肠道细菌转化为哺乳动物木脂素（也称为肠脂素）、肠内酯和肠二醇（图 3.6）。肠二醇也可以进一步转化为肠内酯。

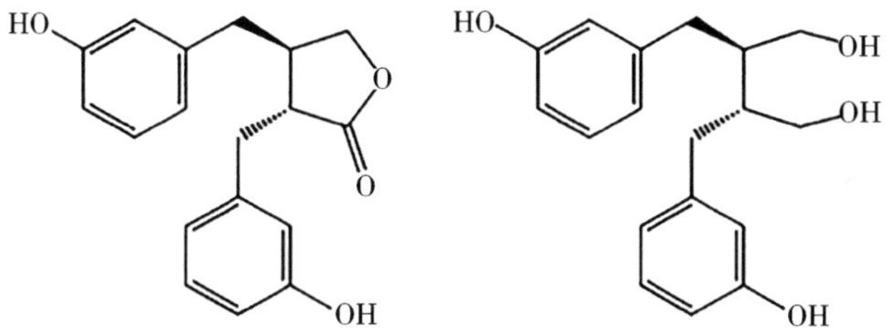

图 3.6 肠木脂素的化学结构：肠内酯和肠二醇

根据体外和体内研究，植物雌激素的活性排序如下：17β-雌二醇>香豆酚>染料木黄酮和雌马酚>黄豆黄素>大豆苷元>芒柄花素、鹰嘴豆芽素 A。

Mulligan 等（2012）整理了 1993—1997 年英国 40~79 岁人群中 12 种植物雌激素摄入量数据，发现男性和女性的日摄入量中位数分别为 1.20 mg 和 0.89 mg。其中大豆及其制品是植物雌激素的主要摄入来源，其次是面包。在大豆消费者中，男性和女性的平均日摄入量分别为 2.86 mg 和 3.14 mg。

黄烷类雌马酚［准确地：S（-）雌马酚；7-羟基-3-（4-羟基苯基）-色满］具有重要的雌激素生物活性。1932年首次从马尿中分离出雌马酚，50年后在人尿液中鉴定到雌马酚，其为大豆异黄酮、大豆苷元和大豆苷元的代谢物。多种肠道细菌可代谢摄入的异黄酮产生雌马酚（Setchell和Clerici，2010）。因此，膳食中的雌马酚存在于一些哺乳动物来源的食物中，其中牛奶是一种重要来源（Kuhnle等，2008）。

迄今为止，有研究报道几乎所有动物摄入含大豆日粮时都会产生雌马酚，但是只有20%~35%的西方成年人能够从摄入的大豆或异黄酮补充剂中产生雌马酚。在经常摄入大豆产品的亚洲国家的成年人中，发现雌马酚产生的比例高达50%~55%（Setchell和Cole，2006）。由于很大一部分人不能产生内源性雌马酚，需依赖饮食摄入，对那些不能产生雌马酚的人群来说可能需要高雌马酚含量的牛奶。

有一些报道讨论了植物雌激素从牧草到牛奶迁移过程（Gierus等，2012；Kalač，2013），但是关于山羊和绵羊上的信息非常少。

3.4.1 异黄酮的特性

图3.7是主要异黄酮的化学结构。在植物中异黄酮第7位羟基优先与β-D-葡萄糖结合，如糖苷大豆苷、洋葱苷和染料木素。糖苷很容易水解，在咀嚼过程中被植物酶水解或被胃酸和肠道细菌所水解。

饲料中异黄酮在瘤胃和肠道内通过微生物群进行转化释放，尽管已经在人和啮齿类动物的肠道中分离出许多参与转化的细菌（Setchell和Clerici，2010），但关于牛瘤胃细菌的信息非常少（Wang等，2005；Kasparovska等，2016）。鹰嘴豆芽素A和染料木素被降解成对乙基苯酚，这是一种没有雌激素活性的化合物。芒柄花素去甲基化为大豆苷元，再进一步还原为异黄酮雌马酚，过程如图3.8所示。此外还发现了其他的转化产物，如O-去甲基姜黄素、姜黄素、安哥拉紫檀素和4'-O-甲基戊二酚。

项目	R₁	R₂	R₃
大豆苷元	-H	-H	-OH
芒柄花素	-H	-H	-OCH₃
染料木素	-OH	-H	-OH
黄豆黄素	-H	-OCH₃	-OH
鹰嘴豆芽素 A	-OH	-OH	-OCH₃

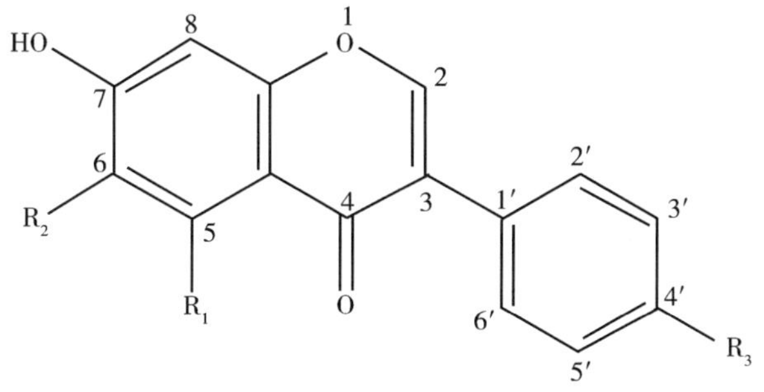

图 3.7 异黄酮的化学结构

3.4.2 新鲜和储存牧草中的异黄酮

3.4.2.1 新鲜牧草中的异黄酮

20 世纪 40 年代澳大利亚出现了三叶草草场放牧的母羊暴发不孕现象，这使得植物雌激素在相关饲料作物中开始被研究。最开始的研究主要集中在红三叶草（Adams，1989；其他参考文献），这是已知的弱雌激素植物。随后对其他豆科牧草也进行了相关研究，根据 Saloniemi 等（1993，1995）的报告，紫花苜蓿的雌激素效应是由香豆素引起的，芒柄花素和鹰嘴豆芽素 A 的含量很低。四个测定品种中白三叶的异黄酮和香豆素的含量都非常低。低含量并不能解释生物试验中观察到的雌激素效应，这一结果得到了 Andersen 等的证实（2009a），他们在红三叶草、白三叶草和紫花苜蓿中测定到芒柄花素的含量分别为 11.4 mg/g、

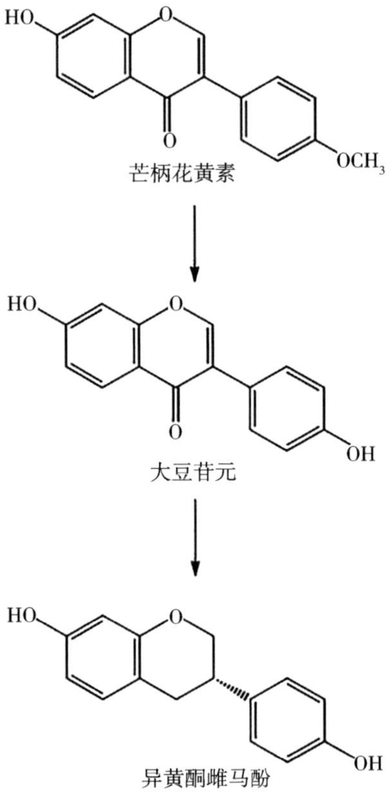

芒柄花黄素

大豆苷元

异黄酮雌马酚

图3.8 芒柄花素和大豆苷元在瘤胃内主要代谢途径

0.41 mg/g 和 0.16 mg/g DM。同样，白三叶草四种异黄酮的含量很低，只有 0.28 mg/g DM，其中94%为鹰嘴豆芽素A。但是饲喂新鲜白三叶草5个月会引起怀孕早期育成牛的激素紊乱（Hashem 等，2016）。Sarelli 等（2003）在百脉根中仅检测到微量水平的植物雌激素。

Vetter 等（1995）测定了7种三叶草的叶、茎和花中四种异黄酮的含量，结果远低于其他报告中的值，因此，可以采用该研究结果作为比较数据。他的结果表明地下三叶草和红三叶草中异黄酮含量较高，高山三叶草中异黄酮含量较高，而白三叶草、山三叶草、草莓头三叶草和深红色三叶草中异黄酮含量较低。表3.24 给出了三种常见三叶草的具体数据。

3.4.2.2 红三叶草中的异黄酮

在大量种植和饲喂的红三叶草中,异黄酮的总含量和组成受到遗传和环境因素的影响。

表3.24 三种三叶草花期地上部分四种异黄酮（总量）、芒柄花素和大豆苷元的平均含量（mg/g DM）

种类	部位	总量	芒柄花素	大豆苷元
红三叶草	叶子	1.07	0.38	0.35
	茎	0.74	0.28	0.33
	花	1.21	0.39	0.46
白三叶草	叶子	0.027	0.007	0.005
	茎	0.119	0.085	0.009
	花	0.094	0.052	0.006
深红色三叶草	叶子	0.474	0.352	0.018
	茎	0.221	0.106	0.046
	花	0.164	0.112	0.017

资料来源：经许可改编自 Vetter, J.（1995）. Isoflavones in different parts of common Trifolium species. J. Agric. Food Chem., 43, 106-108. Copyright 1995 American Chemical Society.

Schubiger 和 Lehmann 等（1994）比较了瑞士32个红三叶草品种中芒柄花素的含量,发现5月第一次刈割和8月第三次刈割的平均值和范围分别为7.7（5.3~9.3）mg/g DM 和4.9（3.1~6.3）mg/g DM。各品种之间的芒柄花素含量存在显著差异,四倍体品种略高于二倍体品种。Burda 等（1997）证实了这一结果,但是 Papadopoulos 等（2006）研究发现13个红三叶草品种中总异黄酮和单个异黄酮含量存在显著的变异,但这些差异与倍性水平（二倍体与四倍体）无关。

加拿大科学家也发现了类似的研究结果（Sivesind 和 Seguin, 2005）,10个品种的红三叶草的芒柄花素和生物黏附素 A 的平均含量和范围分别为8.84 mg/g DM 和1.53~16.76 mg/g DM,总芒柄花素含量为55%,并且与品种、地点、年龄和收获时间有关。其中品种对异黄酮含量的影响最大,其次是区域。McMurray 等（1986）在北爱尔兰5月初至6月中旬收获的第一批红三叶中,芒柄花素含量从5.6 mg 降至

3.5 mg，并且芒柄花素含量最高是再生初期。与夏季相比，春季和秋季较冷的温度很可能导致芒柄花素水平较高。

Sarelli 等（1995）和 Saloniemi 等（2003）报道了红三叶草从萌芽到开花阶段成熟过程中的芒柄花素含量逐渐降低，Kallela 等（1987）也发现了类似的趋势。在红三叶草和梯牧草的混合物中，梯牧草中雌激素化合物水平可以忽略不计。

Du 等（2012）确定红三叶草种植的第二年具有每公顷最高异黄酮产量。这项研究由以红三叶草分离的异黄酮作为保健品引发。

红三叶草的地上部分中，异黄酮的分布并不均匀。然而，现有的文献数据存在不确定性，信息模糊不清。Vetter（1995）报道花中的含量与叶中的含量相当或更高（表3.24）。Booth 等（2006）测定了花中芒柄花素和大豆苷元的含量，比其他地上部分低一个数量级。而对此进行的最全面的研究是由 Tsao 等（2006）完成，他们测定了13种红三叶草不同部位的10种异黄酮含量，测定的结果如表3.25所示，芒柄花素和鹰嘴豆芽素 A 是所有品种和所有部位都存在的主要异黄酮，其中叶片中的总含量最高，其次是茎、叶柄和花。Sivesind 和 Seguin 等（2005）报告了类似的结果，在整个成熟阶段，发现叶片的总异黄酮

表3.25 13个红三叶草品种两个生长阶段地上部分10种异黄酮（总量）、芒柄花素和大豆苷元的平均含量（mg/g DM）

部位	总量		芒柄花素		大豆苷元	
	EB	LF	EB	LF	EB	LF
叶子	20.39	27.78	8.22	11.09	0.60	0.08
茎	17.34	12.08	11.71	7.43	0.14	0.34
叶柄	14.69	12.30	8.92	7.18	0.27	0.49
花	—	2.38	—	0.80	—	ND

注：EB，萌芽前期；LF，开花后期；ND，低于定量限。

资料来源：经许可改编自 Tsao, R., Papadopoulos, Y., Yang, R., Young, J.C., & McRae, K. (2006). Isoflavone profiles of red clovers and their distribution in different parts harvested at different growth stages. J. Agric. Food Chem., 54, 5797-5805. Copyright 2006 American Chemical Society.

（芒柄花素+鹰嘴豆芽素 A）含量最高，其次是茎和花。总体来说，营养生长期叶片和茎中异黄酮含量最高，芒柄花素含量下降。芬兰研究人员在 8 月中旬采集的茎中检测到最高水平的大豆苷元和染料木素，含量分别为 0.24 mg/g DM 和 0.55 mg/g DM，而在 6 月底的幼叶中芒柄花素和鹰嘴豆芽素 A 含量最高，分别为 7.47 mg/g DM 和 9.69 mg/g DM（Saviranta 等，2008）。

据报道，土壤磷水平的增加会降低红三叶草中的芒柄花素含量，与土壤磷含量较低的红三叶草相比，施用磷肥 96 kg/hm^2 的土壤中种植的三叶草的芒柄花素含量降低了 32%（McMurray，1986）。Kallela 等（1987）报道了四种异黄酮总和与红三叶草中粗蛋白质含量之间的强正相关性。然而，这样的信息后来未被证实。

3.4.2.3　青贮饲料和干草中的异黄酮

目前关于牧草青贮前萎蔫以及青贮过程对异黄酮含量变化的影响的研究很少。红三叶草在新鲜状态下很难青贮，因此需要在青贮前萎蔫至 35%~40% 的干物质。如果萎蔫程度高，甲酸可以作为一种有效的防腐剂。

20 世纪 60—70 年代的研究结果表明，饲料青贮期间雌激素活性显著增加（Kallela，1962，1975），然而，这些基于生物功能测定的数据涉及所有雌激素化合物引起的总体雌激素活性。连续 4 天将第三次刈割的红三叶草晾干至 307 g/kg 干物质含量，对芒柄花素、鹰嘴豆芽素 A、染料木素和大豆苷元的初始含量分别造成了 93%、90%、111% 和 205% 的变化（Daems 等，2016a）。

在红三叶草和其他草的混合物（1∶1，w/w）青贮饲料中测定了芒柄花素和大豆苷元的含量分别为 0.53 mg/g 和 0.013 mg/g（Lundh 等，1990）。正如 Sarelli 等（2003）所报告的红三叶草萎蔫 25%~40% 分别使芒柄花素和大豆苷元含量降低了 13% 和 7%~15%。青贮饲料中四种异黄酮（包括染料木素和鹰嘴豆芽素 A）的含量比青贮前的红三叶草高 18%。青贮饲料添加剂、甲酸和含有植物乳杆菌的接种剂对异黄酮总量变化的影响不显著。因此，生长阶段和萎蔫是影响异黄酮的最大因素，而其他因素影响不显著。新鲜的百脉根及其青贮饲料仅含有微量的异黄酮。

Daems 等（2016a）在实验室规模用真空塑料袋包装研究了未经晾干的第三次刈割红三叶草（233 g/kg DM）在青贮和储藏期间异黄酮变化的动态情况，包括青贮后 6 个月的时间范围。芒柄花素、鹰嘴豆芽素 A、染料木素和大豆苷元的初始含量分别为 2.05 mg/g、1.77 mg/g、0.31 mg/g 和 0.13mg/g DM。异黄酮含量在最初的 2 周内下降，随后在 5 个月内趋于稳定。芒柄花素、鹰嘴豆芽素 A、染料木素和大豆苷元的含量分别下降了 73%、66%、39% 和 26%。

Sivesind 和 Seguin（2005）观察到红三叶草保存的不同效果，从播种后一年的第二次刈割制备变体，新鲜红三叶的干物质含量为 28%，青贮牧草枯萎至 40% 的干物质并青贮 50 天，田间干燥 2 天后产生 90% 干物质的干草。他们测定了新鲜、青贮和田间干燥红三叶中芒柄花素含量分别为（9.02±0.37）mg/g、（7.22±0.55）mg/g 和（6.47±0.16）mg/g DM。因此，与新鲜红三叶草相比，青贮饲料和干草中芒柄花素的平均减少量分别约为 20% 和 28%。鹰嘴豆芽素 A 的相应值分别为 5.44 mg/g、4.98 mg/g 和 5.14 mg/g DM。如上所述，鹰嘴豆芽素 A 在瘤胃中被分解为非雌激素性的对乙基苯酚。

表 3.26 给出了四种类型的未萎蔫红三叶青贮饲料中的芒柄花素和大豆苷元的含量，在青贮期间的含量没有发生变化。梯牧草和草甸羊茅混播草早期生长阶段制备的青贮饲料不含异黄酮（Mustonen 等，2009）。此外，Hojer 等（2012b）的研究证明红三叶草是豆科混播青贮饲料中异黄酮的主要来源（表 3.27）。

表 3.26　红三叶青贮饲料中芒柄花素和大豆苷元的平均含量（mg/g DM）

青贮红三叶		芒柄花素	大豆苷元
初级生长	早期	5.15±0.30	0.16±0.014
	后期	2.95±0.55	0.29±0.033
再生	早期	4.31±0.18	0.17±0.008
	后期	6.47±0.50	0.16±0.017

资料来源：经许可改编自 Mustonen, E. A., Tuori, M., Saastamoinen, I., Taponen, J., Wähälä, K., Saloniemi, H., et al. (2009). Equol in milk of dairy cows is derived from forage legumes such as red clover. Br. J. Nutr., 102, 1552-1556.

表 3.27　不同青贮饲料中芒柄花素和大豆苷元的平均含量（mg/g DM）

青贮	芒柄花素	大豆苷元
百脉根三叶草+梯牧草，第二次刈割	0.14±0.05	0.008±0.007
红三叶草+梯牧草 +草甸羊茅，第二次刈割	2.79±0.26	0.024±0.003
红三叶草+梯牧草 +草甸羊茅，第三次刈割	2.97±0.19	0.0266±0.003

资料来源：改编自 Höjer, A., Adler, S., Purup, S., et al. (2012b). Effects of feeding dairy cows different legume–grass silageson milk phytoestrogen concentration. J. Dairy Sci., 98, 4526-4540.

红三叶、白三叶草和青贮饲料中的芒柄花素含量分别为 2.53 mg/kg、0.15 mg/kg 和 0.05 mg/kg DM，而大豆苷元的含量要低得多（Adler 等，2015）。

总体来说，现有研究表明牧草青贮过程中芒柄花素和大豆苷元都有所减少，特别是由于青贮前牧草萎蔫影响更大。

3.4.3　血浆和牛奶中的异黄酮和雌马酚

奶牛摄入的植物雌激素转化途径可能有：①分解成没有雌激素活性的化合物；②通过瘤胃和肠道并分泌到粪便或尿液中；③转移到牛奶中（Tucker 等，2010）。但是目前关于植物雌激素在体内转化的程度和位置的了解非常有限。

Njastad 等（2014）进行了一项综合研究，测试了不同植物组成的四种青贮料对泌乳奶牛体内异黄酮、木脂素和香豆素的胃肠代谢的影响。在所有饲料中，异黄酮在瘤胃中被广泛代谢。芒柄花素和大豆苷元主要以大豆异黄酮的形式在瘤胃中平均回收了 11%。明显的肠道代谢效果较差。这些结果表明异黄酮和雌马酚的代谢主要发生在瘤胃中，其次是通过粪便排泄，只有一小部分被转移到牛奶中。

3.4.3.1　奶牛和母羊血浆中的异黄酮和雌马酚

目前关于奶牛血浆中异黄酮含量的报道很少。Lundh 等（1990）研究了在饲喂红三叶草和其他牧草的混播草青贮后血浆中异黄酮的变化，发现芒柄花素和大豆苷元在饲喂 1 h 后达到最高水平，而雌马酚在饲喂 23 h 后达到最高水平。雌马酚前体的代谢变化引起雌马酚迁移延迟。

Mustonen 等（2009）确定了在早晨饲喂青贮料前后 3 h 采集的血液混合样品中的异黄酮含量，发现饲喂红三叶青贮和饲草青贮的奶牛血浆中异黄酮含量分别为 0.004~0.035 mg/L 和痕量，雌马酚的含量分别为 4.58~8.39 mg/L 和 0.84~1.50 mg/L。Krajcova 等（2010）研究发现饲喂玉米青贮饲料、苜蓿干草和精料的混合日粮的奶牛血浆中，大豆苷元和雌马酚的平均含量分别为 0.014 mg/L 和 0.018 mg/L。

饲喂含 50% 红三叶草青贮饲料 1 个月（每千克体重每天摄入 158 mg 总异黄酮）的母羊，其肾脏中雌马酚和大豆苷元水平最高，其次是肝脏、血浆和卵巢，雌马酚的含量超过了大豆苷元（Urpi-Sarda 等，2008）。

3.4.3.2 牛奶中的异黄酮

表 3.28 是牛奶中异黄酮和雌马酚的含量，主要包括农场奶罐奶、商业牛奶和饲养试验的牛奶。芒柄花素和大豆苷元的含量大多为 10 μg/L，但是雌马酚的含量差异很大，大多在几十到几百 μg/L。新鲜和青贮红三叶草被多次证明是牛奶中雌马酚的主要来源。Antignac 等（2004）、Hoikkala 等（2007）、Adler 等（2014，2015）、Njastad 等（2014）研究发现有机农场牛奶中雌马酚含量显著高于传统农场牛奶中雌马酚含量，这是由于有机农场日粮中红三叶比例高所引起的。同样，在挪威舍饲比放牧期间牛奶中的雌马酚含量高（分别为 122.6 μg/kg 和 49.8 μg/kg），这是因为放牧牧场中红三叶草的比例低于青贮饲料（Adler 等，2015）。

与豆科牧草青贮饲料饲养试验结果（表 3.29）一致，芒柄花素和大豆苷元在牛奶中的表观迁移率非常低，仅约为采食量的 1 mg/g。Krajcova 等（2010）研究发现牛奶中的大豆苷元和雌马酚的总和与从饲料中摄入的大豆苷元的总和相当，在饲喂玉米青贮、苜蓿和含有挤压菜籽饼精料的奶牛中，这个比例为 11.6 mg/g。

表 3.28 牛奶中雌马酚和异黄酮的含量（μg/L）

牛奶来源 (n)	国家	主要喂养方式	雌马酚	异黄酮 芒柄花素	大豆苷元	参考文献
农场奶罐奶 (76)	澳大利亚	多种包括红三叶草	239±52		—	King 等（1998）
春季			45±10		—	
夏季			241	6.8	5.2	
零散奶罐奶 (42)	挪威	短期有机管理的草地	65.4	3.9	2.6	Adler 等（2015）
		长期有机管理的草地	53.3	3.7	2.1	
		短期常规管理的草地	34.1	3.3	1.6	
		长期常规管理的草地	36.4±14.8	0.3±0.1	1.0±1.4	
商品	法国	非特定饲养模式	191±72.0	3.4±1.0	3.9±3.0	Antignac 等（2004）
来自传统农场 (19)			72.0±70.5	0.9±1.3	1.2±1.7	
来自有机农场 (7)			68.9±68.7	1.1±1.4	1.5±0.8	
全脂牛奶 (21)			61.6±15.5	ND	—	
脱脂牛奶 (4)	芬兰	非特定饲养模式	411±64.7	4.5±0.8	—	Hoikkala 等（2007）
商业脱脂						
来自传统农场 (4)						
来自有机农场 (12)						
各种商业牛奶 (49)	比利时		15～130		—	Daems 等（2015）

（续表）

牛奶来源（n）	国家	主要喂养方式	雌马酚	异黄酮 芒柄花素	大豆苷元	参考文献
饲养试验	丹麦	红三叶草牧场	215~355	4.0~6.3	1.1~1.9	Andersen 等（2009a）
	丹麦	白三叶草牧场	21.8~30.0	1.0~2.0	0.4~1.1	Andersen 等（2009a）
	丹麦	苜蓿草地	19.9~46.2	1.0~2.3	0.4	Andersen 等（2009a）
	挪威	红三叶草青贮饲料	364	7.0	7.7	Steinshamn 等（2008）
	挪威	白三叶草青贮饲料	97.1	2.8	0.2	Steinshamn 等（2008）
	丹麦	红草/白三叶草青贮饲料	186	2.9	2.1	Andersen 等（2009b）
	丹麦	紫花苜蓿青贮饲料	6.0	2.1	0.8	Andersen 等（2009b）
	芬兰	红三叶草青贮饲料	458~643	—	—	Mustonen 等（2009）
	芬兰	青贮牧草（梯牧草和草地羊茅）	171~287	—	—	Mustonen 等（2009）
	捷克	玉米青贮+苜蓿干草+挤压菜籽饼或梯牧草青贮全脂大豆	3.5 55.5	—	12.8 15.8	Krajčová 等（2010）
	瑞典/挪威	百脉根三叶草/梯牧草青贮饲料，第二次收割	145	5.9	4.9	Höjer 等（2012b）
	瑞典/挪威	红三叶草/梯牧草甸羊茅青贮，第二次收割	1 494	12.6	16.0	Höjer 等（2012b）
	瑞典/挪威	红三叶草/梯牧草甸羊茅+草甸羊茅，第三次收割	1 297	13.1	15.3	Höjer 等（2012b）

（续表）

牛奶来源（n）	国家	主要喂养方式	异黄酮 雌马酚	异黄酮 芒柄花素	大豆苷元	参考文献
饲养试验——在有机管理的麦子上短期放牧牧草的异黄酮含量是长期放牧牧草的19倍（异黄酮含量以μg/kg牛奶表示）	挪威	短期牧场（草甸羊茅+梯牧草+红三叶草+其他）	1199	43.0	38.5	Adler等（2014）
		长期牧场（白三叶草+光滑草甸草+梯牧草+其他）	89	10.4	3.9	
	挪威	有机管理的梯牧草和红三叶草的青贮饲料	443	8.2	4.7	Njåstad等（2014）
		长期有机管理的草地青贮	50.1	2.8	1.7	
		传统管理的多年生黑麦草青贮饲料	12.8	2.3	1.3	
		传统管理的梯牧草青贮饲料	3.9	1.6	1.0	

注：n，分析样品的数量；ND，低于检测限的含量。

资料来源：改编自 Kalač, P. (2013). Fresh and ensiled forages as a source of estrogenic equol in bovine milk: a review. Czech J. Food Sci., 58, 296–303. With permission from the Czech Academy of Agricultural Sciences.

表 3.29　饲喂试验中芒柄花素+大豆苷元从各种青贮饲料到牛奶中的表观迁移率（mg/g）

青贮饲料	回收	参考文献
白三叶草	1.20	Steinshamn 等（2008）
红三叶草	0.21	
紫花苜蓿	0.77±0.035	Andersen 等（2009b）
1/3 苜蓿+2/3 玉米	0.30±0.10	
草+红三叶草	1.23±0.38	
百脉根三叶草	1.83	Höjer 等（2012b）
第二次刈割红三叶草	1.07	
第三次刈割红三叶草	0.96	

资料来源：改编自 Kalac, P.（2013）. Fresh and ensiled forages as a source of estrogenic equol in bovine milk: a review. Czech J. Food Sci., 58, 296-303. With permission from the Czech Academy of Agricultural Sciences.

大豆（*Glycine max*）通常是奶牛营养中精料的主要成分，是牛奶中植物雌激素的来源。大豆富含大豆苷元（105～560 mg/kg DM），但芒柄花素含量极低（Mazur 和 Adlercreutz，1998）。Adler 等（2015）推测在有机牛奶中，雌马酚主要来自饲料，而在常规生产的牛奶中，大部分来自大豆。

牛奶加工过程中异黄酮含量变化的报道较少，Daems 等（2015）检测到比利时商业生乳、全脂奶、半脱脂奶和脱脂奶中异黄酮含量分别为（35.7±12.05）μg/L、（37.2±6.96）μg/L、（38.1±5.50）μg/L 和（23.1±12.01）μg/L。根据 Krızova 等（2011）报道，全脂牛奶的巴氏杀菌过程不影响雌马酚含量，脱脂牛奶中的雌马酚含量比奶油高得多。相反，Tsen 等（2014）观察到脂质部分中的雌马酚含量高于牛奶的液相部分。

关于羊奶中植物雌激素的研究很少，Sakakibara 等（2004）报道羊在饲喂地三叶草后，雌马酚和芒柄花素的水平分别约为 250 μg/L 和 50 μg/L。

3.4.4 牛奶中的木脂素和香豆素

根据 Adler 等（2014，2015）和 Njastad 等（2014）的研究发现牛奶中的总木脂素含量为 23~173 μg/kg。其中肠内酯是主要成分，约占所有木脂素的 90%。香豆素的含量较低，不超过 0.8 μg/kg。这些雌激素或其前体在饲料（包括牧草和精料）中的来源还没有得到很好的解释。

3.4.5 异黄酮和雌马酚的环境影响

美国环境保护署观察到地表水受到各种雌激素包括异黄酮和雌马酚的污染，已经将动物饲养过程中的雌激素作为一个主要的环境问题，开始研究它们的来源和传播途径。

育成牛在饲喂红三叶干草后从粪便中排出的雌马酚、芒柄花素、大豆苷元和染料木素含量分别为 1 634 mg/d、163 mg/d、96.3 mg/d 和 29.9 mg/d，而饲喂其他干草粪便中排出的雌马酚、芒柄花素、大豆苷元和染料木素含量分别为 340 mg/d、18.3 mg/d、46.2 mg/d 和 3.0 mg/d。尿液中异黄酮和雌马酚的水平不受日粮种类的影响（Tucker 等，2010）。

在瑞士中部平原的河流中异黄酮和雌马酚的负荷大约为每年几千克，并且主要发生在夏季。芒柄花素是最常见的化合物，其含量通常在较低的纳克水平，雌马酚和芒柄花素的最大含量分别为 524 ng/L 和 217 ng/L（Hoerger 等，2009）。在异黄酮累积负荷中，红三叶草、肥料和土壤的年平均值分别为 105~220 kg/hm²、0.5~1 kg/hm² 和 0.1~5.1 kg/hm²。相比之下，通过排水水体的负荷非常低，计算结果为每年 0.000 2 kg/hm²。因此，在小型河流流域，异黄酮和雌马酚是构成总雌激素活性的主要部分（Hoerger 等，2011）。艾奥瓦州溪流也报告了类似的结果，在河流水样中芒柄花素、雌马酚、大豆苷元、鹰嘴豆芽素 A 和染料木素的检出率分别为 80%、45%、32%、23% 和 11%。春季融雪期间植物雌激素含量最高（Kolpin 等，2010）。最近有一份关于水体表面受到植物雌激素和真菌雌激素污染的综述可供参考（Jarosova 等，

2015）。

异黄酮在水生环境中具有光不稳定性，芒柄花素和大豆苷元主要通过光来降解。在纬度47°的pH值7的水中，它们在近地表夏季的半衰期预计分别为10 h和4.6 h。鹰嘴豆芽素A、染料木素和雌马酚通过直接光解产生相对缓慢的降解（Felcyn等，2012）。

3.4.6 异黄酮的分析定量

目前已经开发了多种分析方法用于测定植物、牛奶和其他生物基质中异黄酮的含量。原始样品通常冷冻干燥或简单冷冻，异黄酮采用经典浸渍法或液-液萃取法提取，近些年开发了组合萃取/净化技术，如固相萃取、超声波辅助萃取、微波辅助萃取或基质固相分散。如果需要测定苷元，则必须水解共轭形式的异黄酮。通常采用来自蜗牛 Helix pomatia 的 β-葡萄糖醛酸酶/硫酸酯酶进行水解，Bláhová 等（2016）报道市售的水解酶常常受到异黄酮及其代谢产物雌马酚污染。水解酶中大豆苷元和染料木黄酮的浓度可能被高估。尽管如此，雌马酚被确认为来自饲料的牛奶中植物雌激素的可靠标志物。

还提出了一系列的分离和检测方法。免疫分析方法（酶联免疫吸附试验、放射免疫分析和时间分辨荧光免疫分析）对单组分检测具有高灵敏度和特异性，可进行高通量筛选，并且每个样品的成本相对较低。然而，它们可能存在类似化合物的交叉反应的可能性，导致目标化合物的测定可能被高估。液相色谱结合质谱（LC-MS）或紫外检测（UV）是异黄酮定量最常用的方法。如果基质中异黄酮含量较低，则优先使用质谱检测，而UV检测则适用于异黄酮含量较高的基质（Daems 等，2016b）。

3.4.7 结论

大量研究表明，奶牛饲喂新鲜或青贮红三叶草，可以生产出雌马酚含量约百微克/升的牛奶。这种牛奶对于无法从大豆制品等饮食前体中获取雌马酚的个体可能是有益的。由于在奶牛体内只有低比例的大豆异黄酮转化为雌马酚，进一步研究仍需阐明饲料中异黄酮的含量。然而，为了在牛奶中获得最大雌马酚含量,必须考虑广泛的关联因素,例如红三叶草在农作物轮作中的位置、其难以保存的特性、饲料摄入比例的平衡、异黄酮对乳牛可能产生的雌激素效应以及对表面水体中雌激素类化合物负荷日益增加的担忧。

参考文献

AbuGhazaleh, A. A., Felton, D. O., Ibrahim, S. A., 2007. Milk conjugated linoleic acid response to fish oil and sunflower oil supplementation to dairy cows managed under two feeding systems. J. Dairy Sci. 90, 4763-4769.

Adams, N. R., 1989. Phytoestrogens. In: Cheeke, P. R. (Ed.), Toxicants of Plant Origin, Vol. IV. CRC Press, Phenolics. Boca Raton, Florida, pp. 23-51.

Addis, M., Cabiddu, A., Pinna, G., et al., 2005. Milk and cheese fatty acid composition in sheep fed Mediterranean forages with reference to conjugated linoleic acid *cis*-9, *trans*-11. J. Dairy Sci. 88, 3443-3454.

Adler, S. A., Jensen, S. K., Thuen, E., et al., 2013. Effect of silage botanical composition on ruminal biohydrogenation and *trans*fer of fatty acids to milk in dairy cows. J. Dairy Sci. 96, 1135-1147.

Adler, S. A., Purup, S., Hansen-Møller, J., et al., 2014. Phyto-estrogens and their metabolites in milk produced on two pastures with different botanical compositions. Livest. Sci. 163, 62-68.

Adler, S. A., Purup, S., Hansen-Møller, J., et al., 2015. Phytoestrogens and their metabolites in bulk-tank milk: effects of farm management and season. PLoS ONE 10, e0127187.

Agabriel, C., Cornu, A., Journal, C., et al., 2007. Tanker milk variability according to farm feeding practices: vitamins A and E, carotenoids, color, and terpenoids. J. Dairy Sci. 90, 4884-4896.

Aldai, N., de Renobales, M., Barron, L. J. R., et al., 2013. What are the trans fatty acids issues in foods after discontinuation of industrially produced trans fats? Ruminant products, vegetable oils, and synthetic supplements. Eur. J. Lipid Sci. Technol. 115, 1378-1401.

Alvarado-Gilis, C. A., Aperce, C. C., Miller, K. A., et al., 2015. Protectuion of polyunsaturated fatty acids against ruminal biohydrogenation: pilot experiments for three approaches. J. Anim. Sci. 93, 3101-3109.

Álvarez, R., Meléndez-Martínez, A. J., Vicario, I. M., et al., 2014. Effect of pasture and concentrate diets on concentrations of carotenoids, vitamin A and vitamin E in plasma and adipose tissue of lambs. J. Food Compos. Anal. 36, 59-65.

Álvarez, R., Meléndez-Martínez, A. J., Vicario, I. M., et al., 2015. Carotenoid and vitamin A contents in biological fluids and tissues of animals as an effect of the diet: a review. Food Rev. Int. 31, 319-340.

Alves, S. P., Cabrita, A. R. J., Jerónimo, E., et al., 2014. Effect of ensiling and silage additives on fatty acid composition of ryegrass and corn experimental silages. J. Anim. Sci. 89, 2537-2545.

Andersen, C., Nielsen, T. S., Purup, S., et al., 2009a. Phyto-oestrogens in herbage and milk from cows grazing white clover, red clover, lucerne or chicory-rich pastures. Animal 3, 1189-1195.

Andersen, C., Weisbjerg, M. R., Hansen-Møller, J., et al., 2009b. Effect of forage on the content of phyto-oestrogens in bovine milk. Animal 3, 617-622.

Andres, S., Abraham, K., Appel, K. E., et al., 2011. Risks and benefits of dietary isoflavones for cancer. Crit. Rev. Toxicol. 41, 463-506.

Antignac, J.-P., Cariou, R., Le Bizec, B., et al., 2004. New data regarding phytoestrogens content in bovine milk. Food Chem. 87, 275-281.

Atti, N., Rouissi, H., Othmane, M. H., 2006. Milk production, milk fatty acid composition and conjugated linoleic acid (CLA) content in dairy ewes raised on feedlot or grazing pature. Livest. Sci. 104, 121-127.

Ayeb, N., Addis, M., Fiori, M., et al., 2016. Quality and fatty acid profile of the milk of indigenous goats subjected to different local diets in Tunisian arid lands. J. Anim. Physiol. Anim. Nutr. 100, 101-108.

Baldi, A., 2005. Vitamin E in dairy cows. Livest. Prod. Sci. 98, 117-122.

Bargo, F., Delahoy, J. E., Schroeder, G. F., et al., 2006. Milk fatty acid composition of dairy cows grazing at two pasture allowances and supplemented with different levels and sources of concentrate. Anim. Feed Sci. Technol. 125, 17-31.

Beeckman, A., Vicca, J., Van Ranst, G., et al., 2010. Monitoring of vitamin E status of dry, early and mid-late lactating organic dairy cows fed conserved roughages during the indoor period and factors influencing forage vitamin E levels. J. Anim. Physiol. Anim. Nutr. 94, 736-746.

Benchaar, C., Petit, H. V., Berthiaume, R., et al., 2007. Effects of essential oils on digestion, ruminal fermentation, rumen microbial populations, milk production, and milk composition in dairy cows fed alfalfa silage or corn silage. J. Dairy Sci. 90, 886-897.

Bergamo, P., Fedele, E., Iannibelli, L., et al., 2003. Fat-soluble vitamin contents and fatty acid composition in organic and conventional Italian dairy products. Food Chem. 82, 625-631.

Bernard, L., Shingfield, K. J., Rouel, J., et al., 2009. Effect of plant oils in the diet on performance and milk fatty acid composition in goats fed diets based on grass hay or maize silage. Br. J. Nutr. 101, 213-224.

Bernardini, D., Gerardi, G., Elia, C. A., et al., 2010. Relationship between milk fatty acid composition and dietary roughage source in dairy cows. Vet. Res. Commun. 34, S135-S138.

Bernes, G., Turner, T., Pickova, J., 2012. Sheep fed only silage or silage supplemented with concentrates. 2. Effects on lamb performance and fatty acid profile of ewe milk and lamb meat. Small Ruminant Res. 102, 114-124.

Bláhová, L., Kohoutek, J., Procházková, T., et al., 2016. Phytoestrogens in milk: overestimations caused by contamination of the hydrolytic enzyme used during sample extraction. J. Dairy Sci. 99, 6973-6982.

Bloksma, J., Adriaansen-Tennekes, R., Huber, M., et al., 2008. Comparison of organic and conventional raw milk quality in the Netherlands. Biol. Agric. Hortic. 26, 69-83.

Booth, N. L., Overk, C. R., Yao, P., et al., 2006. Seasonal variation of red clover (Trifolium pratense L., Fabaceae) isoflavones and estrogenic activity. J. Agric. Food Chem. 54, 1277-1282.

Burda, S., Ścibior, H., Bawolski, S., 1997. [The effect of harvest term on isoflavone contents in red clover leaves]. Acta Agrobotanica 50, 87-92, in Polish.

Butler, G., Stergiadis, S., Seal, C., et al., 2011. Fat composition of organic and conventional retail milk in northeast England. J. Dairy Sci. 94, 24-36.

Cabiddu, A., Salis, L., Tweed, J. K. S., et al., 2010. The influence of plant polyphenols on lipolysis and biohydrogenation in dried forages at different phenological stages: in vitro study. J. Sci. Food Agric. 90, 829-835.

Cabiddu, A., Decandia, M., Addis, M., et al., 2005. Managing Mediterranean pastures in order to enhance the level of beneficial fatty acids in sheep milk. Small Ruminant Res. 59, 169-180.

Calderón, F., Chauveau-Duriot, B., Pradel, P., et al., 2007. Variations in carotenoids, vitamins A and E, and color in cow's plasma and milk following a shift from hay diet to diets containing increasing levels of carotenoids and vitamin E. J. Dairy Sci. 90, 5651-5664.

Calderón, F., Tornambé, G., Martin, B., et al., 2006. Effects of mountain grassland maturity stage and grazing management on carotenoids in sward and cow-s milk. Anim. Res. 55, 533-544.

Caligiani, A., Marseglia, A., Palla, G., 2014. An overview on the presence of cyclopropane fatty acids in milk and dairy products. J. Agric. Food Chem. 62, 7828-7832.

Capuano, E., Elgersma, A., Tres, A., et al., 2014a. Phytanic acid andpristanic acid content in Dutch farm milk and implications for the verification of the farming management system. Int. Dairy J. 35, 21-24.

Capuano, E., van der Veer, G., Boerrigter-Eenling, R., et al., 2014b. Verification of fresh grass feeding, pasture grazing and organic farming by cows farm milk fatty acid profile. Food Chem. 164, 234-241.

Cardinault, N., Doreau, M., Poncet, C., et al., 2006. Digestion and absorption of carotenoids in sheep given fresh red clover. Anim. Sci. 82, 49-55.

Castagnino, D. S., Seck, M., Beaudet, V., et al., 2016a. Effects of forage family on apparent ruminal synthesis of B vitamins in lactating dairy cows. J. Dairy Sci. 99, 1884-1894.

Castagnino, D. S., Kammes, K. L., Allen, M. S., et al., 2016b. Particle length of silages affects apparent ruminal synthesis of B vitamins in lactating dairy cows. J. Dairy Sci. 99, 6229-6236.

Cěrmák, B., Král, V., Frelich, J., et al., 2013. Quality of goat pasture in less-favoured areas (LFA) of the Czech Republic and its effect on fatty acid content of goat milk and cheese. Anim. Sci. Pap. Rep. 31, 331-345.

Chassaing, C., Sibra, C., Verbič, J., et al., 2016. Mineral, vitamin A and fat composition of bulk milk related to European production conditions throughout the year. Dairy Sci. Technol. 96, 715-733.

Chilliard, Y., Glasser, F., Ferlay, A., et al., 2007. Diet, rumen biohydrogenation and nutritional quality of cow and goat milk fat. Eur. J. Lipid Sci. Technol. 109, 828-855.

Chilliard, Y., Toral, P. G., Shingfield, K. J., et al., 2014. Effects of diet and physiological factors on milk fat synthesis, milk fat composition and lipolysis in the goat: a short review. Small Ruminant Res. 122, 31-37.

Coppa, M., Chassaing, C., Ferlay, A., et al., 2015a. Potential of milk fatty acid composition to predict diet composition and authenticate feeding systems and altitude origin of European bulk milk. J. Dairy Sci. 98, 1539-1551.

Coppa, M., Ferlay, A., Borreani, G., et al., 2015b. Effect of phenological stage and proportion of fresh herbage in cow diets on milk fatty acid composition. Anim. Feed Sci. Technol. 208, 66-78.

Couvreur, S., Hurtaud, C., Lopez, C., et al., 2006. The linear relationship between the proportion of fresh grass in the cow diet, milk fatty acid composition, and butter properties. J. Dairy Sci. 89, 1956-1969.

Daems, F., Jasselette, C., Romnee, J.-M., et al., 2015. Validating the use of an ultra-performance liquid chromatography with tandem mass spectrometry method to quantify equol in cow-s milk. Dairy Sci. Technol. 95, 303-319.

Daems, F., Decruyenaere, V., Agneessens, R., et al., 2016a. Changes in the isoflavone concentration in red clover (Trifolium pratense L.) during ensiling and storage in laboratory-scale silos. Anim. Feed Sci. Technol. 217, 36-44.

Daems, F., Romnee, J.-M., Heuskin, S., et al., 2016b. Analytical methods used to quantify isoflavones in cow-s milk: a review. Dairy Sci. Technol. 96, 261-283.

De Oliveira, L., Carvalho, P.C.F., Prache, S., 2012. Fat spectro-colorimetric characteristics of lambs switched from a low to a high dietary carotenoid level for various durations before slaughter. Meat Sci. 92, 644-650.

Debier, C., Larondelle, Y., 2005. Vitamins A and E: metabolism, roles and transfer to offspring. Br. J. Nutr. 93, 153-174.

Dervishi, E., Joy, M., Sanz, A., et al., 2012. Forage preservation (grazing vs. hay) fed to ewes affects the fatty acid orofile of milk and CPT1B gene expression in the sheep mammary gland. BMC Vet. Res. 8. Available from: https://bmcvetres.biomedcentral.com/articles/10.1186/1746-6148-8-106.

Dewhurst, R.J., Scollan, N.D., Youell, S.J., et al., 2001. Influence of species, cutting date and cutting interval on the fatty acid composition of grasses. Grass Forage Sci. 56, 68-74.

Dewhurst, R.J., Evans, R.T., Scollan, N.D., et al., 2003. Comparison of grass and legume silages for milk production. 2. In vivo and in sacco evaluations of rumen function. J. Dairy Sci. 86, 2612-2621.

Dierking, R.M., Kallenbach, R.L., Roberts, C.A., 2010. Fatty acid profiles of orchardgrass, tall fescue, perennial ryegrass, and alfalfa. Crop Sci. 50, 391-402.

Dilzer, A., Park, Y., 2012. Implication of conjugated linoleic acid (CLA) in human health. Crit. Rev. Food Sci. Nutr. 52, 488-513.

Du, W. H., Yue, Y., Tian, X. H., 2012. Variation of isoflavones production in red clover as related to environment, growth stage and year. Acta Alimentaria 41, 211-220.

Duplessis, M., Mann, S., Nydam, D. V., et al., 2015. Folates and vitamin B_{12} in colostrum and milk from dairy cows fed different energy levels during the dry period. J. Dairy Sci. 98, 5454-5459.

Duplessis, M., Pellerin, D., Cue, R. I., et al., 2016. Factors affecting vitamin B12 concentration in milk of commercial dairy herds: an exploratory study. J. Dairy Sci. 99, 4886-4892.

Elgersma, A., Ellen, G., van der Horst, H., et al., 2004. Quick changes in milk fat composition from cows after transition from fresh grass to a silage diet. Anim. Feed Sci. Technol. 117, 13-27.

Elgersma, A., Tamminga, S., Ellen, G., 2006. Modifying milk composition through forage. Anim. Feed Sci. Technol. 131, 207-225.

Elgersma, A., 2015. Grazing increases the unsaturated fatty acid concentration of milk from grass-fed cows: a review of the contributing factors, challenges and future perspectives. Eur. J. Lipid Sci. Technol. 117, 1345-1369.

Elgersma, A., Søegaard, K., Jensen, S. K., 2013. Fatty acids, α-tocopherol, β-carotene and lutein contents in forage legumes, forbs, and a grass-clover mixture. J. Agric. Food Chem. 61, 11913-11920.

Ellis, K. A., Innocent, G., Grove-White, D., et al., 2006. Comparing the fatty acid composition of organic and conventional milk. J. Dairy Sci. 89, 1938-1950.

Ellis, K. A., Monteiro, A., Innocent, G. T., et al., 2007. Investigation of the vitamins A and E and β-carotene content in milk from UK organic and conventional dairy farms. J. Dairy Res. 74, 484-491.

Fall, N., Emanuelson, U., 2011. Fatty acid content, vitamins and selenium in bulk tank milk from organic and conventional Swedish dairy herds during the indoor season. J. Dairy Res. 78, 287-292.

FAO, 2010. Fats and Fatty Acids in Human Nutrition: Report of An Expert Consultation. FAO, Rome.

Felcyn, J. R., Davis, J. C. C., Tran, L. H., et al., 2012. Aquatic photochemistry of isoflavone phytoestrogens: degradation kinetics and pathways. Environ. Sci. Technol. 46, 6698-6704.

Ferlay, A., Martin, B., Pradel, Ph, Coulon, J. B., et al., 2006. Influence of grassbased diets on milk fatty acid composition and milk lipolytic system in Tarentaise and Montbéliarde cow breeds. J. Dairy Sci. 89, 4026-4041.

Ferrand-Calmels, M., Palhière, I., Brochard, M, Leray, O., et al., 2014. Prediction of fatty acid profile in cow, ewe, and goat milk by midinfrared spectroscopy. J. Dairy Sci. 97, 17-35.

Field, C. J., Blewett, H. H., Proctor, S., et al., 2009. Human health benefit of vaccenic acid. Appl. Physiol. Nutr. Metab. 34, 979-991.

Flowers, G., Ibrahim, S. A., AbuGhazaleh, A. A., 2008. Milk fatty acid composition in grazing dairy cows when supplemented with linseed oil. J. Dairy Sci. 91, 722-730.

Frelich, J., Šlachta, M., Hanuš, O., et al., 2009. Fatty acid composition of cow milk fat produced on low-input mountain farms. Czech J. Anim. Sci. 54, 532-539.

Gadeyne, F., De Ruyck, K., Van Ranst, G., et al., 2016. Effect of changes in lipid classes during wilting and ensiling of red clover using two silage additives on in vitro ruminal biohydrogenation. J. Agric. Sci. 154, 553-566.

Garcia, P. T., Pordomingo, A., Perez, C. D., et al., 2015. Influence of cultivar and cutting date on the fatty acid composition of forage crops for grazing beef production in Argentina. Grass Forage Sci. 71, 235-244.

Gebauer, S. K., Chardigny, J.-M., Jakobsen, M. U., et al., 2011. Effects of ruminant trans fatty acids on cardiovascular disease and cancer: a comprehensive review of epidemiological, clinical, and mechanistic studies. Adv. Nutr. 2, 332-354.

Gentili, H., Caretti, F., Bellante, S., et al., 2013. Comprehensive profiling of carotenoids and fat-soluble vitamins in milk from different animal species by LC-DAD-MS/MS hyphenation. J. Agric. Food Chem. 61, 1628-1639.

Gierus, M., Koch, M., Schulz, H., 2012. [Phytoestrogen carryover into cow-s milk from legumes—an overview along the food chain]. Berichte über Landwirtschaft 90, 354-379, in German.

Glasser, F., Schmidely, R., Sauvant, D., et al., 2008. Digestion of fatty acids in ruminants: a meta-analysis of flows and variation factors: 2. C18 fatty acids. Animal 2, 691-704.

Glasser, F., Doreau, M., Maxin, G., et al., 2013. Fat and fatty acid content and composition of forages: a meta-analysis. Anim. Feed Sci. Technol. 185, 19-34.

Golinski, P., Opitz von Boberfeld, W., Kostecki, M., et al., 2006. Accumulation of secondary metabolites formed by field fungi in autumn - saved herbage. J. Agron. Crop Sci. 192, 344-351.

Halmemies - Beauchet - Filleau, A., Vanhatalo, A., Toivonen, V., et al., 2014. Effect of replacing grass silage with red clover silage on nutrient digestion, nitrogen metabolism, and milk composition in lactating cows fed diets containing a 60: 40 forage-to-concentrate ratio. J. Dairy Sci. 97, 3761-3776.

Han, L., Zhou, H., 2013. Effects of ensiling processes and antioxidants on fatty acids concentrations and compositions in corn silages. J. Anim. Sci. Biotechnol. 4, 48.

Hashem, N. M., El - Azrak, K. M., Sallam, S. M. A., 2016. Hormonal concentrations and reproductive performance of Holstein heifers fed Trifolium alexandrinum as a phytoestrogenic roughage. Anim. Reprod. Sci. 170, 121-127.

Havemose, M. S., Weisbjerg, M. R., Bredie, W. L. P., et al., 2004. Influence of feeding different types of roughage on the oxidative stability of milk. Int. Dairy J. 14, 563-570.

Havemose, M. S., Weisbjerg, M. R., Bredie, W. L. P., et al., 2006. Oxidative stability of milk infuenced by fatty acids, antioxidants, and copper derived from feed. J. Dairy Sci. 89, 1970-1980.

Heck, J. M. L., vanValenberg, H. J. F., Dijkstra, J., et al., 2009. Seasonal variation in the Dutch bovine raw milk composition. J. Dairy Sci. 92, 4745-4755.

Hernandez - Ortega, M., Martinez - Fernandez, A., Soldado, A., et al., 2014. Effect of total mixed ration composition and daily frazing pattern on milk production, composition and fatty acids profile of dairy cows. J. Dairy Res. 81, 471-478.

Hoerger, C. C., Wettstein, F. E., Hungerbuhler, K., et al., 2009. Occurrence and origin of estrogenic isoflavones in Swiss river waters. Environ. Sci. Technol. 43, 6151-6157.

Hoerger, C. C., Wettstein, F. E., Bachmann, H. J., et al., 2011. Occurrence and mass balance of isoflavones on an experimental grassland field. Environ. Sci. Technol. 45, 6752-6760.

Hoikkala, A., Mustonen, E., Saastamoinen, I., et al., 2007. High levels of equol in organic skimmed Finnish cow milk. Mol. Nutr. Food Res. 51, 782-786.

Höjer, A., Adler, S., Martinsson, K., et al., 2012a. Effect of legume-grass silages and α-tocopherol supplementation on fatty acid composition and α-tocopherol, β - carotene and retinol concentrations in organically produced bovine milk. Livest. Sci. 148, 268-281.

Höjer, A., Adler, S., Purup, S., et al., 2012b. Effects of feeding dairy cows different legume-grass silages on milk phytoestrogen concentration. J. Dairy Sci. 98, 4526-4540.

Honkanen, A. M., Leskinen, H., Toivonen, V., et al., 2016. Metabolism of α-linolenic acid during incubations with strained bovine rumen contents: products and metabolism. Br. J. Nutr. 115, 2093-2105.

Hulshof, P. J. M., van Roekel-Jansen, T., van de Bovenkamp, P., et al., 2006. Variation in retinol and carotenoid content of milk and milk products in The Netherlands. J. Food Compos. Anal. 19, 67-75.

Hurtaud, C., Dutreuil, M., Coppa, M., et al., 2014. Characterization of milk from feeding systems based on herbage or corn silage with or without flaxseed and authentication through fatty acid profile. Dairy Sci. Technol. 94, 103-123.

Iussig, G., Renna, M., Gorlier, A., et al., 2015. Browsing ratio, species intake, and milk fatty acid composition of goats foraging on alpine open grassland and grazable forestland. Small Ruminant Res. 132, 12-24.

Jackson, R. L., Greiwe, J. S., Schwen, R. J., 2011. Emerging evidence of the health benefits of S-equol, an estrogen receptor beta agonist. Nutr. Rev. 69, 432-448.

Jahreis, G., Fritsche, J., Möckel, P., et al., 1999. The potential anticarcinogenic conjugated linoleic acid, *cis*-9, *trans*-11 C18:2, in milk of different species: cow, goat, ewe, sow, mare, woman. Nutr. Res. 19, 1541-1549.

Jakobsen, J., Saxholt, E., 2009. Vitamin D metabolites in bovine milk and butter. J. Food Compos. Anal. 22, 472-478.

Jandal, J. M., 1996. Comparative aspects of goat and sheep milk. Small Ruminant Res. 22, 177-185.

Jäpelt, R. B., Didion, T., Smedsgaard, J., et al., 2011a. Seasonal variation of provitamin D_2 and vitamin D_2 in perennial ryegrass (Lolium perenne L). J. Agric. Food Chem. 59, 10907-10912.

Jäpelt, R. B., Silvestro, D., Smedsgaard, J., et al., 2011b. LC-MS/MS with atmospheric pressure chemical ionisation to study the effect of UV treatment on the formation of vitamin D_3 and sterols in plants. Food Chem. 129, 217-225.

Jarošová, B., Javůrek, J., Adamovský, O., et al., 2015. Phytoestrogens and mycoestrogens in surface waters—their sources, occurrence, and potential contribution to estrogenic activity. Environ. Int. 81, 26-44.

Jenkins, T. C., Wallace, R. J., Moate, P. J., et al., 2008. Board – invited review: recent advances in biohydrogenation of unsaturated fatty acids within the rumen microbial ecosystem. J. Anim. Sci. 86, 397-412.

Jensen, R. G., 2002. The composition of bovine milk lipids: January 1995 to December 2000. J. Dairy Sci. 85, 295-350.

Johansson, B., Persson Waller, K., Jensen, S. K., et al., 2014. Status of vitamins E and A and β – carotene and health in organic dairy cows fed a diet without synthetic vitamins. J. Dairy Sci. 97, 1682-1692.

Juhlin, J., Fikse, F., Lunden, A., et al., 2010. Relative impact of alphatocopherol, copper and fatty acid composition on the occurrence of oxidized milk flavour. J. Dairy Res. 77, 302-309.

Kalač, P., 1983. Losses of beta–carotene in unwilted forage crops during silage–making and feeding. Anim. Feed Sci. Technol. 9, 63-69.

Kalač, P., 2013. Fresh and ensiled forages as a source of estrogenic equol in bovine milk: a review. Czech J. Food Sci. 58, 296-303.

Kalač, P., McDonald, P., 1981. A review of the changes in carotenes during ensiling of forages. J. Sci. Food Agric. 32, 767-772.

Kalač, P., Samková, E., 2010. The effects of feeding various forages on fatty acid composition of bovine milk fat: a review. Czech J. Anim. Sci. 55, 521-537.

Kallela, K., 1962. Investigations on occurrence of plant oestrogens in Finnish AIV silage and hay, with special reference to red clover. Int. J. Fertil. 7, 358.

Kallela, K., 1975. Effect of storage on estrogenic effect of red-clover silage. Nordisk Veterinaer Medicin 27, 562-569.

Kallela, K., Saastamoinen, I., Huokuna, E., 1987. Variations in the content of plant oestrogens in red clover – timothy – grass during the growing season. Acta Vet. Scand. 28, 255-262.

Kasparovska, J., Pecinkova, M., Dadakova, K., et al., 2016. Effects of isoflavone – enriched feed on the rumen microbiota in dairy cows. PLoS ONE 11, e0154642.

Kay, J. K., Roche, J. R., Kolver, E. S., et al., 2005. A comparison between feeding systems (pasture and TMR) and the effect of vitamin E supplementation on plasma and milk fatty acid profiles in dairy cows. J. Dairy Res. 72, 322-332.

Kęsek, M., Szulc, T., Zielak-Steciwko, A., 2014. Genetic, physiological and nutritive factors affecting the fatty acid profile in cow – s milk—a review. Anim. Sci. Pap. Rep. 32, 95-105.

Khan, N. A., Cone, J. W., et al., 2009. Stability of fatty acids in grass and maize silages after exposure to air during the feed out period. Anim. Feed Sci. Technol. 154, 183-192.

Khan, N. A., Cone, J. W., Fievez, V., et al., 2011. Stability of fatty acids during wilting of perennial ryegrass (Lolium perenne L.): effect of bruising and environmental conditions. J. Sci. Food Agric. 91, 1659-1665.

Khan, N. A., Cone, J. W., Fievez, V., et al., 2012. Causes of variation in fatty acid content and composition in grass and maize silages. Anim. Feed Sci. Technol. 174, 36-45.

Khanal, R. C., Dhiman, T. R., Boman, R. L., 2008. Changes in fatty acid composition of milk from lactating dairy cows during transition to and from pasture. Livest. Sci. 114, 164-175.

Khiaosa-ard, R., Kreuzer, M., Leiber, F., 2015. Apparent recovery of C18 polyunsaturated fatty acids from feed in cow milk: a meta analysis of the importance of dietary fatty acids and feeding regimens in diets without fat supplementation. J. Dairy Sci. 98, 6399-6414.

Kim, E. U., Huws, S. A., Lee, M. R. F., et al., 2009. Dietary transformation of lipid in the rumen microbial ecosystem. Asian – Australas. J. Anim. Sci. 22, 1341-1350.

King, R. A., Mano, M. M., Head, R. J., 1998. Assessment ofisoflavonoid concentrations in Australian bovine milk samples. J. Dairy Res. 65, 479-489.

Kitessa, S. M., Gulati, S. K., Simos, G. C., et al., 2004. Supplementation of grazing dairy cows with rumen-protected tuna oil enriches milk fat with n-3 fatty acids without affecting milk production or sensory characteristics. Br. J. Nutr. 91, 271-277.

Kliem, K. E., Shingfield, K. J., 2016. Manipulation of milk fatty acid composition in lactating cows: opportunities and challenges. Eur. J. Lipid Sci. Technol. 118, 1661-1683.

Kliem, K. E., Morgan, R., Humphries, D. J., et al., 2008. Effect of replacing grass silage with maize silage in the diet on bovine milk fatty acid composition. Animal 2, 1850-1858.

Koivunen, E., Jaakkola, S., Heikkilä, T., et al., 2015. Effects of plant species, stage of maturity, and level of formic acid addition on lipolysis, lipid content, and fatty acid composition during ensiling. J. Anim. Sci. 93, 4408-4423.

Kolpin, D. W., Hoerger, C. C., Meyer, M. T., 2010. Phytoestrogens and mycotoxins in Iowas streams: an examination of underinvestigated compounds in agricultural basins. J. Environ. Qual. 39, 2089-2099.

Krajčová, A., Schulzová, V., Lojza, J., et al., 2010. Phytoestrogens in bovine plasma and milk—LC-MS/MS analysis. Czech J. Food Sci. 28, 264-274.

Křížová, L., Třináctý, J., Hajšlová, J., et al., 2011. The effect of technological processing on the content of isoflavones in bovine milk and dairy products. In: Ng, T. -B. (Ed.), Soybean—Applications and Technology. InTech. Available from: http://dx.doi.org/10.5772/15664.

Kuhnle, G. G. C., Dell-Aquila, C., Aspinall, S. M., et al., 2008. Phytoestrogen content of foods of animal origin: dairy products, eggs, meat, fish, and seafood. J. Agric. Food Chem. 56, 10099-10104.

Kusche, D., Kuhnt, K., Ruebesam, K., et al., 2015. Fatty acid profiles and antioxidants of organic and conventional milk from lowand high-input systems during outdoor period. J. Sci. Food Agric. 95, 529-539.

Lahlou, M. N., Kanneganti, R., Massingill, L. J., et al., 2014. Grazing increases the concentration of CLA in dairy cow milk. Animal 8, 1191-1200.

Larsen, M. K., Kidmose, U., Kristensen, T., et al., 2013. Chemical composition and sensory quality of bovine milk as affected by type of forage and proportion of concentrate in the feed ration. J. Sci. Food Agric. 93, 93-99.

Larsen, M. K., Nielsen, J. H., Butler, G., et al., 2010. Milk quality as affected by feeding regimens in a country with climatic variation. J. Dairy Sci. 93, 2863-2873.

Ledoux, M., Laloux, L., 2008. Recent studies on rumenic acid levels in milk fat in France. Sciences des Aliments 28, 12-23, in French.

Lee, M. R. F., 2014. Forage polyphenol oxidase and ruminant livestock nutrition. Front. Plant Sci. 5, 1-9, Article 694.

Lee, M. R. F., Theobald, V. J., Tweed, J. K. S., et al, 2009. Effect of feeding fresh or conditioned red clover on milk fatty acids and nitrogen utilization in lactating dairy cows. J. Dairy Sci. 92, 1136-1147.

Legarto, J., Gele, M., Ferlay, A., et al., 2014. [Effects of farming systems on fatty acid composition of cow, goat and ewe milk evaluated with mid-infrared spectroscopy]. INRA Productions Animales 27, 269-282, in French.

Leiber, F., Kreuzer, M., Nigg, D., et al., 2005. A study on the causes for the elevated n-3 fatty acids in cows-milk of Alpine origin. Lipids 40, 191-202.

Lindqvist, H., Nadeau, E., Jensen, S. K., 2012. Alpha-tocopherol and β-carotene in legume-grass mixtures as influenced by wilting, ensiling and type of silage additive. Grass Forage Sci. 67, 119-128.

Lindqvist, H., Nadeau, E., Jensen, S. K., et al, K., 2014. α-Tocopherol and β-carotene contents of forage species in a four-cut systems. Grass Forage Sci. 69, 356-364.

Lourenço, M., Van Ranst, G., Vlaeminck, B., et al., 2008. Influence of different dietary forages on the fatty acid composition of rumen digesta as well as ruminant meat and milk. Anim. Feed Sci. Technol. 145, 418-437.

Lucas, A., Rock, E., Agabriel, C., et al., 2008a. Relationships between animal species (cow versus goat) and some nutritional constituents in raw milk farmhouse cheeses. Small Ruminant Res. 74, 243-248.

Lucas, A., Coulon, J. B., Agabriel, C., et al., 2008b. Relationships between the conditions of goat's milk production and the contents of some components of nutritional interest in Rocamadour cheese. Small Ruminant Res. 74, 91-106.

Lundh, T. J. O., Pettersson, H. I., Martinsson, K. A., 1990. Comparative levels of free and conjugated plant estrogens in blood plasma of sheep and cattle fed estrogenic silage. J. Agric. Food Chem. 38, 1530-1534.

Lynch, A., Kerry, J. P., Buckley, D. J., et al., 2001. Use of high pressure chromatography (HPLC) for the determination of α-tocopherol levels on forage (silage/grass) samples collected from different regions in Ireland. Food Chem. 72, 521-524.

Marino, V. M., Schadt, I., Carpino, S., et al., 2014. Effect of Sicilian pasture feeding management on content of α - tocopherol and β - carotene in cow milk. J. Dairy Sci. 97, 543-551.

Maroteau, C., Palhière, I., Larroque, H., et al., 2014. Genetic parameter estimation for major milk fatty acids in Alpine and Saanen primiparous goats. J. Dairy Sci. 97, 3142-3155.

Martin, B., Hurtaud, C., Graulet, B., et al., 2009. [Grass and the nutritional and organoleptic qualities of dairy products]. Fourrages 199, 291 - 310, in French.

Matte, J. J., Guay, F., Girard, C. L., 2012. Bioavailability of vitamin B-12 in cow-s milk. Br. J. Nutr. 107, 61-66.

Mazur, W., Adlercreutz, H., 1998. Naturally occurring oestrogens in food. Pure Appl. Chem. 70, 1759-1776.

McMurray, C. H., Laidlaw, A. S., McElroy, M., 1986. The effect of plant development and environment on formononetin concentration in red clover (Trifolium pratense L.). J. Sci. Food Agric. 37, 333-340.

Mełuchová, B., Blaško, J., Kubinec, R., et al., 2008. Seasonal variations in fatty acid composition of pasture forage plants and CLA content in ewe milk fat. Small Ruminant Res. 78, 56-65.

Michlová, T., Dragounová, H., Horníčková, Š., et al., 2015. Factors influencing the content of vitamins A and E in sheep and goat milk. Czech J. Food Sci. 33, 58-65.

Mierlita, D., 2012. Effect of feeding type (pasture vs. total mixed rations) of Turcana ewes on animal performance and milk fatty acid profile. J. Food Agric. Environ. 10, 815-818.

Mierlita, D., 2016. Fatty acid profile and health lipid indices in the raw milk of ewes grazing part - time and hemp seed supplementation of lactating ewes. South Afr. J. Anim. Sci. 46, 237-246.

Mierlita, D., Vicas, S., 2015. Dietary effect of silage type and combination with camelina seed on milk fatty acid profile and antioxidant capacity of sheep milk. South Afr. J. Anim. Sci. 45, 1-11.

Mitani, T., Kobayashi, K., Ueda, K., et al., 2016. Discrimination of "grazing milk" using fatty acid profile in the grassland dairy area in Hokkaido. Anim. Sci. J. 87, 233-241.

Mogensen, L., Kristensen, T., Søegaard, K., et al., 2012. Alfatocopherol and beta-carotene in roughages and milk in organic dairy farms. Livest. Sci. 145, 44-54.

Moorby, J. M., Lee, M. R. F., Davies, D. R., et al., 2009. Assessment of dietary ratios of red clover and grass silages on milk production and milk quality in dairy cows. J. Dairy Sci. 92, 1148-1160.

Müller, C. E., Möller, J., Krogh Jensen, S., et al., 2007. Tocopherol and carotenoid levels in baled silage and haylage in relation to horse requirements. Anim. Feed Sci. Technol. 137, 182-197.

Mulligan, A. A., Kuhnle, G. G. C., Lentjes, M. A. H., et al., 2012. Intakes and sources of isoflavones, lignans, enterolignans, coumestrol and soya-containing foods in the Norfolk arm of the European Prostective Investigation into Cancer and Nutrition (EPIC-Norfolk), from 7 d food diaries, using a newly updated database. Public Health Nutr. 16, 1454-1462.

Mustonen, E. A., Tuori, M., Saastamoinen, I., et al., 2009. Equol in milk of dairy cows is derived from forage legumes such as red clover. Br. J. Nutr. 102, 1552-1556.

Nielsen, T. S., Straarup, E. M., Vestergaard, M., et al., 2006. Effect of silage type and concentrate level on conjugated linoleic acids, trans-C18:1 isomers and fat content in milk from dairy cows. Reprod. Nutr. Dev. 46, 699-712.

Niwinska, B., Bilik, K., Andrzejewski, M., 2011. Factors influencing rumenic acid and vaccenic acid content in cow-s milk fat. Ann. Anim. Sci. 11, 3-16.

Njåstad, K. M., Adler, S. A., Hansen-Møller, J., et al., 2014. Gastrointestinal metabolism of phytoestrogens in lactating dairy cows fed silages with different botanical composition. J. Dairy Sci. 97, 7735-7750.

Nozière, P., Graulet, B., Lucas, A., et al., 2006a. Carotenoids for ruminants: from forages to dairy products. Anim. Feed Sci. Technol. 131, 418-450.

Nozière, P., Grolier, P., Durand, D., et al., 2006b. Variations in carotenoids, fat-soluble micronutrients, and color in cow-s plasma and milk following changes in forage and feeding level. J. Dairy Sci. 89, 2634-2648.

Opitz vonBoberfeld, W., Banzhaf, K., 2006. Yield and forage quality of different Festulolium cultivars in winter. J. Agron. Crop Sci. 192, 239-247.

Opitz vonBoberfeld, W., Banzhaf, K., Hrabe, F., et al., 2006. Effect of different agronomical measures on yield and quality of autumn saved herbage during winter grazing. 2nd communication: crude protein, energy and ergosterol concentration. Czech J. Anim. Sci. 51, 271-277.

Papadopoulos, Y. A., Tsao, R., McRae, K. B., et al., 2006. Genetic variability of principal isoflavones in red clover. Can. J. Plant Sci. 86, 1345-1347.

Papaloukas, L., Sinapis, E., Arsenos, G., et al., 2016. Effect of season on fatty acid and terpene profiles of milk from Greek sheep raised under a semi-extensive production system. J. Dairy Res. 83, 375-382.

Park, Y. W., Juárez, M., Ramos, M., et al., 2007. Physico-chemical characteristics of goat and sheep milk. Small Ruminant Res. 68, 88-113.

Parodi, P. W., 2004. Milk fat in human nutrition. Aust. J. Dairy Technol. 69, 3-59.

Patel, M., Wredle, E., Bertilsson, J., 2013. Effect of dietary proportion of grass silage on milk fat with emphasis on odd- and branched-chain fatty acids in dairy cows. J. Dairy Sci. 96, 390-397.

Patisaul, H. B., Jefferson, W., 2010. The pros and cons of phytoestrogens. Front. Neuroendocrinol. 31, 400-419.

Petersen, M. B., Jensen, S. K., 2014. Biohydrogenation of fatty acids is dependent on plant species and feeding regimen of dairy cows. J. Agric. Food Chem. 62, 3570-3576.

Petersen, M. B., Søegaard, K., Jensen, S. K., 2011. Herb feeding increases n-3 and n-6 fatty acids in cow milk. Livest. Sci. 141, 90-94.

Pickworth, C. L., Loerch, S. C., Kopec, R. E., et al., 2012. Concentration of pro-vitamin A carotenoids in common beef cattle feedstuffs. J. Anim. Sci. 90, 1553-1561.

Pilipavičius, V., Mikulionienė, S., 2010. Effects of maize maturity stage and concentration of dry matter on maize silage fodder value. J. Food Agric. Environ. 8, 691-694.

Poulsen, N. A., Rybicka, I., Poulsen, H. D., et al., 2015. Seasonal variation in content of riboflavin and major minerals in bulk milk from three Danish dairies. Int. Dairy J. 42, 6-11.

Raynal-Ljutovac, K., Lagriffoul, G., Paccard, P., et al., 2008. Composition of goat and sheep milk products: an update. Small Ruminant Res. 79, 57-72.

Rego, O. A., Cabrita, A. R. J., Rosa, H. J. D., et al., 2016. Changes in milk production and milk fatty acid composition in cows switched from pasture to a total mixed ration diet and back to pasture. Ital. J. Anim. Sci. 15, 76-86.

Renna, M., Cornale, P., Lussiana, C., et al., 2012a. Fatty acid profile of milk from goats fed diets of conserved and fresh forages. Int. J. Dairy Technol. 65, 201-207.

Renna, M., Lussiana, C., Cornale, P., et al., 2012b. Changes in goat milk fatty acids during abrupt transition from indoor to pasture diet. Small Ruminant Res. 108, 12-21.

Reynolds, C. K., Cannon, V. L., Loerch, S. C., 2006. Effects of forage souce and supplementation with soybean and marine algal oil on milk fatty acid composition of ewes. Anim. Feed Sci. Technol. 131, 333-357.

Roda, G., Fialà, S., Vittorini, M., et al., 2015. Fatty acid composition and fat content in milk from cows grazing in the Alpine region. Eur. Food Res. Technol. 241, 413-418.

Ruiz-Sala, P., Hierro, M. T. G., Martínez-Castro, I., et al., 1996. Triglyceride composition of ewe, cow and goat milk fat. J. Am. Oil Chem. Soc. 73, 283-293.

Sakakibara, H., Viala, D., Ollier, A., et al., 2004. Isoflavones in several clover species and in milk from goats fed clovers. Biofactors 22, 237-239.

Saloniemi, H., Kallela, K., Saastamoinen, I., 1993. Study of the phytoestrogen content of goat-s rue (Galega orientalis), alfalfa (Medicago sativa) and white clover (Trifolium repens). Agric. Sci. Finland 2, 517-524.

Saloniemi, H., Wähälä, K., Nykänen-Kurki, P., et al., 1995. Phytoestrogen content and estrogenic effect of legume fodder. Proc. Soc. Exp. Biol. Med. 208, 13-17.

Samková, E., Špička, J., Pešek, M., et al., 2012. Animal factors affecting fatty acid composition of cow milk fat: a review. South Afr. J. Anim. Sci. 42, 83-100.

Santschi, D. E., Chiquette, J., Berthiaume, R., et al., 2005. Effects of the forage to concentrate ratio on B-vitamin concentration in different ruminal fractions of dairy cows. Can. J. Anim. Sci. 85, 389-399.

Sarelli, L., Tuori, M., Saastamoinen, I., et al., 2003. Phytoestrogen content of birdsfoot trefoil and red clover: effects of growth stage and ensiling method. Acta Agric. Scand. Sect. A—Anim. Sci. 53, 58-63.

Saviranta, N. M. M., Anttonen, M. J., von Wright, A., et al., 2008. Red clover (Trifolium pratense L.) isoflavones: determination of concentrations by plant stage, flower colour, plant part and cultivar. J. Sci. Food Agric. 88, 125-132.

Schubiger, F. X., Lehmann, J., 1994. Compounds with estrogenic properties in red clover varieties. Agrarforschung 1, 361-364, in German.

Schwab, E. C., Schwab, C. G., Shaver, R. D., et al., 2006. Dietary forage and nonfiber carbohydrate contents influence B-vitamin intake, duodenal flow, and apparent ruminal synthesis in lactating dairy cows. J. Dairy Sci. 89, 174-187.

Setchell, K. D. R., Cole, S. J., 2006. Method of defining equol-producer status and its frequency among vegetarians. J. Nutr. 136, 2188-2193.

Setchell, K. D. R., Clerici, C., 2010. Equol: history, chemistry, and formation. J. Nutr. 140, 1355S-1362S.

Shingfield, K. J., Bonnet, M., Scollan, N. D., 2013. Recent developments in altering the fatty acid composition of ruminant-derived foods. Animal 7, 132-162.

Shingfield, K. J., Salo-Väänänen, P., Pahkala, E., et al., 2005. Effect of forage conservation method, concentrate level and propylene glycol on the fatty acid composition and vitamin content in cow-s milk. J. Dairy Res. 72, 349-361.

Siefarth, C., Buettner, A., 2014. The aroma of goat milk: seasonal effects and changes through heat treatment. J. Agric. Food Chem. 62, 11805-11817.

Silanikove, N., Leitner, G., Merin, U., et al., 2010. Recent advances in exploiting goat-s milk: quality, safety and production aspects. Small Ruminant Res. 89, 110-124.

Sinclair, L. A., Edwards, R., Errington, K. A., et al., 2015. Replacement of grass and maize silages with lucerne silage: effects on performance, milk fatty acid profile and digestibility in Holstei-Friesien dairy cows. Animal 9, 1970-1978.

Sirotkin, A. V., Harrath, A. H., 2014. Phytoestrogens and their effects. Eur. J. Pharmacol. 741, 230-236.

Sivesind, E., Seguin, P., 2005. Effects of the environment, cultivar, maturity, and preservation method on red clover isoflavone concentration. J. Agric. Food Chem. 53, 6397-6402.

Skládanka, J., Dohnal, V., Ježková, A., 2008. Fibre and ergosterol contents in forage of Arrhenatherum elatius, Dactylis glomerata and Festulolium at the end of the growing season. Czech J. Anim. Sci. 53, 320-329.

Skládanka, J., Dohnal, V., Doležal, P., et al., 2009. Factors affecting the content of ergosterol and zearalenone in selected grass species at the end of the growing season. Acta Veterinaria Brno 78, 353-360.

Skládanka, J., Nedělník, J., Adam, V., et al., 2011. Forage as a primary source of mycotoxins in animal diets. Int. J. Environ. Res. Public Health 8, 37-50.

Slots, T., Butler, G., Leifert, C., et al., 2009. Potentials to differentiate milk composition by different feeding strategies. J. Dairy Sci. 92, 2057-2066.

Średnicka-Tober, D., Barański, M., Seal, C. J., et al., 2016. Higher PUFA and n-3 PUFA, conjugated linoleic acid, α-tocopherol and iron, but lower iodine and selenium concentrations in organic milk: a systematic literature review and meta- and redundancy analyses. Br. J. Nutr. 115, 1043-1060, In total, 24 authors.

Staerfl, S. M., Zeitz, J. O., Amelchanka, S. L., et al., 2013. Comparison of the milk fatty acid composition from dairy cows fed high-sugar ryegrass, low-sugar ryegrass, or maize. Dairy Sci. Technol. 93, 201-210.

Staszak, E., 2007. Fatty acid content of milk from cows fed different diets. Ann. Anim. Sci. 7, 123-130.

Steinshamn, H., Inglingstad, R. Aa., Ekeberg, D., et al., 2014. Effect of forage type and season on Norwegian dairy goat milk production and quality. Small Ruminant Res. 122, 18-30.

Steinshamn, H., Purup, S., Thuen, E., et al., 2008. Effect of clover-grass silages and concentrate supplementation on the content of phytoestrogens in dairy cow milk. J. Dairy Sci. 91, 2715-2725.

Stergiadis, S., Leifert, C., Seal, C. J., et al., 2015. A 2-year study on milk quality from three pasture-based dairy systems of contrasting production intensities in Wales. J. Agric. Sci. 153, 708-731.

Templeman, R. P., Tivey, D. R., 1997. Australian Hyfer ewe-s milk: fatty acid composition and fat globule size. Aust. J. Dairy Technol. 52, 98-101.

Tham, D. R., Gardner, C. D., Haskell, W. L., 1998. Potential health benefits of dietary phytoestrogens: a review of the clinical, epidemiological, and mechanistic evidence. J. Clin. Endocrinol. Metab. 83, 2223-2235.

Thompson, J. E., Froese, C. D., Madey, E., et al., 1998. Lipid metabolism during plant senescence. Progr. Lipid Res. 37, 119-141.

Tsao, R., Papadopoulos, Y., Yang, R., et al., 2006. Isoflavone profiles of red clovers and their distribution in different parts harvested at different growth stages. J. Agric. Food Chem. 54, 5797-5805.

Tsen, S. Y., Siew, J., Lau, E. K. L., et al., 2014. Cow-s milk as a dietary source of equol and phenolic antioxidants: differential distribution in the milk aqueous and lipid fractions. Dairy Sci. Technol. 94, 625-632.

Tsiplakou, E., Zervas, G., 2008. Comparative study between sheep and goats on rumenic acid and vaccenic acid in milk fat under the same dietary treatments. Livest. Sci. 119, 87-94.

Tucker, H. A., Knowlton, K. F., Meyer, M. T., et al., 2010. Effect of diet on fecal and urinary estrogenic activity. J. Dairy Sci. 93, 2088-2094.

Tyagi, A., Saluja, M., Kathirvelan, C., et al., 2009. Enhancement of conjugated linoleic acid and vitamin A and E content in goat milk through green fodder feeding. Int. J. Dairy Technol. 62, 7-14.

Urpi-Sarda, M., Morand, C., Besson, C., et al., 2008. Tissue distribution of isoflavones in ewes after consumption of red clover silage. Arch. Biochem. Biophys. 476, 205-210.

US National Research Council, 2001. Nutrient Requirements of Dairy Cattle, Seventh Revised Edition The National Academies Press, Washington, DC.

Valdivielso, I., Bustamante, M. A., Aldezabal, A., et al., 2016. Case study of a commercial sheep flock under extensive mountain grazing: pasture derived lipid compounds in milk and cheese. Food Chem. 197, 622-633.

Van Dorland, H. A., Kreuzer, M., Leuenberger, H., et al., 2008. Comparative potential of white and red clover to modify the milk fatty acid profile of cows fed ryegrass-based diets from zero-grazing and silage systems. J. Sci. Food Agric. 88, 77-85.

Van Ranst, G., Fievez, V., Vandewalle, M., et al., 2010. Influence of damaging and wilting red clover on lipid metabolism during ensiling and in vitro rumen incubation. Animal 4, 1528−1540.

Van Ranst, G., Fievez, V., Vandewalle, M., et al., 2009. Influence of herbage species, cultivar and cutting date on fatty acid composition of herbage and lipid metabolism during ensiling. Grass Forage Sci. 64, 196−207.

Van Ranst, G., Vandewall, M., Gadeyne, F., et al., 2013. Lipid metabolism in mixtures of red clover (Trifolium repens) and perennial ryegrass (Lolium perenne) in lab scale silages and in vitro rumen incubations. Animal 7, 1454−1463.

Van Wijlen, R. P. J., Colombani, P. C., 2010. Grass−based ruminant production methods and human bioconversion of vaccenic acid with estimations of maximal dietary intake of conjugated linoleic acids. Int. Dairy J. 20, 433−448.

Vanhatalo, A., Kuoppala, K., Toivonen, V., et al., 2007. Effects of forage species and stage of maturity on bovine milk fatty acid composition. Eur. J. Lipid Sci. Technol. 108, 856−867.

Vetter, J., 1995. Isoflavones in different parts of common Trifolium species. J. Agric. Food Chem. 43, 106−108.

Villeneuve, M.−P., Lebeuf, Y., Gervais, R., et al., 2013. Milk volatile organic compounds and fatty acid profile in cows fed timothy as hay, pasture, or silage. J. Dairy Sci. 96, 7181−7194.

Vlaeminck, B., Fievez, V., Cabrita, A. R. J., et al., 2006. Factors affecting odd − and branched − chain fatty acids in milk. Anim. Feed Sci. Technol. 131, 389−417.

Walker, G. P., Dunshea, F. R., Doyle, P. T., 2004. Effects of nutrition on the production and composition of milk fat and protein: a review. Aust. J. Agric. Res. 55, 1009−1028.

Wallace, R. J., McKain, N., Shingfield, K. J., et al., 2007. Isomers of conjugated linoleic acids are synthesized via different mechanisms in ruminal digesta and bacteria. J. Lipid Res. 48, 2247−2254.

Wang, X. L., Shin, K. H., Hur, H. G., et al., 2005. Enhanced biosynthesis of dihydrodaidzein and dihydrogenistein by a newly isolated bovine rumen anaerobic bacterium. J. Biotechnol. 115, 261−269.

Ward, H. A., Kuhnle, G. G. C., 2010. Phytoestrogen consumption and association with breast, prostate and colorectal cancer in EPIC Norfolk. Arch.

Biochem. Biophys. 501, 170-175.

Whitlock, L. A., Schingoethe, D. J., AbuGhazaleh, A. A., et al., 2006. Milk production and composition from cows fed small amounts of fish oil with extruded soybeans. J. Dairy Sci. 89, 3972-3980.

Wijesundera, C., Shen, Z. P., Wales, W. J., et al., 2003. Effect of cereal grain and fibre supplements on the fatty acid composition of milk fat of grazing dairy cows in early lactation. J. Dairy Res. 70, 257-265.

Wolf, D., Opitz vonBobersfeld, W., 2003. Effects of nitrogen fertilization and date of utilization on the quality and yield of tall fescue in winter. J. Agron. Crop Sci. 189, 47-53.

Wolff, R. L., 1995. Content and distribution of *trans*-18:1 acids in ruminant milk and meat fats - their importance in European diets and their effect on human-milk. J. Am. Oil Chem. Soc. 72, 259-272.

Yuan, J. P., Wang, J. H., Liu, X., 2007. Metabolism of dietary soy isoflavones toequol by human intestinal microflora—implications for health. Mol. Nutr. Food Res. 51, 765-781.

Zarend, W., Steger, H., 1971. Isomers of beta - carotene in forage crops and changes in their composition occurring in the process of drying, storage and ensilage. Archive für Tierernaehrung 21, 257-269, in German.

Zervas, G., Tsiplakou, E., 2011. The effect of feeding systems on the characteristics of products from small ruminants. Small Ruminant Res. 101, 140-149.

第4章

有害化合物和细菌

饲料中存在多种有害化合物，本章主要讨论经由饲料转移到牛奶中的这类有害化合物。此外，对可能污染鲜奶的有害细菌也作了简要介绍。

相较而言，单子叶植物仅形成少量次生代谢产物，而双子叶植物则可利用次生代谢产物作为抗损伤保护剂，从而抵御放牧动物的采食。在自然环境中，动物会识别天然有毒植物并拒绝食用。然而，当本土植物（或动物）转运到其他地方，或将植物进行收割保存后，动物的这种识别能力往往会丧失（Fink-Gremmels，2010）。农场动物逐步形成的饲养方案为动物及其产品安全提供了重要保证。牛在自由放牧条件下，虽然不能对所有有害植物进行识别并避免误食，但通常能避免采食部分常见有害植物，如有毒的豚草（菊科千里光属）或毛茛（毛茛属）。然而，舍饲牛则可能更容易误食有毒植物（Van Raamsdonk 等，2015）。

4.1 真菌毒素

真菌毒素是由真菌产生的低分子化合物，可通过与人类和其他脊椎动物自然接触引发毒性反应。目前已知的真菌毒素超过 300 种，但只有少数受到关注。这些丝状真菌（霉菌）的次级代谢产物主要通过曲霉属、青霉属和镰刀菌属产生。此外，有毒物种或菌株也出现在其他属中，如链格孢属、丝衣霉属、枝孢霉属、麦角菌属、二倍体、红曲霉属、木霉属、葡萄穗霉属等。

霉菌普遍存在，包括牧草在内的作物容易在收获前和收获后受到感染。在田间条件下，感染的霉菌可通过空气传播，并通过昆虫、受损种子或组织传播。在干旱、高湿、虫害或延迟收获等条件下，作物受污染的程度也会增加。表4.1显示了牧草产毒真菌毒素研究概况。农业重要的真菌毒素包括黄曲霉毒素、单端孢霉烯族毒素（特别是脱氧雪腐镰刀菌烯醇、雪腐镰刀菌烯醇、T-2和HT-2毒素）、赭曲霉毒素A和玉米赤霉烯酮（或呕吐毒素）等。在已知的大部分真菌毒素中，约180种鉴定物质由镰刀菌属产生，所占比例较大，构成一组结构相关的单端孢霉烯族毒素。其中，在四个亚群中，A型和B型是单端孢霉烯族毒素最重要的两个亚群。T-2和HT-2毒素属于A型亚群，而雪腐镰刀菌烯醇、脱氧雪腐镰刀菌烯醇及其衍生物属于B型亚群。此外，玉米赤霉烯酮及其衍生物也是最重要的镰刀菌毒素之一。部分真菌毒素的化学结构如图4.1所示。

表4.1 牧草主要产毒真菌毒素研究概况

真菌毒素	简写	霉菌种类	对人体的毒性作用
黄曲霉毒素（B_1，B_2，G_1，G_2，M_1，M_2）	AF	*A. flavus*，*A. parasiticus*	致突变、致癌、肝毒性、免疫抑制
环匹阿尼酸	AF	*Aspergillus* spp.，*Penicillium* spp.	肝脏和胃肠道坏死，潜在致癌
脱氧雪腐镰刀菌烯醇（T）（呕吐毒素）	DON	*F. graminearum*，*F. culmorum*	呕吐、腹泻、免疫抑制
伏马菌素 B_1，B_2，B_3	FN	*F. verticillioides*，*F. proliferatum*	肝肾肿瘤
胶质毒素	GLI	*A. fumigatus*	强免疫抑制
雪腐镰刀菌烯醇（T）	NIV	*F. culmorum*，*F. graminearum*	免疫抑制，恶心
赭曲霉毒素A	OTA	*A. ochraceus*，*A. ochraceus*，*P. viridicatum*	肾毒性、肝毒性、致畸性、可能致癌、免疫毒性
棒曲霉素	PAT	*P. patulum*，*P. expansum*	皮下肉瘤、出血、免疫毒性
PR毒素		*P. section roqueforti*	肝肾损害
异烟棒曲霉素C	ROQ	*P. section roqueforti*	有限毒性

（续表）

真菌毒素	简写	霉菌种类	对人体的毒性作用
T-2 毒素（T）	T-2	*F. sporotrichoides*, *F. poae*, *F. roseum*	呕吐性、细胞毒性、致畸性，食物中毒性白细胞缺乏症
玉米赤霉烯酮	ZEA	*F. graminearum*, *F. tricinctum*, *F. culmorum*	高雌激素、流产、遗传毒性

真菌中毒指的是因摄入、皮肤接触或吸入真菌毒素而引起的综合征。这些真菌代谢产物对包括家畜和人类在内的高等动物的健康有害。因此，需要制定食品真菌毒素限量标准（表 4.2）。真菌毒素的生物活性从弱到强依次为致突变（黄曲霉毒素、棒曲霉素）、致癌（黄曲霉毒素）、神经毒性（赭曲霉毒素）、肝毒性、肾毒性（桔霉素、伏马菌素）和免疫抑制作用。

表 4.2 食品真菌毒素的限量标准（μg/kg 新鲜物质）

真菌毒素	欧盟	美国食品药品监督管理局
黄曲霉毒素 B_1	0.1~8	20
黄曲霉毒素 M_1	0.025~0.05	0.5
脱氧雪腐镰刀菌烯醇	200~1 750	1 000
伏马菌素（FB_1，FB_2，FB_3）	200~4 000	2 000~4 000
赭曲霉毒素 A	0.5~10	—
棒曲霉素	10~50	—
玉米赤霉烯酮	20~350	—

注：最低限量适用于婴儿、儿童和特殊营养品。

正如 Marroquin-Cardona 等（2014）所述，真菌物种正在适应不断变化的全球环境，未来真菌毒素对健康的不利影响可能会增加。

家畜摄入一种或多种真菌毒素，对健康的影响可能是急性或慢性的。在农场条件下，急性中毒的症状很少见，但潜在慢性影响普遍存在，如摄食减少、性能不佳、生育率低。毒素的影响取决于毒素类型，主要影响器官或组织，如肝脏、肾脏、上皮组织和中枢神经系统，这些影响造成了巨大的经济损失。动物对真菌毒素的敏感性因物种、品种、

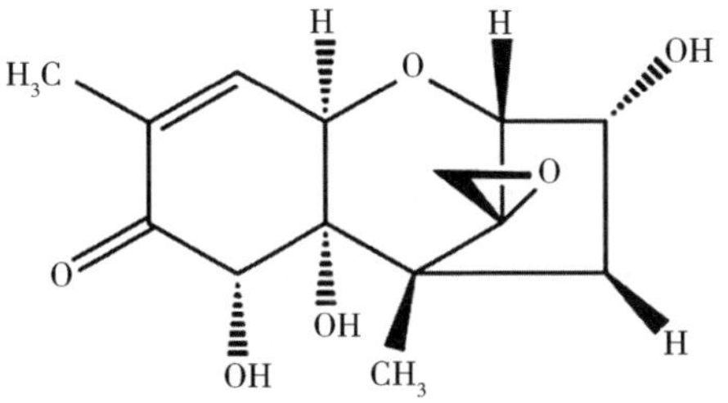

脱氧雪腐镰刀菌烯醇

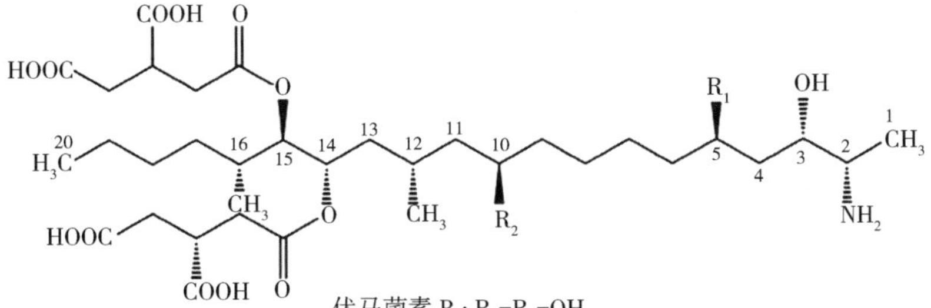

伏马菌素 B_1: $R_1=R_2=OH$
伏马菌素 B_2: $R_1=OH$, $R_2=H$

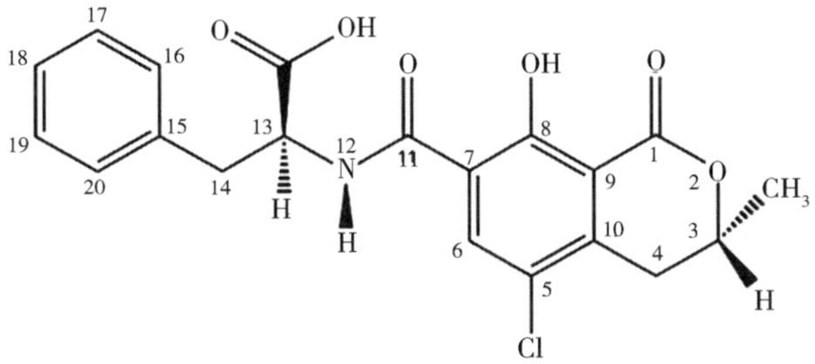

赭曲霉素 A

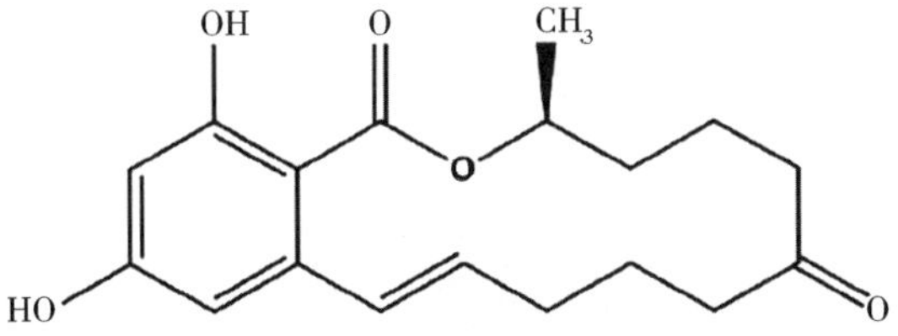

玉米赤霉烯酮

图 4.1　牧草中真菌毒素的化学结构

性别、年龄、营养状况和应激水平不同而存在差异。与单胃动物相比，反刍动物对真菌毒素的敏感性低。一些真菌毒素可被瘤胃微生物灭活，而另一些真菌毒素则会原封不动地通过，或转化为保留有害活性的代谢物。Fink-Gremmels（2008b）概述了真菌毒素对奶牛健康和生产性能的影响。Riet-Correa 等（2013）综述了南美洲地区霉菌毒素的研究进展。

需要强调的是，青贮饲料已被确定为真菌毒素复杂混合物的来源。Santos 和 Fink-Gremmels（2014）观察到，作为功能性生物标记物，氧化应激和脂质代谢功能障碍与奶牛青贮饲料霉变有关。

在反刍动物饲料中，无论是谷物、豆制品、玉米面筋、油料作物压榨饼粕等精料，还是新鲜或保存的牧草，都会受到真菌毒素的污染。迄今为止，精料真菌毒素发生率比粗饲料更高。饲料被真菌感染还可产生"发霉味"而降低适口性，例如，白地霉能够散发出一种酸败的气味，使动物反感，从而影响动物采食。此外，饲料真菌水平超过 1×10^4 CFU/g 时，被认为是由孢子吸入引起的呼吸道问题和过敏性空气传播疾病的原因之一。

应特别注意修饰型（隐蔽）真菌毒素。植物酶可通过将真菌毒素附着在糖类或蛋白质上改变真菌毒素的化学结构，称为共轭真菌毒素。修饰后的真菌毒素在胃肠道中水解为有毒的母体化合物，从而对动物产生整体毒性。因此，仅测定游离真菌毒素的常规分析方法可能会得出低估的数值。

目前，可通过物理、化学或生物学方法除去各种真菌毒素。饲料中真菌毒素检测方法将在第 4.1.1.4 节阐述。

已经有许多真菌毒素相关论文发表，许多著作也对真菌毒素进行了综合介绍，如 Bräse 等（2013）和 Weidenborner（2012）的最新著作。此外，还有几篇关于新鲜和保存的牧草中真菌毒素的综述（Scudamore 和 Livesey，1998；Fink-Gremmels，2008a；Alonso 等，2013；Cheli 等，2013；Gallo 等，2015b；Wambacq 等，2016）评估了数百篇原始文章。因此，只有最重要、最独特和最新的论文将在后续章节中引用。

4.1.1　牧草中真菌毒素

反刍动物的日粮很复杂，由新鲜或保存的牧草和富含能量的精料组成，这些牧草是维持功能性瘤胃微生物群所必需的。日粮改变可引起单个真菌物种引发一组（簇）真菌毒素风险。目前，关于真菌毒素毒性的研究主要集中于单一真菌毒素对动物健康和生产性能的负面影响。然而，多种真菌毒素可能具有加性效应、协同或拮抗作用。

一般来说，黄曲霉毒素主要存在于精料中，但伏马菌素和玉米赤霉烯酮主要存在于玉米和玉米衍生产品中，单端孢霉烯族毒素（主要是脱氧雪腐镰刀菌烯醇）、赭曲霉毒素和麦角生物碱则主要存在于谷物中。放牧反刍动物可能接触到一些牧草中的生物碱性质的真菌毒素，这将在第4.2节中讨论。保存的牧草，特别是青贮饲料，可能含有棒曲霉素、霉酚酸或胶质毒素等。

多篇文献报道了黄曲霉毒素和霉菌毒素在牧草生长中分布不均，因此在干草或青贮饲料中分布也不均。在采样方案制订时应考虑此类情况。

遗憾的是，部分文献仍存在一些不准确之处。目前尚不清楚某些真菌毒素浓度数据是以所有分析样本的平均值表示，还是仅以阳性样本的平均值表示。如有此类信息，将在下表和正文中提供。

欧洲联盟委员会建议（The European Commission，2006），全株青贮玉米中脱氧雪腐镰刀菌烯醇、伏马菌素（B_1+B_2）和玉米赤霉烯酮指导值（相对于含水量为 120 g/kg 的饲料）分别为 12 mg/kg、60 mg/kg 和 3 mg/kg。欧盟对奶牛饲料中黄曲霉毒素 B_1 限量为 20 μg/kg、脱氧雪腐镰刀菌烯醇为限量 5 mg/kg、玉米赤霉烯酮限量为 0.5 mg/kg。玉米赤霉烯酮临界浓度指导值为 0.25 mg/kg，这适用于牛、绵羊和山羊及其幼龄阶段。美国食品和药物管理局已明确脱氧雪腐镰刀菌烯醇和伏马菌素的建议水平以及黄曲霉毒素的作用水平，但尚未对饲料中任何真菌毒素设定监管限量。

4.1.1.1 新鲜牧草

在收获前牧草上生长的各种丝状真菌中，曲霉属、镰刀菌属和链格孢属是主要的优势毒株。虽然一些曲霉属种类在收获前和收获后牧草上都有出现，但收获后出现的通常被称为田间霉菌，它们的发生率受农业生产方式和气候条件的影响。

根据表 4.3 数据可以看出，在青贮前的全株青贮玉米和牧草中经常检测到镰刀菌属和曲霉属。玉米比禾本科其他植物含有更广泛的真菌种类。然而，目前尚不清楚这种差异是由于两者化学成分不同造成的，还是由于对全株玉米的研究多于对禾本科牧草的研究有关。

表 4.3 牧草和全株玉米青贮前分离的产毒真菌种类

种类	牧草	全株玉米
曲霉属		
A. flavus		●
A. fumigatus	●	●
A. niger		●
A. ochraceous		●
A. parasiticus		●
A. terreus	●	●
A. versicolor		●
镰刀菌属		
F. avenaceum	●	●
F. culmorum	●	●
F. equiseti	●	●
F. graminearum		●
F. oxysporum	●	
F. poae	●	
F. proliferatum		●
F. sporotrichioides		●
F. verticilloides		●
青霉菌属		
P. citrinum		●
P. commune		●
P. crustosum		●
P. glabrum		●
P. paneum	●	●
P. roqueforti group	●	●
其他属和种		
Alternaria spp.	●	●

(续表)

种类	牧草	全株玉米
Cladosporium spp.	●	●
Culvularia spp.		●
Geotrichum spp.		●
Monascus spp.		●
Mucor spp.		●
Phoma spp.	●	
Talaromyces spp.	●	
Trichoderma viride	●	

资料来源：Scudamore, K. A., Livesey, C. T., 1998. Occurrence and significance of mycotoxins in forage crops and silage: a review. J. Sci. Food. Agric. 77, 117; Mansfield, M. A., Kuldau, G. A., 2007. Microbiological and molecular determination of mycobiota in fresh and ensiled maize silage. Mycologia 99, 269278; Cheli, F., Campagnoli, A., DellOrto, V., 2013. Fungal populations and mycotoxins in silages: from occurrence to analysis. Anim. Feed Sci. Technol. 183, 116; Wambacq, E., Vanhoutte, I., Audenauert, K., De Gelder, L., Haesaert, G., 2016. Occurrence, prevention and remediation of toxigenic fungi and mycotoxins in silage: a review. J. Sci. Food. Agric. 96, 22842302.

青贮前新鲜牧草中四种真菌毒素的发生率和浓度信息整理见表 4.4。尽管可用数据有限，但从表 4.4 至表 4.7 可看出，全株玉米比禾本科牧草受污染更严重，应慎重考虑这些数据。此外，由于天气条件不同，各年份结果之间存在很大差异。例如，根据荷兰国家监测数据（Van Asselt 等，2012），2003 年和 2005 年青贮玉米的伏马菌素发生率分别为 40% 和 0%，平均浓度分别为 1 550 μg/kg 和 0 μg/kg（新鲜物质）。同时，脱氧雪腐镰刀菌烯醇和玉米赤霉烯酮发生率和浓度相当。因此，1 年或 2 年调查结果的可信度有限。

新鲜牧草黄曲霉毒素 B_1 水平较低，平均低于 1 μg/kg。在荷兰国家调查（Van Asselt 等，2012）中，乙酰脱氧雪腐镰刀菌烯醇和雪腐镰刀菌烯醇属于 B 群单端孢霉烯族，是青贮玉米主要的真菌毒素，雪腐镰刀菌烯醇的毒性约为脱氧雪腐镰刀菌烯醇的 20 倍。

表 4.4 新鲜牧草储存前某些真菌毒素的发生率（%）和平均浓度（μg/kg 新鲜物质）

牧草	交链孢醇 发生率	交链孢醇 平均值	脱氧雪腐镰刀菌烯醇 发生率	脱氧雪腐镰刀菌烯醇 平均值	伏马菌素 发生率	伏马菌素 平均值	玉米赤霉烯酮 发生率	玉米赤霉烯酮 平均值	国家	参考文献
全株玉米	—	—	100	598	—	—	100	159	德国	Schollenberger 等（2006）
	—	—	100	1 356	—	—	53	181[c]	瑞士	Eckard 等（2011）
	—	—	71	693	17	488	66	100	荷兰	Van Asselt 等（2012）
多年生黑麦草	—	—	—	46	—	ND	—	34	捷克	Składanka 等（2011）
	—	—	—	41	—	—	—	17	捷克	Składanka 等（2013）
布劳尼羊茅（草地羊茅×意大利黑麦草）	—	—	—	34	—	ND	—	73	捷克	Składanka 等（2011）
	—	—	—	37	—	—	—	36		Składanka 等（2013）
巴布拉山羊茅（高羊茅×意大利黑麦草）	—	—	—	38	—	ND	—	10	捷克	Składanka 等（2011）
	—	—	—	31	—	—	—	5		Składanka 等（2013）
栽培草（羊茅+羊茅黑麦草+鸭茅）	100	76	11	125	11	95	22	42	俄罗斯	Kononenko 等（2015a）
红三叶和禾本科牧草的混合物	100	335	13	160	26	110	26	44	俄罗斯	Kononenko 等（2015a）

（续表）

牧草	交链孢醇 发生率	交链孢醇 平均值	脱氧雪腐镰刀菌烯醇 发生率	脱氧雪腐镰刀菌烯醇 平均值	伏马菌素 发生率	伏马菌素 平均值	玉米赤霉烯酮 发生率	玉米赤霉烯酮 平均值	国家	参考文献
苜蓿和禾本科牧草的混合物	100	145	40	132	0	—	60	45	俄罗斯	Kononenko 等（2015）
草甸牧草[a]	42	19~10 000	7	78~930	2	66~300	9	25~5 750	俄罗斯	Burkin and Kononenko（2015）
湿地牧草[b]	88	17	—	—	3	64	81	2.5	阿根廷	Nichea 等（2015）
高粱	—	—	25	35	62.5	169	100	172	墨西哥	Huerta Treviño 等（2016）
紫花苜蓿	—	—	92.5	470	55	91	100	200	墨西哥	Huerta Treviño 等（2016）

注：ND，浓度低于定量检测下限。

[a] 浓度范围。
[b] 以干物质表示的中位数浓度。
[c] 阳性样品中的平均浓度。

如前所述，青贮玉米真菌感染的一种方式是通过赤霉穗腐病，造成单端孢霉烯族成为主要的真菌毒素，这种方式在气候较冷的地区较为常见。第二种通常是在温暖气候下的镰刀菌穗腐病，伏马菌素是主要的真菌毒素，通常发生在虫害籽粒上。Uegaki 等（2015）对四个青贮玉米品种进行了测试，结果表明，抽穗后第 50 天果穗中伏马菌素（B_1+B_2）快速增加，后续 3 周的平均浓度增加至 3 260 μg/kg；此外，伏马菌素浓度在上半部分极高，达 18 000~25 900 μg/kg，但在下半部分和苞片中浓度较低，有镰刀菌穗腐病症状的果穗中浓度最高。在生长期，茎和叶的伏马菌素水平很低。同样，在茎、叶甚至果穗中也观察到很低浓度的雪腐镰刀菌烯醇、脱氧雪腐镰刀菌烯醇和玉米赤霉烯酮。因此，青贮玉米收获时间越晚，伏马菌素形成的风险越大（Okabe 等，2015）。

栽培牧草第一茬的发病率和总真菌毒素含量从高到低依次为红三叶草、苜蓿草、禾草科牧草（Kononenko 等，2015）。此外，草甸草在生长初期会产生多种真菌毒素复合物（Burkin 和 Kononenko，2015）。

通常，新鲜牧草中定植着大量镰刀菌属、青霉属、链格孢属和曲霉属等。各种霉菌的发生率、产生的真菌毒素的组成和浓度主要受天气条件、农艺因素（如前茬作物及其应用栽培技术）和虫害的影响。青贮玉米受到的污染似乎比禾本科植物严重。

4.1.1.2 干草

收获后，在干燥和干草贮藏期间，新鲜牧草上的田间真菌逐渐死亡或被储藏霉菌（尤其曲霉属和青霉属）取代。

表 4.5 整理了现有关于养殖场生产时干草中真菌毒素水平的调查结果。与新鲜牧草、青贮饲料相比，干草感染真菌毒素的数据非常有限。此外，中欧和东欧的结果也存在很大差异。Arslan 和 Essiz（2009）测定 10 份土耳其牧场干草中黄曲霉毒素 B_1 和玉米赤霉烯酮的平均含量分别为 15 μg/kg 和 15 μg/kg，干草堆放 270 d，浓度保持不变。对 40 份伊朗苜蓿干草调查，黄曲霉毒素 B_1、B_2、G_1 和 G_2 的平均浓度分别为 (0.20±0.15) μg/kg、(0.13±0.12) μg/kg、(0.06±0.03) μg/kg 和 (0.03±0.14) μg/kg（平均数±标准差），发生率分别为 60%、60%、

第 4 章 有害化合物和细菌

表 4.5 干草真菌毒素的发生率（%）和平均浓度范围（μg/kg）

交链孢醇 发生率	交链孢醇 平均值/范围	脱氧雪腐镰刀菌烯醇 发生率	脱氧雪腐镰刀菌烯醇 平均值/范围	伏马菌素 发生率	伏马菌素 平均值/范围	雪腐镰刀菌烯醇 发生率	雪腐镰刀菌烯醇 平均值/范围	T-2毒素 发生率	T-2毒素 平均值/范围	玉米赤霉烯酮 发生率	玉米赤霉烯酮 平均值/范围	国家	参考文献
—	—	100	610	52	120ᵃ	—	—	—	—	0	0	美国	Yu 等（1999）
—	—	14	41	—	—	7	131	0	—	43	24	德国	Schollenberger 等（2006）
—	89	—	46	0	—	—	116	—	15	—	37	捷克	Zachariasova 等（2014）
82	695	38	525	24	212	—	—	74	450	35	395	俄罗斯	Kononenko 和 Burkin（2014）
82	21~10 000	23	87~1 620	7	97~250	—	—	78	3~1 410	38	20~110 000	俄罗斯	Burkin 和 Kononenko（2015）

ᵃ 伏马菌素 B_1。

25%和20%（Bahrami 等，2016）。另一份伊朗报告（Bahrami 等，2016）中，70份苜蓿干草样品黄曲霉毒素 B_1 的平均浓度为10.7（1.9~16.3）μg/kg，发生率为55.7%。

Martinson 等（2011）测定含水量和塑料包装对果园干草中霉菌数量的影响发现，在水分含量为166 g/kg和124 g/kg未裹包草捆中，霉菌数量分别为 $2.5×10^7$ CFU/g 和 $2.7×10^4$ CFU/g，这表明即使在水分含量相对较低水平下，未裹包的草捆也易发霉。对草捆进行打包处理后，其相对湿度达到337 g/kg时，草捆仍能保持可接受的霉菌生长。

总的来说，从非常有限的数据中无法推断出干草作为反刍动物饲料中霉菌毒素来源的相关性。在高于350 g/kg含水量下保存牧草可产生真菌毒素，但鲜有证据表明在低于300 g/kg含水量下保存干草会出现真菌毒素。然而，干草生产和保存不当，如干燥不足、塑料包下冷凝、雨水泄漏或虫害，都会导致产毒霉菌大量繁殖，特别是在霉斑处，并产生霉菌毒素。

4.1.1.3 青贮饲料

青贮发酵过程形成厌氧或微需氧环境，抑制多数牧草收获前的霉菌，但可促进其他真菌生长，特别是娄地青霉菌，可分为罗克福尔青霉菌、酒青霉和肉青霉。产生真菌毒素的产毒霉菌的污染可能出现在以下阶段：①填充青贮窖过程的好氧阶段；②厌氧发酵和贮存阶段；③卸载过程的好氧阶段（饲喂阶段）。青贮饲料真菌毒素的污染是不可避免且不可预测的。同时，污染率也是农场管理的真实写照。

几乎所有新鲜牧草的真菌毒素都可在青贮饲料中检测到，各种真菌毒素在青贮期间的含量可能增加、减少或不发生变化。

表4.6和表4.7收集了几种牧草在青贮中真菌毒素的发生和浓度的数据。青贮饲料中的真菌毒素可能是各种真菌毒素的混合物。一般来说，镰刀菌毒素是青贮饲料中主要的真菌毒素，尤其在全株玉米青贮中。玉米青贮中脱氧雪腐镰刀菌烯醇和玉米赤霉烯酮在世界范围内均有较高的发生率和共存率。禾本科牧草和小麦青贮似乎较少受到这两种真菌毒素污染。在青霉毒素中，主要是霉酚酸、异烟棒曲霉素C、PR毒素和青霉酸备受关注。最近，在玉米青贮（Zachariasova 等，2014）和牧草青贮（McElhinney 等，2016a）中报道了白僵菌素和恩镰孢菌素 A、A_1、B 和 B_1。

第4章 有害化合物和细菌

表 4.6 青贮饲料中几种真菌毒素发生率（%）和平均浓度（μg/kg 新鲜物质，除非另有说明）

青贮饲料	AOH	BEA	DON	FB$_1$	FB$_2$	NIV	OTA	T-2	ZEA	国家	参考文献
玉米	—	—	72/651	—	—	—	—	—	49/29	荷兰	Driehuis 等（2008a）
玉米^a	-5/<LOD	93/<LOD	—	93/<LOD	80/<LOD	20/55	—	—	100/5	以色列	Shimshoni 等（2013）
玉米^b	-/5	-/47	-/867	-/35	-/26	-/185	<LOD	<LOD	-/29	捷克	Zachariasova 等（2014）
玉米（2014）^{a}	—	—	97/1 226	—	—	89/84	20/0.8	78/55	97/101	波兰	Kosicki 等（2016）
牧草	—	—	<LOD	—	—	—	—	—	6/17	荷兰	Driehuis 等（2008a）
牧草^b（圆捆）	—	13/31	—	—	—	—	—	—	2/33	爱尔兰	McElhinney 等（2016a）
小麦	67/<LOD	80/<LOD	—	27/234	13/123	7/26	—	—	100/4	以色列	Shimshoni 等（2013）

注：AOH, 交链孢醇；BEA, 白僵菌素；DON, 脱氧雪腐镰刀菌烯醇；FB$_1$, 伏马菌素 B$_1$；FB$_2$, 伏马菌素 B$_2$；NIV, 雪腐镰刀菌烯醇；OTA, 赭曲霉毒素 A；T-2, T-2 毒素；ZEA, 玉米赤霉烯酮。

^{a} 仅给出阳性样本的平均值。

^{b} 浓度以干物质表示。LOD: 检测极限。

表 4.7 青贮前全株玉米和青贮玉米真菌毒素发生率（%）和浓度（μg/kg 新鲜物质）的农场规模调查比较

真菌毒素	青贮饲料				青贮饲料				国家	参考文献
	n	发生率	平均值	最大值	n	发生率	平均值	最大值		
交链孢醇	17	0	—	—	82	2.4	18	24	丹麦	Storm 等（2014）
黄曲霉毒素 B_1	2×30	—	ND	—	—	17	—	156	阿根廷	González Pereyra 等（2008）
	58	12.1	7	11	58^b	12.1	33	54	巴西	Keller 等（2013）
环匹阿尼酸	60^a	30	50	380	120	37	120	1 430	美国	Mansfield 等（2008）
脱氧雪腐镰刀菌烯醇	8	100	598	818	5	100	2 919	3 944	德国	Schollenberger 等（2006）
	2×30	—	150	230	—	—	276	870	阿根廷	González Pereyra 等（2008）
	58	20.7	1 530	3 030	58^b	24.1	1 610	3 420	巴西	Keller 等（2013）
	17	11.8	2 370	2 660	82	6.1	1 630	2 970	丹麦	Storm 等（2014）
恩镰孢菌素 B	17	47	128	365	82	24.4	53	152	丹麦	Storm 等（2014）
伏马素 B_1	2×30	—	600	1 840	—	—	1 110	2 490	阿根廷	González Pereyra 等（2008）
	58	15.5	1 590	2 990	58^b	15.5	1 600	3 420	巴西	Keller 等（2013）
霉酚酸	60^a	27	60	600	120	42	160	1 300	美国	Mansfield 等（2008）
	17	0	—	—	82	2.4	43	52	丹麦	Storm 等（2014）

（续表）

真菌毒素	青贮饲料				青贮饲料				国家	参考文献
	n	发生率	平均值	最大值	n	发生率	平均值	最大值		
雪腐镰刀菌烯醇	8	100	1 312	6 640	5	100	1 612	2 809	德国	Schollenberger 等（2006）
	17	29.4	255	351	82	13.4	266	758	丹麦	Storm 等（2014）
赭曲霉毒素 A	58	8.6	8	28	58[b]	10.3	3	4	巴西	Keller（2013）
棒曲霉素	60[a]	17	50	910	120	23	80	1 210	美国	Mansfield 等（2008）
异烟棒曲霉素 C	60[a]	50	0.20	1.10	120	60	380	5 710	美国	Mansfield 等（2008）
	17	0	—	—	82	2.4	173	189	丹麦	Storm 等（2014）
玉米赤霉烯酮	8	100	159	553	5	100	432	1 790	德国	Schollenberger 等（2006）
	2×30	—	18	25	—	—	50	350	阿根廷	González Pereyra 等（2008）
	17	65	83	666	82	28	66	311	丹麦	Storm 等（2014）

注：n，样本数量；ND，未检测到。
[a] 在宾夕法尼亚州奶牛场采集的样本，在过去 5 年内奶牛有健康问题史。
[b] 青贮窖内部取样。

关于黄曲霉毒素（AF）的报道较少，黄曲霉毒素 B_1 是最强的肝毒性和致癌毒素之一。Karakaya 和 Atasever（2010）测定了 72 份土耳其玉米青贮样品中 96 % 的 AFB_1 含量，平均浓度为（0.36±0.095）μg/kg。Bahrami 等（2016）报道 40 份来自伊朗的玉米青贮中 AFB_1、AFB_2、AFG_1 和 AFG_2 的发生率分别为 100%、80%、70% 和 70%。另一份来自伊朗的报告分析了 70 份玉米青贮饲料样本（Ehsani 等，2016），AFB_1 发生率为 25.7%，阳性样本平均浓度为 10.98（2.53～18.65）μg/kg。Keller 等（2013）在 12 % 的巴西玉米青贮样品中检测到 AFB_1，其浓度为（33±17）μg/kg，霉菌毒素在青贮窖各部位均匀分布，未检测到其他黄曲霉毒素。相反，在来自荷兰（Driehuis 等，2008a，b）和波兰玉米青贮（Grajewski 等，2012）样品中未检测到四种黄曲霉毒素。一般来说，黄曲霉毒素对玉米青贮的污染通常发生在亚热带和热带地区。赭曲霉毒素 A 和伏马菌素是温带地区全株玉米的常见污染物。

Schneweis 等（2000）报道，霉酚酸在玉米青贮和牧草青贮的发生率分别为 28% 和 37%，其平均浓度和范围分别为 690（20～23 000）μg/kg 和 2 200（21～35 000）μg/kg。另外，偶有报道称在玉米青贮中的浓度在 20 000 μg/kg 以上（Gallo 等，2015b）。

Boudra 等（2015）检测 40 份法国甜菜浆青贮样品发现，真菌毒素发生率和含量均较低，在四个样本中发现霉酚酸含量介于痕量至 1 436 μg/kg 之间，在两个样本中检测到玉米赤霉烯酮浓度为 5 000～7 000 μg/kg，未检测到黄曲霉毒素、脱氧雪腐镰刀菌烯醇、胶霉毒素和棒曲霉素。

各种天气条件的差异可能引起真菌毒素浓度差异较大。例如，Grajewski 等（2012）报道 2006—2009 年期间玉米青贮的玉米赤霉烯酮发生率分别为 39%、98%、83% 和 97%，所有样品的平均浓度分别为 11.7 μg/kg、15.6 μg/kg、43.4 μg/kg 和 28.9 μg/kg，阳性样品分别为 30.0 μg/kg、15.9 μg/kg、52.2 μg/kg 和 29.8 μg/kg。同样，2002—2004 年，荷兰玉米青贮脱氧雪腐镰刀菌烯醇的发生率分别为 40%、65% 和 98%，所有样本的平均浓度分别为 449 μg/kg、338 μg/kg 和 994 μg/kg，阳性样本分别为 936 μg/kg、453 μg/kg 和 1 009 μg/kg（Driehuis 等，

2008a）。Kosicki 等（2016）报道波兰玉米青贮也有类似结果，2011—2014 年间，脱氧雪腐镰刀菌烯醇的发生率分别为 93%、46%、93% 和 97%，阳性样本平均浓度分别为 874 μg/kg、71 μg/kg、322 μg/kg 和 1 266 μg/kg；玉米赤霉烯酮相应值分别为 100%、46%、93% 和 97%，以及 121 μg/kg、17 μg/kg、39 μg/kg 和 101 μg/kg。

青贮窖内的青贮饲料被霉菌污染呈现不均匀特点，霉菌毒素浓度在内部（核心）、表面层和发霉点（中心点）差异很大。因此，采集具有代表性的青贮饲料样本进行分析具有很大的挑战性。例如，Driehuis 等（2008b）在玉米青贮中发现异烟棒曲霉素 C 在内部、表面和发霉点的发生率分别为 25%、50% 和 100%，浓度分别为 96 μg/kg、1 605 μg/kg 和 26 000 μg/kg；霉酚酸发生率分别为 0%、50% 和 71%，浓度分别为 25 μg/kg、660 μg/kg 和 9 311 μg/kg。然而，脱氧雪腐镰刀菌烯醇和玉米赤霉烯酮在三个部分的数值则相近。Keller 等（2013）发现，赭曲霉毒素 A、伏马菌素 B_1 和脱氧雪腐镰刀菌烯醇在玉米青贮内部的水平最低。Richard 等（2007）报道，沟槽式青贮窖底部青贮玉米的桔霉素、脱氧雪腐镰刀菌烯醇和胶霉毒素浓度显著（$P<0.01$）高于顶部（表面下 75 cm），8 种真菌毒素浓度在表面和表面下 3 m 处差异不显著，此外，裹包青贮和青贮窖青贮之间的真菌毒素浓度差异也不显著（McElhinney 等，2015a）。McElhinney 等（2016b）进行更深入研究，使用钻芯取样法或进料槽取样方法收集具有代表性的青贮饲料样品，分别需要至少 100 个和 20 个样本。

青贮饲料厌氧环境的快速形成对乳酸发酵成功及霉菌活性抑制至关重要。青贮窖长时间装填、未压紧压实和延迟密封促使糖分解代谢，导致温度升高。然而，Schmidt 等（2015）未观察到玉米青贮中温度与几种常见真菌毒素的发生存在相关性。

从一些研究结果进行推断，青贮饲料中几乎所有真菌毒素均来自收获后的牧草。表 4.7 中玉米青贮前和青贮后真菌毒素数据表明，多数真菌毒素在发酵期和青贮后保存期间都会发生改变，然而，这些数据只是农场规模的调查，并不是在特定条件下的可信试验。尽管如此，较高的样本数量使数据具有合理性。

Boudra 和 Morgavi（2008）发现，在实验室条件下，玉米青贮过程中，镰刀菌毒素、脱氧雪腐镰刀菌烯醇、伏马菌素 B_1 和 B_2 及玉米赤霉烯酮水平降低（$P<0.001$）。将贮存期延长至 6 个月，使用低干物质含量青贮（280 g/kg vs 380 g/kg），霉菌毒素消失率更高，尤其脱氧雪腐镰刀菌烯醇和伏马菌素 B_1。玉米赤霉烯酮消失率为 50%，脱氧雪腐镰刀菌烯醇消失率为 100%。15℃ 和 30℃ 不影响真菌毒素的稳定性。然而，González Pereyra 等（2014）在实验室条件下观察青贮玉米中玉米赤霉烯酮及其衍生物稳定性有不同结果，青贮后第 7 天至第 127 天，玉米赤霉烯酮、β-玉米赤霉烯醇和玉米赤霉烯酮-4-硫酸盐浓度没有变化，表明青贮过程或青贮微生物没有显著降解。

伏马菌素存在于未加工的整株玉米中，可以是游离的，也可以是隐藏（隐蔽）的，隐蔽现象归因于非共价相互作用。从毒理学角度看，共轭伏马菌素可在胃肠道消化中完全释放。Latorre 等（2015）报道，有 70% 和 40% 的伏马菌素 B_1 和 B_2 以隐藏形式存在于玉米青贮中。因此，仅测定游离伏马菌素可能严重低估真菌毒素总水平。此外，异型发酵乳杆菌接种青贮全株玉米后，伏马菌素 B_1 隐藏的总浓度会增加。

青贮饲料饲喂阶段是增加真菌毒素水平的关键阶段，因此也是喂养动物接触毒素的关键。青贮饲料表面暴露在空气中，会激活包括有毒霉菌在内的许多微生物。实验室和农场规模玉米青贮试验表明，青贮饲料暴露在空气中，无论是保存期还是饲喂期，黄曲霉毒素浓度都会增加（Cavallarin 等，2011）。根据西欧的气候，建议冬季每周青贮饲料使用 1~2 m，夏季则为双倍。

许多商用混合青贮防腐剂都含有抗菌成分（如甲酸）和抗真菌化合物（尤其是丙酸或其盐类），山梨酸盐或苯甲酸盐则较少使用。抗真菌成分的作用主要发生在抑制霉菌和酵母生长的出料阶段。

4.1.1.4 控制青贮饲料中霉菌生长和真菌毒素的潜力

即使收获前和收获后均进行良好农业操作规范，也不能完全防止真菌毒素的形成。因此，脱毒处理是减少毒性作用的重要途径。化学方法主要通过酸、碱、氧化剂或其他化合物降解霉菌毒素。物理方法包括热失活、辐照、溶剂萃取或各种矿物吸附（尤其是黏土）。黏土通过肠道吸附降低动物饲料中真菌毒素的生物利用率是最优选择。然而，根据极性的不同，这种黏合剂只能吸附部分真菌毒素。Gregorio 等（2014）对矿物吸附剂在饲料中的应用进行了综述。总体而言，化学和物理方法几乎不适用于青贮。第三类方法，即利用各种微生物进行生物解毒，这也是控制青贮饲料霉菌生长和真菌毒素最佳的方法（Hathout 和 Aly，2014），但该方法多数应用于食品和饲料精料，而牧草中则是次要的。

乳酸菌（LAB）控制青贮饲料霉菌生长和真菌毒素水平具有很大潜力。青贮饲料存在大量 LAB 菌种和菌株，它们常用作接种剂添加到青贮饲料中（见第 2.2 节）。Dalié 等（2010）综述整理了截至 2008 年 LAB 的相关信息，主要涉及食品，只有少量关于青贮饲料的研究。然而，LAB 改善青贮饲料质量是可行的（Wambacq 等，2016）。

三种机制可解释 LAB 抗菌效率：①有机酸产量；②营养素竞争；③拮抗化合物产生。最近发现，防止或限制有毒霉菌生长能力的 LBA 主要是乳酸杆菌属和乳球菌属，其次是片球菌属和明串珠菌属。此外，也可从青贮牧草中分离到一些抗真菌乳酸菌菌株。

已从细菌培养物中分离出几种具有较强抗真菌活性化合物，即有机酸（乳酸、乙酸、苯乙酸和 4-羟基苯乳酸）、过氧化氢、羟基化脂肪酸和环二肽。因此，必须全面了解影响 LAB 抗真菌特性的参数，如种类和菌株、温度、pH 值和营养因子等。然而，目前只有零碎信息可用，多数关于 LAB 作用数据都与黄曲霉毒素产生的霉菌有关。

LAB 和某些真菌毒素积累间的相互作用可能涉及结合与抑制生物合成的两个具体过程。真菌毒素淬灭是一种可逆现象，与菌株和剂量有关，不影响 LAB 活力。某些 LAB 结合能力可导致真菌毒素生物利用度降低，但关于复合 LAB 真菌毒素稳定性和毒性的最新报道非常少。

现有关于 LAB 对青贮饲料霉菌毒素作用的信息也非常少。Magnusson 等（2003）对 1 200 多株来自不同植物（包括三叶草和禾本科植物）的 LAB 菌株进行检测发现，在不同温度下的小型青贮窖中，青贮 10 天，可对抗 5 种有毒霉菌和 3 种酵母菌，大多数真菌抑制菌株被鉴定为棒状乳杆菌，也常在活性菌株中发现植物乳杆菌和戊糖片球菌。真菌抑制率仅与乳酸或乙酸水平有部分关系。此外，还鉴定了抗真菌环二肽及其活性组分。因此，抗真菌活性具有高度复杂的特性。

Niderkorn 等（2007）在模拟玉米青贮试验中，检测发酵 LAB 对镰刀菌毒素污染的青贮饲料的脱毒潜力。在筛选的 202 株菌株中，8 株乳酸杆菌和 3 株明串珠菌能通过生物转化将玉米赤霉烯酮转化为 α-玉米赤霉烯醇，但对脱氧雪腐镰刀菌烯醇和伏马菌素 B_1 和 B_2 没有生物转化，但大多数菌株能够结合镰刀菌毒素，最有效的是链球菌和肠球菌，它们对脱氧雪腐镰刀菌烯醇、玉米赤霉烯酮、伏马菌素 B_1 和伏马菌素 B_2 的结合率分别高达 33%、49%、24% 和 62%。然而，有效去除真菌毒素需要高水平数量的细菌，但在青贮饲料中很难达到这样高的水平。

像酿酒酵母类似的酵母菌细胞壁上有许多不同的结合位点，可作为常见真菌毒素（如黄曲霉毒素、伏马菌素、赭曲霉毒素、T-2 毒素和玉米赤霉烯酮）的吸附剂。增强真菌毒素结合的主要是酵母细胞壁，死亡的酵母细胞也不会失去其结合真菌毒素的能力。

在实验室条件下，从青贮饲料分离的酿酒酵母菌株有降低玉米赤霉烯酮水平的能力（Keller 等，2015），所有供试菌株在 2 天内可消除 90% 以上的玉米赤霉烯酮，其原因主要是由于真菌毒素生物转化为 β-玉米赤霉烯醇（53%）和 α-玉米赤霉烯醇（8%），而不是被吸附到酵母细胞壁上。未见 α-玉米赤霉烯醇进一步生物转化，但有少量 β-玉米赤霉烯醇消失，两种玉米赤霉烯醇对哺乳动物都具有雌激素作用。

Polonelli 等（2011）通过奶牛接种结合在钥孔戚血蓝蛋白上的黄曲霉毒素 B_1，成功测试了一种方法防止黄曲霉毒素 B_1 作为黄曲霉毒素 M_1 转移至牛奶中。

4.1.2 奶畜机体中的真菌毒素

正如 Fink-Gremmels（2008a）所述，试验数据和临床经验表明反刍动物比其他动物更不易受到真菌毒素的不良影响。瘤胃微生物群能将一些霉菌毒素转化为代谢物，在一般接触水平下，这些代谢物的效力较弱，甚至没有生物活性。

黄曲霉毒素仅部分降解，是黄曲霉毒醇的一种典型代谢物（图 4.2），动物肝功能受损和采食量下降是动物接触黄曲霉毒素的体现特征。黄曲霉毒素可转化为毒性较小的氧化代谢产物，反刍动物对脱氧雪腐镰刀菌烯醇敏感性较低。伏马菌素会通过瘤胃，导致采食量和产奶量降低，造成轻度肝细胞损伤。赭曲霉毒素 A 可迅速转化为毒性较小的赭曲霉毒素 α，只有极少量完整赭曲霉毒素 A 会被吸收。雌激素玉米赤霉烯酮转化为羟基衍生物，即高度流行的 α-玉米赤霉烯醇和少量 β-玉米赤霉烯醇。α-玉米赤霉烯醇比玉米赤霉烯酮具有更高的雌激素效价。然而，由于其吸收率较低，且在肝脏中会相互转化为效力较低的 β-玉米赤霉烯醇，因此奶牛对其敏感性较低（Fink-Gremmels，2008a）。

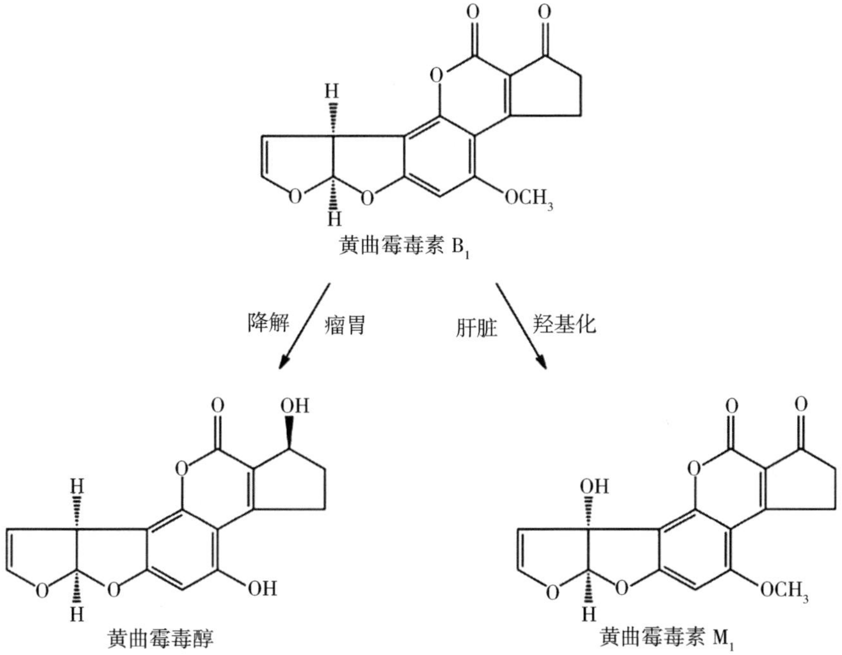

图 4.2　反刍动物体内黄曲霉毒素 B_1 的变化过程

在娄地青霉产生的真菌毒素中，经常在牧草中检测到 PR 毒素、霉酚酸和异烟棒曲霉素 C。Gallo 等（2015a）体外试验表明，PR 毒素不影响瘤胃发酵模式，在稀释瘤胃液中孵育 48 h 后仍未恢复。相反，霉酚酸和异烟棒曲霉素 C 在低浓度下影响瘤胃发酵模式，在培养条件下部分稳定。

总的来说，反刍动物可通过瘤胃液原生动物和细菌微生物群防止真菌毒素中毒，然而，一些真菌毒素或通过这一屏障，或转化为保留其有害生物活性的代谢物，保留了其有害的生物活性。瘤胃液是双乙酸基草镰刀菌醇、赭曲霉毒素 A、T-2 毒素和玉米赤霉烯酮的第一防御系统，但对黄曲霉毒素 B_1、伏马菌素和棒曲霉素无效。当瘤胃微生物菌群受损则可导致饲料利用率和生产性能下降。

4.1.3 牛奶中来自牧草的霉菌毒素

黄曲霉毒素 B_1 是一种广泛存在于饲料和食品中的致癌物，国际癌症研究机构将其列为人类第一类致癌物。动物摄入饲料后，一部分黄曲霉毒素 B_1 在瘤胃中降解为黄曲霉毒醇，剩余部分通过被动扩散在消化道吸收，再通过细胞色素 P450 酶在肝脏被羟基化为亲水性更强黄曲霉毒素 M_1（AFM_1；图 4.2）。一部分 AFM_1 进入体循环将其排泄，主要通过尿液，或者转移至牛奶中；另一部分 AFM_1 与葡萄糖醛酸结合，后经胆汁排出。真菌毒素从饲料转移至牛奶受许多营养和生理因素影响。因此，黄曲霉毒素的吸收率因动物个体和连续挤奶次数的不同而有很大差异。一般来说，只有几十分之一或几百分之一的黄曲霉毒素 B_1 以 AFM_1 形式从牛奶中排出。以产奶量高著称的以色列荷斯坦奶牛为例，泌乳中期和泌乳晚期的牛奶中的带菌率分别为 5.8% 和 2.5%。含量随产奶量呈指数增长（Britzi 等，2013）。然而，全身性疾病和局部感染（如乳腺炎）可导致健康动物体内完整的血乳屏障功能受损。此外，血浆和牛奶间的 pH 梯度也会影响转运率。健康动物牛奶 pH 值低于血浆 pH 值，而患病奶畜牛奶 pH 值等于甚至高于血浆 pH 值。饲喂黄曲霉毒素 B_1 污染的饲料 12~24 h 后，可在牛奶中检测黄曲霉毒素 M_1，72 h 后 AFM_1 浓度降至无法检测水平。

除 AFM_1 外，牛奶还检测到极低水平的黄曲霉毒素 M_2 和 M_4，它们是由饲料中的其他黄曲霉毒素经肝生物转化反应产生的。然而，黄曲霉毒素的致癌信息有限，需进一步研究。20 年前墨西哥的一项调查发现，巴氏杀菌乳和超高温灭菌的（牛奶）乳中分别有 13% 和 8% 的样品中检测到 0.05 μg/L 和 0.5 μg/L 的黄曲霉毒醇（Carvajal 等，2003）。

据报道，黄曲霉毒素 B_1 以 AFM_1 形式转移至羊奶中的量低于牛奶（Upadhaya 等，2009），可能的原因是瘤胃微生物群以及参与黄曲霉毒素 B_1 生物转化和解毒的肝酶的表达和催化活性不同。

Fink-Gremmels（2008a）整理了关于各种饲料霉菌毒素转移到牛奶的有限文献数据，Flores-Flores 等（2015）和 Becker-Algeri 等（2016）也对最新信息进行了综述，据报道，环匹阿尼酸、伏马菌素 B_1、赭曲霉毒素 A、T-2 毒素和玉米赤霉烯酮的残留率非常低，通常仅为摄入量的几百分之一。

在主要存在于玉米及其衍生物中的 18 种伏马菌素中，伏马菌素 B_1 被列为人类可能的致癌物，属于 2B 类。伏马菌素 B_1 可被反刍动物瘤胃微生物解毒，具有较强的耐受性。在一些研究中发现它可转移至牛奶，但结果具有争议。据报道，伏马菌素分泌到乳汁的含量较低，约为 0.05%。牛奶中伏马菌素 B_1 和 B_2 在巴氏杀菌和冷藏条件下都很稳定。

饲料中的赭曲霉毒素 A 易在胃酸环境吸收，在肠道吸收缓慢，在牛体内，可被瘤胃微生物降解，据报道，其在牛奶中的转移率为 0.01%。

单端孢霉烯族毒素主要存在于谷物，也存在青贮饲料中。一般来说，牛奶不是单端孢霉烯族毒素的重要来源，但在饲料霉菌毒素含量高或奶牛生理失衡情况下，牛奶可能受到污染。脱氧雪腐镰刀菌烯醇可由瘤胃微生物代谢为毒性较小的去环氧-4-脱氧雪腐镰刀菌烯醇（de-DON），并通过尿液、粪便和少量乳汁排出。以乳中 DON 排泄量与 DON 摄入量之比的百分数表示残留率，脱氧雪腐镰刀菌烯醇范围为 0.01%~0.02%，de-DON 则为 0.04%~0.24%，健康奶牛主要检测 de-DON（Dänicke 和 Brezina，2013）。

牛奶中 T-2 毒素及其代谢物尚未见报道。

玉米赤霉烯酮及其代谢物 α-和 β-玉米赤霉烯醇不被认为具有致癌性，然而，这些真菌毒素具有雌激素活性。α-玉米赤霉烯醇的雌激素活性是玉米赤霉烯酮的数倍。虽然牛奶中这些真菌毒素的残留和发生情况研究较少，但零星文献报道牛奶中观察到低水平的玉米赤霉烯酮和 β-玉米赤霉烯醇，通常低于 1 μg/L。消费者每日每千克体重可耐受玉米赤霉烯酮的摄入量为 0.25 μg，因此不构成健康风险。计算的残留因子可从正常的 0.8% 变化到异常的 5% 不等（Dänicke 和 Winkler，2015）。

Winkler 等（2015）研究表明，饲料中玉米赤霉烯酮和脱氧雪腐镰刀菌烯醇含量低于或接近当前指导值，不会对牛奶消费者构成风险，因为其携带率可忽略不计。

4.1.4 奶及奶制品中的黄曲霉毒素 M_1

AFM_1 的致癌性低于黄曲霉毒素 B_1，但它们的毒理学特性相当。AFM_1 也被归类为第 1 类人类致癌物，与肝细胞癌密切相关。该毒素对巴氏消毒、高温灭菌或其他处理过程具有耐热性。因此，欧盟和许多其他国家规定牛奶 AFM_1 的最高允许水平为 0.05 μg/kg（或 50 ng/kg），奶酪为 0.25 μg/kg，母乳为 0.025 μg/L。然而，一些人口大国，如巴西、中国、印度、日本和美国，规定牛奶中 AFM_1 限量为 0.5 μg/kg。Womack 等（2016）报道了在 2010—2015 年对全球牛奶 AFM_1 的调查结果，在 7 841 份样本中，5 873 份（75%）呈阳性，超出 0.05 μg/kg 限值的超标样品 2 042 份（26%），超出 0.5 μg/kg 的限值的超标样品 120 份（1.53%）。

根据 Iqbal 等（2015）、Becker-Algeri 等（2016）和 Ismail 等（2016）整理的数据显示，由于饲料保存时间过长，冬季和早春生产的牛奶比温暖季节受 AFM_1 污染更严重，早晨挤的奶中真菌毒素含量高于晚上挤的奶。与气候温暖潮湿、经济和社会条件较差的发展中国家相比，欧洲国家奶及奶制品真菌毒素的发生率较低。鲜牛奶 AFM_1 发生率从 0% 至 100% 不等，浓度从检测不到至 0.3 μg/kg 不等。特别是在一些发展中国家，测定浓度甚至超过 1 μg/kg。

零星数据表明羊奶 AFM_1 水平低于牛奶。Hassan 和 Kassaify（2014）测定黎巴嫩山羊、绵羊和奶牛生鲜乳中 AFM_1 水平分别为 0.007 μg/L、0.003 μg/L 和 0.022 μg/L，相应巴氏杀菌奶平均浓度分别为 0.005 μg/L、0.002 μg/L 和 0.022 μg/L。

AFM_1 与牛奶中的酪蛋白部分有很强的亲和力，因此这种真菌毒素的大部分都保留在凝乳中。导致许多软质干酪 AFM_1 浓度比用过的牛奶高 2~3 倍，硬奶酪甚至高 5 倍。在牛奶、山羊奶和绵羊奶生产的奶酪中可观察到该现象（Silanikove 等，2010）。此外，在生产过程中，奶酪表面生长的霉菌可产生黄曲霉毒素，在不同类型奶酪中，储藏对 AFM_1 水平的影响不一致。

几篇文献报道了酸奶的 AFM_1 水平低于鲜奶，可能与 LAB 和双歧杆菌降低有关（Elsanhoty 等，2014）。黄油和冰淇淋真菌毒素的信息非常零碎，一些发展中国家发生率和浓度普遍较高，超过 0.05 μg/kg 的限值。

牛奶黄曲霉毒素 M_1 的去除方法与第 4.1.1.4 节中的方法相似。利用加热不能破坏 AFM_1，用黏土颗粒改善牛奶的方法也未得到实际应用，微生物方法似乎是最佳策略。AFM_1 与微生物结合阻止其在小肠吸收，未被破坏部分进入大肠，随后排出体外，LAB 是最常用的结合剂。利用活菌细胞去除黄曲霉毒素 M_1 的方法可能导致产品变质，因此需要利用死细胞。酿酒酵母和一群 LAB 的结合能力最有效。毒素净化的有效性反映了复合毒素-微生物细胞的稳定性（Ismail 等，2016）。

生物利用率指毒素进入动物肠道体内被吸收的难易程度。Kabak 和 Ozbey（2012）利用模拟胃肠道条件的体外消化模型研究 AFM_1 的生物利用率，在自然受污染的牛奶样品中该值高达 81.7%~86.3%，6 株受试益生菌活菌可使 AFM_1 生物利用率降低 15.5%~31.6%。

总的来说，奶及奶制品黄曲霉毒素 M_1 脱毒仍是一个尚未解决的问题。

4.1.5 真菌毒素分析

如前所述，无论是新鲜还是保存的牧草，获得具有代表性的样品用于真菌毒素的测定并不容易。青贮饲料中，真菌腐败通常局限于表面或空气接触的地方，尤其在取料期间。为获得真实信息，必须从青贮窖各个部分采集样本，取样深度应由饲喂的量而定。样品制备通常经过一个或多个提取或清洁步骤。通常使用乙腈、乙腈/水提取，但对各种饲料（包括青贮饲料），建议使用基于 QuEChERS 方法（快速、简单、廉价、有效、坚固和安全）作为真菌毒素回收率和低基质效应的简便方法（Dzuman 等，2014）。该方法用乙腈/水混合物萃取，然后将真菌毒素盐析为乙腈相，以区分分析基质中的极性共提取物。

过去几十年，真菌毒素测定分析方法获得了巨大发展，特别是科研和监督实验室要求。最初薄层色谱（TLC）和酶联免疫吸附试验（ELISA）只能测定几种真菌毒素，随后采用气相色谱（GC）和电子捕获检测（ECD）或质谱检测（MS）。气相色谱法主要缺点是必须进行衍生化，二极管阵列（DAD）、紫外（UV）、质谱（MS）或串联质谱（MS/MS）检测器的高效液相色谱（HPLC）得以广泛使用。目前，几乎唯一可用于饲料中多种真菌毒素选择、灵敏检测和定量的技术是（超）高效液相色谱-串联质谱法（U）HPLC-MS/MS。该方法最近被验证可检测出饲料中 56 种真菌毒素，包括青贮饲料和干草（Dzuman 等，2014；Zachariasova 等，2014），以及牧草青贮中 20 种真菌毒素（McElhinney 等，2015b）。然而，这种先进方法需要实验室配备顶级仪器和专业人员。

在农场条件下，可采用快速、低成本、高通量的分析方法，虽然精度较低，误差较大，但这是取料期检测和筛选青贮饲料和干草的最佳方法（Dell'Ort 等，2015）。ELISA 也可用于此类筛选。许多农业实验室广泛运用近红外光谱（NIRS）和中红外光谱（MIRS）评估青贮饲料质量，该法已被证明是非常有效的工具，可用于检测真菌污染，并可对许多农业基质（尤其谷物）的真菌毒素进行量化（相关综述请参见 Hossain 和 Goto，2014）。但目前为止，还未发现近红外光谱检测青贮饲料污染的相关具体数据。此外，还开发了其他用于检测真菌污染的工具，如热成像或电子鼻可检测挥发性异味浓度，但还需进一步验证其可靠性。

4.1.6 结论

与干草或新鲜牧草相比，青贮饲料（尤其是全株玉米青贮）是真菌毒素的重要的来源。相较而言，牧草污染通常比精料少。在大约 300 种已知真菌毒素中，动物性饲料中只有 5 种被欧盟立法管制：黄曲霉毒素 B_1、脱氧雪腐镰刀菌烯醇、伏马菌素 B_1 和 B_2、赭曲霉毒素 A 和玉米赤霉烯酮（呕吐毒素）。对牧场青贮饲料进行真菌毒素分析发现，产毒霉菌株和真菌毒素在青贮窖保存期和采食期分布不均。因此，很难采集代表性样本进行霉菌和真菌毒素的测定。此外，产毒真菌种类的存在与其活性产生的真菌毒素之间不一定存在直接关系。青贮饲料通常同时受多种真菌毒素污染，但鲜见对牛的影响。

在牧草收获前、保存期间和采食期预防霉菌生长和霉菌毒素产生是首要的解决办法。在减少真菌毒素方法中，各种微生物结合和生物降解比化学或物理方法更有效、更可行。尽管瘤胃是真菌毒素的天然屏障，但饲料（包括牧草）中低水平真菌毒素是预防反刍动物霉菌毒素中毒症导致免疫力和生产性能下降的必要条件。

尽管黄曲霉毒素 B_1 残留率很低，仅占摄入量的百分之几，但饲料黄曲霉毒素 B_1 及其致癌代谢物黄曲霉毒素 M_1 转移至牛奶，带来了巨大的健康风险，应特别注意黄曲霉毒素 M_1 含量随产奶量呈指数增长。牛奶中大部分黄曲霉毒素 M_1 在奶酪中积累。零星数据显示羊奶黄曲霉毒素 M_1 水平低于牛奶，发展中国家牛奶黄曲霉毒素 M_1 的发生率和浓度普遍高于发达国家。

最新研究发现，牧草转移其他真菌毒素至牛奶的情况很少，因此对人类健康的风险也较小。

4.2 生物碱

有毒植物及其代谢物，包含生物碱，是世界各地许多家畜中毒案例的罪魁祸首。生物碱存在于约 20% 植物种类中，目前已描述的化合物有超过 12 000 种。生物碱是一类重要的化合物，一种植物中通常会同时出现几种化学上相关的生物碱。生物碱在植物的生物学作用及其对包括人在内的各种动物的影响受研究者青睐，相关研究已经发表了数千篇科学论文、评论和著作（Fattorusso 和 Taglialatela-Scafati，2007；Aniszewski，2015；Knölker，2016）。其中最近一本是爱思唯尔系列《生物碱》的第 76 卷。

一些生物碱引起兽医毒理学家的极大兴趣。多数生物碱类植物具有苦味,并显示出急性毒性。一般情况下,放牧反刍动物会避开这类适口性较差的植物。然而,如果没有其他牧草或是有毒植物污染了饲槽中的新鲜牧草、干草或青贮饲料时,动物可能会食入有毒植物。中毒过程可能千差万别,从轻微胃肠道紊乱到突然死亡。反刍动物中毒不是本书讨论的重点,表4.8简要介绍了概况。最近的综述提供了更多的信息和参考,如 Riet-Correa 等(2013)、Cortinovis 和 Caloni(2015)分别对南美洲和欧洲生物碱研究现状进行了综述。

表4.8 反刍动物主要生物碱中毒

中毒	主要生物碱	生物碱的化学性质	牧草/植物	主要内生真菌	参考文献
真菌中毒症					
黑麦草蹒跚症	黑麦震颤素B 马对麦角缬碱	吲哚-二萜基 麦角生物碱 类-麦角肽组	多年生黑麦草	*Epichloë festucae* var. *lolii* (syn. *Neotyphodium lolii*)	diMenna 等(2012) Guerre(2015, 2016)
雀稗蹒跚症	Paspalinine, paspalitrems A-C	吲哚-二萜基	雀稗属	雀稗麦角菌	Riet-Correa 等(2013)
百慕大草蹒跚症	Paspalitrems AC, Paspaline, Paspalinine	吲哚-二萜基	百慕大草	百慕大草麦角病菌	Riet-Correa 等(2013)
麦角中毒	麦角酸,麦角胺,麦角缬氨酸	麦角生物碱-麦角碱和麦角肽基	意大利黑麦草和其他草;高羊茅,多年生黑麦草	麦角菌,内生真菌(syn. *Acremonium coenophialum*)	Scott(2019) Riet-Correa 等(2013) Klotz(2015)
流涎	根霉菌胺	咪唑生物碱	红三叶,紫花苜蓿	豆科丝核菌	Riet-Correa 等(2013)
疯草病,生殖衰竭	苦马豆素	咪唑生物碱	黄芪属和棘豆属植物,苦豆子属的"毒豌豆"	弯曲牙管蠕孢菌	Cook 等(2014)
含生物碱的植物中毒					
神经肌肉阻滞	毒芹碱,γ-去氢毒芹碱	哌啶类生物碱	毒芹		López 等(1999) Cortinovis 和 Caloni(2015)
食欲不振,腹泻	木贼碱,问荆碱	哌啶类生物碱	犬问荆		Cortinovis 和 Caloni(2015)

(续表)

中毒	主要生物碱	生物碱的化学性质	牧草/植物	主要内生真菌	参考文献
肝脏变化	天芥菜品碱	吡咯里西啶生物碱	红花琉璃草		Cortinovis 和 Caloni (2015)
肝脏变化	千里光菲灵碱，千里光碱，夹可宁	吡咯里西啶生物碱	千里光属（25种）豚草，千里光属植物		Cortinovis 和 Caloni (2015)
抑制中期有丝分裂	秋水仙碱		藏红花（秋水仙）		Cortinovis 和 Caloni (2015)
急性心肌梗死	紫杉碱 A 和 B	紫杉碱生物碱	欧洲红豆杉（红豆杉）		Cortinovis 和 Caloni (2015)

下面章节将重点讨论生物碱从饲料转移至牛奶的内容。

4.2.1 吡咯里西啶生物碱

吡咯里西啶生物碱（PA）是一种毒性极强的致癌和遗传毒性植物化学物质，专门由被子植物生物合成，被植物用作抵御食草动物的一种防御机制。菊科、紫草科和豆科最具毒性。据估计，超过6 000种植物含PAs，目前已鉴定出600多种PAs及PA-氮氧化物，其中一半以上具有遗传毒性（Shimshoni 等，2015）。然而，Bovee 等（2015）报道，菊科千里光属提取物在沙门氏菌微粒体致突变试验（艾姆斯试验）中的阳性结果不是PAs引起的，而是类黄酮槲皮素引起的。

牛、马、猪以及人对含PA植物的中毒非常敏感，而绵羊、山羊则不敏感，除非摄入大量的此类植物。反复摄入被污染的干草是家畜中毒的常见途径。肝损伤会导致肝硬化，甚至致命，或引起肝脏或肺部静脉闭塞性疾病。对人而言，每日PAs剂量为1 μg/kg体重被认为是无害的。

PAs在植物根部生物合成N-氧化物，运输至植物地上部分，储存在液泡中。PAs在植物内分布不均，例如人们发现新疆千里光花/芽的PA含量比叶和茎高出数倍（Wiedenfeld，2011）。一些常见PAs的化学结构如图4.3所示。生物碱以游离碱形式存在，或以更常见的N-氧化物（PANO）形式存在。

近年来，千里光属植物，尤其新疆千里光（syn. 新疆千里光；豚草属）和木犀科植物（普通千里光）广泛分布于中欧牧场和草甸。放牧马中毒较为严重，反刍动物中毒风险最低。尽管如此，被千里光植物污染的保存牧草一直是牛中毒的原因之一，作为一种可能的情况，干草或青贮饲料可被1%~5%（w/w）新疆千里光污染。

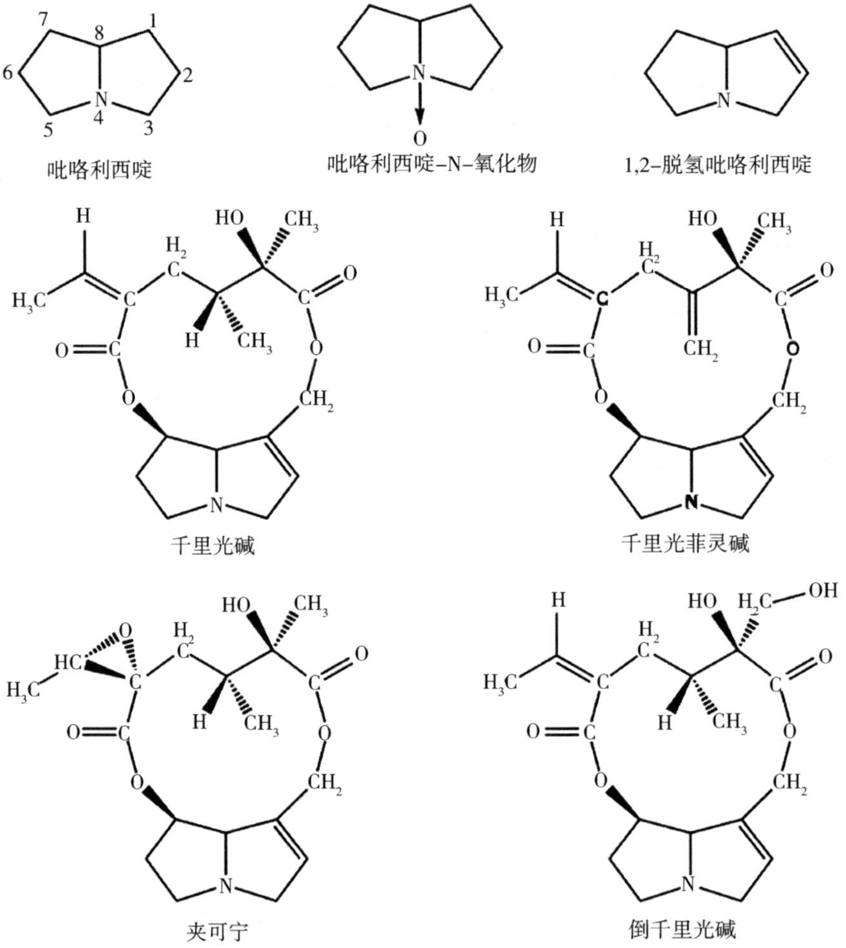

吡咯利西啶　　　吡咯利西啶-N-氧化物　　　1,2-脱氢吡咯利西啶

千里光碱　　　　千里光菲灵碱

夹可宁　　　　　倒千里光碱

图4.3　吡咯利西啶和部分吡咯利西啶生物碱的化学结构

Wiedenfeld（2011）发现每千克新鲜新疆千里光植物含1~2 g的PAs，主要分离株是千里光碱、千里光菲灵碱、全缘千里光碱、夹可宾千里光碱和夹可宁。*Jacobaea aquatica*（沼生千里光）叶、茎和花序总

PA 含量分别为 0.21 g/kg、0.13 g/kg 和 2.30 g/kg DM。与新疆千里光类似，千里光碱、千里光菲灵碱和全缘千里光碱是 7 个检测 PAs 中含量最高的（Chizzola 等，2015a）。不同刈割方式对 J. aquatica 的 PA 含量及其在饲料的比例有显著影响。在奥地利，7 月和 8 月第二次刈割总 PAs 水平最高，超过 0.1 g/kg，6 月和 10 月刈割饲料污染水平较低。刈割后，J. aquatica 植株迅速再生，4~5 周内产生新花梗（Chizzola 等，2015b）。Gottschalk 等（2015）报道木犀科植物总 PAs 为 2.8 g/kg DM，主要是千里光菲灵碱、千里光碱和倒千里光碱的 N-氧化物。重量比为 0.84:0.16 新疆千里光和窄叶黄菀（窄叶千里光草）混合物，总 PAs 为 2.3 g/kg DM，其中 82% 为 N-氧化物，18% 为游离态。新疆千里光主要由夹可宾千里光碱、夹可宁、芥子碱、千里光碱和千里光菲灵碱及其相应 N-氧化物组成，而窄叶黄菀植物主要由倒千里光碱、千里光碱及其 N-氧化物组成（Hoogenboom 等，2011）。

Candrian 等（1984）和 Wiedenfeld（2011）分别研究千里光属植物（*Senecio alpinus*）和新疆千里光，与干草相比，干草中 PAs 含量可在数月内保持稳定。Shimshoni 等（2015）研究以色列牛中毒事件发现，适口性较差的杂草天芥菜（香水草）地上部分总 PAs 为（27.7±5.9）g/kg DM，12% 天芥菜污染的干草总 PAs 为（3.37±0.41）g/kg DM。天芥菜和干草的 PAs 主要类型为天芥菜碱和毛果天芥菜碱，主要以 N-氧化物形式普遍存在。

对德国南部 115 种青贮牧草调查发现，21 个阳性样本中，总 PA 平均数和中位数值分别为 4.8 μg/kg 和 2.9 μg/kg DM，最大含量达 30 μg/kg DM。从检测到的 PA 光谱可推断，PAs 可能来源于千里光属、紫草科植物（蓝草）或合页草属。饲喂供试青贮饲料不会对奶牛健康造成影响（Gottschalk 等，2015）。

Candrian 等（1984）研究在实验室规模的青贮饲料中添加不同比例的千里光属植物，在含 41%（w/w）千里光属植物青贮饲料中仅检测到 9.1% 的初始 PAs 含量，而在含 3.5% 污染物的青贮饲料中 PA 含量为 45.7%。Becerra-Jimenez 等（2013）对青贮多年生黑麦草进行类似试验，在开花期添加 6 种水平的新疆千里光，并调节干物质约为 400 g/kg

FM，新鲜新疆千里光总 PA 为 0.498 g/kg DM，青贮饲料总 PA 为 0.394 g/kg DM。青贮饲料总 PAs 含量下降差异较大，50%和 5%（w/w）新疆千里光的青贮饲料中，PA 水平分别降低了 33%和 5%。Chizzola 等（2015a）进一步研究，与新鲜叶片和茎的初始水平相比，添加 J. aquatica 的青贮饲料的 PA 含量几乎保持不变，而在花瓣部分显著降低 86%。这种减少主要是由于头状花序的分解，并在青贮中传播。Gottschalk 等（2015）发现，实验室规模牧草青贮的 PA 含量增加，但 N-氧化物含量显著降低。

一般来说，青贮过程中会发生 PAs 降解。青贮期间，氮氧化物可能比 PA 自由碱更不稳定。然而，在较低的含 PA 植物的草污染水平下，降解率似乎也很低。青贮饲料和干草含超 2%~3%（w/w）的有毒植物，应禁止饲喂给动物。

鲜见关于 PAs 在反刍动物中的代谢途径及可能代谢物的数据。

了解 PAs 在牛奶中的残留非常重要，特别是儿童（尤其新生儿和胎儿）对 PAs 的敏感性比成年人高得多。Candrian 等（1991）对每千克体重口服 1 mg 氚 [^{3}H] 标记的千里光菲灵碱转移至奶牛血液和牛奶进行研究，处理后 16 h、40 h 和 64 h，牛奶中千里光菲灵碱（还存在反转录酶和 N-氧化物）含量分别为 102 μg/L、19 μg/L 和 5 μg/L。64 h 内，0.16%千里光菲灵碱转移至牛奶。在 Hoogenboom 等（2011）最近一项研究中，泌乳奶牛补饲 3 周 50~200 g 千里光草干草，补饲最高水平干千里光草的牛奶中总 PAs 平均含量为（9.7±1.3）μg/L，PAs 水平与补饲剂量有关。PAs 在牛奶的总残留量仅为 0.1%左右，而对夹可灵而言，则为 4%。夹可灵在饲料的比例仅为 1%，但其为牛奶中的主要成分（约占 PAs 总量 80%）。实际上，牛奶中几乎不含氮氧化物，即使它们占千里光草总 PAs 的 80%以上。总的来说，PAs 在牛奶的残留量似乎很低。即使牛奶 PAs 含量较低，但可能与消费者的健康相关，尤其是儿童健康。此外，PAs 代谢物转移至牛奶的毒性尚不清楚。

山羊每天摄入 1%体重的新疆千里光，羊奶检测 PAs 含量为 0.33~0.81 mg/kg。PAs 向牛奶中的转移量约为每日剂量的 0.1%（Deinzer

等，1982）。

在反刍动物中，绵羊似乎对 PA 中毒更具抵抗力，奶的 PAs 水平可能会相对较高。哺乳母羊连续 5 天口服 32.4 mg［C-16］标记的千里光菲灵碱，3 h 后生物碱含量为 62.3 μg/L，第 5 天达到最大值 987 μg/L，在处理后的第 4 天低于检测范围（Panariti 等，1997）。

各种先进的 GC-MS 和 LC-MS 方法可用于植物 PAs 的定量分析，但由于单个 PAs 检测器响应不同，需要标准物质才能获得准确结果，而 ELISA 方法非常敏感，但仅针对特定的 PA 结构。

4.2.2 反刍动物乳汁中其他生物碱的残留

鲜见反刍动物乳汁中其他生物碱残留的信息。

奶牛饲喂含 1.8 mg/kg 内生真菌毒素感染的多年生黑麦草（表 4.8），在牛奶中检测出高达 5 μg/L 的黑麦震颤素 B。1 天后，就可在牛奶中检测到黑麦震颤素 B，在整个 12 天试验周期结束后，牛奶的中毒素水平在经过 8 天时间迅速降至几乎为零。因此，只有很低比例（占摄入总量 0.23%）的内生真菌毒素转移至牛奶。现有证据不能表明黑麦震颤素 B 可能对人类健康构成威胁（Finch 等，2013）。Zbib 等（2015）发现，母羊饲喂平均含量 0.88 mg/kg DM 内生真菌毒素感染的多年生黑麦草，乳汁中仅检测到微量黑麦震颤素 B。

奶牛饲喂 4 周 0.51~0.62 g/kg DM 麦角生物碱污染的日粮，牛奶中未检测到任何残留物（Schumann 等，2009）。母羊饲喂 0.85 mg/kg DM 内生真菌毒素感染的多年生黑麦草干草，乳汁仅观察到微量麦角新碱（Zbib 等，2015）。

秋水仙碱是草甸藏红花（*Colchicum autumnale*）的主要生物碱，单次口服草甸藏红花叶提取的 10 mg 秋水仙碱，9 h 后可在羊奶检测到秋水仙碱（Panariti，1996）。

Sotohernandez 和 Jackson（1993）在饲喂墨西哥刺桐和刺桐叶的山羊奶中检测到微量 β-刺桐定碱。

总的来说，除吡咯里西啶类外，饲料转移至奶牛、山羊和绵羊奶的其他生物碱似乎对人类健康的重要性微乎其微。

4.3 蕨类植物中的蕨根苷

蕨类植物（蕨菜蕨类）属于少数能在动物体内自然致癌的植物，它由 2 个亚种组成，一个是生长在欧洲的羊栖菜蕨菜，另一个是主要分布在南美洲、中美洲、东南亚和大洋洲的 *P. caudatam*。然而，蕨类植物分类学正在快速发展，它是地球上最丰富的 5 种植物之一，英国 7% 陆地面积被蕨类植物覆盖，且面积稳步增加。

蕨菜是含有许多有害化学性质的化合物。整株植物都有毒，特别是幼嫩的芽和叶含有丰富的有毒化学物质，放牧动物喜食。自 20 世纪 80 年代以来，最受关注的原蕨苷，是一种去甲氧基半萜糖苷（图 4.4）。常温下在酸性和碱性水溶液中均不稳定，经过反应生成化合物，如蕨素 B（图 4.4）。一些中间体二烯酮化合物的环丙烷部分会损害 DNA。原蕨苷致癌性源于其致突变性。国际癌症研究机构（IARC）将蕨类植物归为对动物致癌，原蕨苷归为人类可能致癌物（2B 组）。

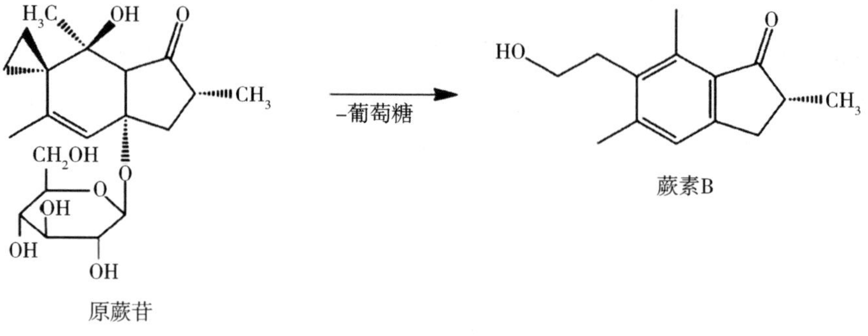

图 4.4　原蕨苷及其降解产物蕨氨酸 B 的化学结构

Gil da Costa 等（2012）引用了最新报告，对蕨类植物相关人类和动物健康危害进行了综述。

蕨类植物中原蕨苷含量的数据差别很大，一般每千克含几克到十几克。Alonso-Amelot 等（1998）报道，奶牛摄入蕨菜，有（8.6±1.2）% 原蕨苷在牛奶中呈剂量依赖性排出，这一比例远远高于黄曲霉毒素 M_1 或 PAs。因此，放牧奶牛摄入蕨菜可能导致原蕨苷污染牛奶，这可能是农村人群接触原蕨苷的重要途径，污染牛奶进入工业乳品厂后很可能被圈养奶牛所产的牛奶稀释，并被巴氏杀菌。巴氏杀菌可使牛奶中原蕨苷水平降低50%，煮沸甚至使其降低约75%。

有关牛奶原蕨苷含量的信息还很缺乏。Virgilio等（2015）报道，在放牧于蕨类植物分布区收集的混合鲜山羊奶中，原蕨苷含量从未检出至（3.1±0.4）μg/L；混合鲜绵羊奶原蕨苷含量从未检测至（1.6±0.3）μg/L。Bonadies等（2011）在奶牛、山羊和绵羊乳中有类似报告。

原蕨苷不稳定，遇水或光易分解。这使得分析定量变得复杂。最近，人们建立了测定牛奶中原蕨苷的先进方法。Bonadies等（2011）将不稳定分析物转化为溴衍生物，在单离子监测模式下使用气相色谱/质谱（GC-MS）进行定量，可检测至 μg/L 的含量范围内。Aranha等（2014）开发了一种液相色谱/质谱（LC-MS）方法，牛奶原蕨苷和蕨素B的定量限度分别为 5.8 μg/L 和 5.3 μg/L。

总体而言，在半干旱地区放牧的反刍动物的牛奶可能是人类致癌原蕨苷暴露的重要来源。

4.4　牛奶中来自青贮饲料的有害细菌

尽管生物活性物质是本书中的一个主题，但提供一些青贮饲料有害细菌污染鲜奶的简要信息是有必要的。Driehuis（2013）最近发表了一篇评论，为保证奶牛场质量，有必要防止这种污染。

青贮饲料有害细菌分为两类：①产芽孢梭菌和芽孢杆菌；②人畜共患病的致病菌单核细胞增生李斯特菌和大肠杆菌。

已经证明，与乳头清洁效率和谷仓卫生相比，青贮饲料芽孢的变化和浓度是影响农场罐装牛奶污染的最重要因素。青贮饲料中的孢子不受肠道影响，通过粪便排出，随后污染乳房转移到牛奶中。在发达国家正常生产条件下，其他污染途径，如青贮饲料孢子对鲜奶的大气污染以及青贮饲料对鲜奶的直接污染，都被证明是不重要的。

4.4.1　梭状芽孢杆菌

厌氧酪丁酸梭菌在青贮饲料中可发酵的碳水化合物数量有限，但在低 pH 值下将乳酸发酵成乙酸和丁酸（更多信息请参阅第 2.2 节）。因 pH 值低于 4.0 的快速酸化可抑制细菌生长，玉米青贮的酪丁酸梭菌浓度非常低，甚至无法检测。这种情况对其他类型青贮是不利的，青贮饲料每克新鲜物质的孢子浓度为 10^5 个，甚至更高。然而，在青贮饲料的深层厌氧部分，随着空气渗透至青贮饲料表面层有氧降解过程，玉米青贮也可能存在高水平的梭菌孢子，导致 pH 值升高，酪丁酸梭菌孢子转移至牛奶。它们在干酪成熟过程发生丁酸发酵，产生过量气体（尤其是二氧化碳和氢气），从而导致质地缺陷和酸败异味的形成。酪丁酸梭菌在干酪和青贮饲料中生长的条件非常相似：低 pH 值（>4.2）、低水分活度、乳酸作为底物和低硝酸盐浓度。该细菌对人和动物无害，但青贮饲料和牛奶中存在酪丁酸梭菌会给生产者造成经济损失。用含有其他相关梭菌（如拜氏梭菌和生孢梭菌）孢子的牛奶制成的奶酪，没有出现晚熟现象。

丁酸菌的孢子广泛存在于青贮饲料和牛奶中。Driehuis 等（2016）对 24 个荷兰奶牛场进行调查，在 155 个青贮样本中，高达 90% 的样品检测到了丁酸菌的孢子，检测浓度范围为 40~10 000 000 个/g。玉米青贮和牧草青贮平均值分别为 20 000 个/g 和 3 200 个/g。农场罐装牛奶的孢子浓度为 40~25 000 个/L，平均值为 1 000 个/L。

在 527 份意大利羊奶样品中，99% 的样品检测到产气梭状芽孢杆菌孢子，其浓度范围为 360 个/L 至高于 110 000 个/L，86% 的样品含有超过 1 000 个/L。秋季和夏季的孢子水平显著高于冬季和春季，最常见的是产气荚膜梭菌，其次是生孢梭菌（Turchi 等，2016）。

肉毒梭菌及其毒素在青贮饲料中的零星出现会导致鸟类和小型哺乳动物的死亡，尤其在牧草收获期间；家禽食入有毒饲料，其粪便也会在较小程度上导致动物死亡。肉毒梭菌对低 pH 值敏感，因此在良好青贮条件下不能生长。然而，不能完全排除肉毒梭菌芽孢转移至生鲜乳的可能性。

4.4.2 芽孢杆菌

需氧芽孢菌的孢子广泛存在于奶牛场环境，包括青贮饲料。挤奶时孢子通过受污染乳房和乳头进入牛奶。不适当储存条件，尤其温度升高，可能会增加这种污染。蜡样芽孢杆菌是巴氏杀菌奶和奶制品在冷藏温度下的主要腐败微生物，该细菌可在 4~55℃ 和 pH 值 4.9~9.3 范围内兼性厌氧生长。蜡样芽孢杆菌孢子的浓度通常会影响这些产品的保质期，高浓度可能会引起异味和凝乳。为了使巴氏杀菌奶的保质期至少达到 7 天，农场罐装牛奶中孢子的最大限量不得超过 10^3 个/L。此外，细菌由于能产生一些毒素，被认为是一种致病菌，但在奶制品中相对少见。

此外，从青贮饲料中经常分离到其他好氧芽孢杆菌，即地衣芽孢杆菌、凝结芽孢杆菌、短小芽孢杆菌、球形芽孢杆菌和耐热芽孢杆菌，它们与超高温处理产品的腐败有关。青贮牧草主要受土壤污染，发酵良好的青贮饲料不会出现孢子萌发和营养细菌生长。在青贮饲料表层及打开青贮窖后的好氧变质后期，孢子的数量增加（见第 2.2 节）。

尽管青贮饲料是鲜牛奶蜡样芽孢杆菌孢子的重要来源，但放牧期间土壤污染率和挤奶设备的不清洁已被证实是奶牛场更关键的影响因素。

4.4.3 单核细胞增生李斯特菌

单核细胞增生李斯特菌是一种兼性厌氧革兰氏阳性菌，是引起李斯特菌病的重要食源性致病菌。该病的发病率和严重程度不断增加，甚至有很高的死亡率，引起了公众的高度关注。摄入高水平单核细胞增生李斯特菌污染的食物，可能会导致严重的疾病。该菌具有耐冷性（即使在 0℃ 下也能生长）、耐渗透性和耐酸性等特点。

青贮饲料一直是单核细胞增生李斯特菌污染的重要来源，该菌在青贮中的发生与有氧腐败过程有关，尤其在霉菌区。压缩和密封不充分的青贮饲料发生率增加，与青贮窖青贮饲料相比，塑料袋和裹包青贮更易发生污染。如果严格的厌氧条件被破坏，单核细胞增生李斯特菌可在青贮饲料中生长和存活，氧分压越高，越有利于其生长。如 pH 值低于 4.4 时，氧分压高时该菌也能生长，但不能在厌氧环境生长。因此，低酸度的劣质青贮饲料，不当的乳酸发酵和有氧变质，均是鲜奶中大量出现单核细胞增生李斯特菌的主要原因之一。与细菌孢子类似，这类细菌很可能通过粪便和粪便污染的垫料转移至牛奶。

这种细菌对热处理相当敏感，可通过巴氏杀菌有效灭活。由非巴氏杀菌牛奶生产的软奶酪和半软奶酪则可能出现此类细菌。

4.4.4 大肠杆菌

从人类健康风险角度看，青贮饲料中大肠杆菌是肠杆菌群最重要的种类，某些类型会导致严重的胃肠道疾病。最近人们最关注的大肠杆菌O157:H7菌株，是一种产生志贺毒素的食源性致病菌，与人类出血性结肠炎和溶血性尿毒症综合征有关。牛是大肠杆菌的主要宿主，可由粪便排泄，鲜奶的污染途径与上述其他细菌相似。

目前未见青贮饲料出现大肠杆菌O157:H7的报道。然而，在接种这种有害菌株的青贮饲料中测试了控制其生存能力的可能性研究发现，在pH值快速下降、pH值较低的发酵良好的青贮饲料中，大肠杆菌O157:H7不能存活，如玉米青贮（Pedroso等，2010）。在初始pH值下降缓慢的苜蓿等难青贮牧草中，添加丙酸或使用一些细菌接种剂，不仅会促进大肠杆菌O157:H7的抑制作用，还可防止饲喂期间污染青贮饲料上的生长（Ogunade等，2016）。然而，该有害菌株可在发酵不良和有氧变质的青贮饲料中存活和生长。

与单核细胞增生李斯特菌类似，大肠杆菌O157:H7和其他大肠杆菌菌株一样，对热敏感。乳品工业使用巴氏杀菌法能有效杀死这种细菌。

参考文献

Alonso – Amelot, M. E., Castillo, U., Smith, B. L., et al., 1998. Excretion, through milk, of ptaquiloside in bracken – fed cows. A quantitative assessment. Lait. 78, 413–423.

Alonso, V. A., Pereyra, C. M., Keller, L. A. M., et al., 2013. Fungi and mycotoxins in silage: an overview. J. Appl. Microbiol. 115, 637–643.

Aniszewski, T., 2015. Alkaloids., second ed. Elsevier, Amsterdam, 496 pp.

Aranha, P. C. R., Hansen, H. C. B., Rasmussen, L. H., et al., 2014. Determination of ptaquiloside and pterosin B derived from bracken (*Pteridium* aquilinum) in cattle plasma, urine and milk. J. Chromatograp. B 951 – 952, 44–51.

Arslan, C., Essiz, D., 2009. Nutrient composition and mycotoxin residues in the hay stored as stack forms during the storage period, and aflatoxin M_1 in the milk of the cows fed by them. Kafkas Universitesi Veteriner Fakultesi Dergisi 15, 697–704.

Bahrami, R., Shahbazi, Y., Nikousefat, Z., 2016. Occurrence and seasonal variation of aflatoxin in dairy cow feed with estimation of aflatoxin M_1 in milk from Iran. Food Agri. Immunol. 27, 388–400.

Becerra-Jimenez, J., Kuschak, M., Roeder, E., et al., 2013. Toxic pyrrolizidin alkaloids as undesired contaminants in food and feed: degradation of the PAs from *Senecio jacobaea* in silage. Pharmazie. 68, 636–639.

Becker-Algeri, T. A., Castagnaro, D., de Bortoli, K., et al., 2016. Mycotoxins in bovine milk and dairy products: a review. J. Food Sci. 81, R544–R552.

Bonadies, F., Berardi, G., Nicoletti, R., et al., 2011. A new, very sensitive method of assessment of ptaquiloside, the major bracken carcinogen in the milk of farm animals. Food Chem. 124, 660–665.

Boudra, H., Morgavi, D. P., 2008. Reduction of *Fusarium* toxin levels in corn silage with low dry matter and storage time. J. Agri. Food Chem. 56, 4523–4528.

Boudra, H., Rouillé, B., Lyan, B., et al., 2015. Presence of mycotoxins in sugar beet pulp silage collected in France. Anim. Feed Sci. Technol. 205, 131–135.

Bovee, T. F. H., Helsdingen, R. J. R., Hoogenboom, R. L. A. P., et al., 2015. Are effects of common ragwort in the Ames test caused by pyrrolizidine alkaloids? Mutat. Res./Fund. Mol. Mech. Mut. 778, 1–10.

Bräse, S., Gläser, F., Kramer, C., et al., 2013. The Chemistry of Mycotoxins. Springer-Verlag, Wien, 300 pp.

Britzi, M., Friedman, S., Miron, J., et al., 2013. Carry-over of aflatoxin B1 to aflatoxin M1 in high yielding Israeli cows in mid- and late-lactation. Toxins 5, 173–183.

Burkin, A. A., Kononenko, G. P., 2015. Mycotoxin contamination of meadow grasses in European Russia. Agri. Biol. 50, 503–512, in Russian.

Candrian, U., Lüthy, J., Schmid, P., et al., 1984. Stability of pyrrolizidine alkaloids in hay and silage. J. Agri. Food Chem. 32, 935–937.

Candrian, U., Zweifel, U., Lüthy, J., et al, 1991. Transfer of orally administered [^{3}H] seneciphylline into cows milk. J. Agri. Food Chem. 39, 930-933.

Carvajal, M., Rojo, F., Mendez, I., et al., 2003. Aflatoxin B1 and its interconverting metaboliteaflatoxicol in milk: situation in Mexico. Food Addit. Contam. 20, 1077-1086.

Cavallarin, L., Tabacco, E., Antoniazzi, S., et al., 2011. Aflatoxin accumulation in whole crop maize silage as a result of aerobic exposure. J. Sci. Food Agri. 91, 2419-2425.

Cheli, F., Campagnoli, A., DellOrto, V., 2013. Fungal populations and mycotoxins in silages: from occurrence to analysis. Anim. Feed Sci. Technol. 183, 1-16.

Chizzola, R., Bassler, G., Winter, S., et al., 2015a. Persistence of alkaloids of typical poisonous plants autumn crocus and marsh ragwort in grass silage. Wiener Tierärztliche Monatsschrift 102, 285-292.

Chizzola, R., Bassler, G., Kriechbaum, M., et al., 2015b. Pyrrolizidine alkaloid production of *Jacobaea aquatic* under different cutting regimes. J. Agri. Food Chem. 63, 1293-1299.

Cook, D., Gardner, D. R., Pfister, J. A., 2014. Swainsonine – containing plants and their relationship to endophytic fungi. J. Agri. Food Chem. 62, 7326-7334.

Cortinovis, C., Caloni, F., 2015. Alkaloid – containing plants poisonous to cattle and horses in Europe. Toxins 7, 5301-5307.

Dalié, D. K. D., Deschamps, A. M., Richard-Forget, F., 2010. Lactic acid bacteria potential for control of mould growth and mycotoxins: a review. Food Control. 21, 370-380.

Dänicke, S., Brezina, U., 2013. Kinetics and metabolism of the Fusarium toxin deoxynivalenol in farm animals: consequences for diagnosis of exposure and intoxication and carry over. Food Chem. Toxicol. 60, 58-75.

Dänicke, S., Winkler, J., 2015. Diagnosis of zearalenone (ZEN) exposure of farm animals and transfer of its residues into edible tissues (carry over). Food Chem. Toxicol. 84, 225-249.

Deinzer, M. L., Arbogast, B. L., Buhler, D. R., et al., 1982. Gas chromatographic determination of pyrrolizidine alkaloids in goats milk. Anal. Chem. 54, 1811-1814.

DellOrto, V., Baldi, G., Cheli, F., 2015. Mycotoxins in silage: checkpoints for effective management and control. World Mycotoxin J. 8, 603-617.

Di Gregorio, M. C., deNeeff, D. V., Jager, A. V., et al., 2014. Mineral adsorbents for prevention of mycotoxins in animal feeds. Toxin Rev. 33, 125-135.

DiMenna, M. E., Finch, S. C., Popay, A. J., et al., 2012. A review of the *Neotyphodium lolii/Lolium perenne* symbiosis and its associated effects on animal and plant health, with particular emphasis on ryegrass staggers. N. Z. Vet. J. 60, 315-328.

Driehuis, F., Spanjer, M. C., Scholten, J. M., et al., 2008a. Occurrence of mycotoxins in maize, grass and wheat silage for dairy cattle in the Netherlands. Food Addit. Contam. B 1, 41-50.

Driehuis, F., Spanjer, M. C., Scholten, J. M., et al., 2008b. Occurrence of mycotoxins in feedstuffs of dairy cows and estimation of total dietary intake. J. Dairy Sci. 91, 4261-4271.

Driehuis, F., 2013. Silage and the safety and quality of dairy foods: a review. Agri. Food Sci. 22, 16-34.

Driehuis, F., Hoolwerf, J., Rademaker, J. L. W., 2016. Concurrence of spores of *Clostridium tyrobutyricum*, *Clostridium beijerinckii* and *Paenibacillus polymyxa* in silage, dairy cow faeces and raw milk. Inter. Dairy J. 63, 70-77.

Dzuman, Z., Zachariasova, H., Lacina, O., et al., 2014. A rugged high-throughput analytical approach for the determination and quantification of multiple mycotoxins in complex feed matrices. Talanta 121, 263-272.

Eckard, S., Wettstein, F. E., Forrer, H. -R., et al., 2011. Incidence of *Fusarium* species and mycotoxins in silage maize. Toxins 3, 949-967.

Ehsani, A., Barani, A., Nasiri, Z., 2016. Occurrence of aflatoxin B1 contamination in dairy cows feed in Iran. Toxin Rev. 35, 54-57.

Elsanhoty, R. M., Salam, S. A., Ramadan, M. F., et al., 2014. Detoxification of aflatoxin M1 in yoghurt using probiotics and lactic acid bacteria. Food Control 43, 129-134.

Fattorusso, E., Taglialatela-Scafati, O. (Eds.), 2007. *Modern Alkaloids: Structure, Isolation, Synthesis, and Biology*. Wiley, 689 pp.

Finch, S. C., Thom, E. R., Babu, J. V., et al., 2013. The evaluation of fungal endophyte toxin residues in milk. N. Z. Vet. J. 61, 11-17.

Fink-Gremmels, J., 2008a. Mycotoxins in cattle feeds and carry-over to dairy milk: a review. Food Addit. Contam. 25, 172-180.

Fink-Gremmels, J., 2008b. The role of mycotoxins in the health and performance of dairy cows. Vet. J. 176, 84-92.

Fink-Gremmels, J., 2010. Defense mechanisms against toxic phytochemicals in the diet of domestic animals. Mol. Nutr. Food Res. 54, 249-258.

Flores-Flores, M. E., Lizarraga, E., deCerain, A. L., et al., 2015. Presence of mycotoxins in animal milk: a review. Food Control 53, 163-176.

Gallo, A., Giuberti, G., Bertuzzi, T., et al., 2015a. Study of the effects of PR toxin, mycophenolic acid and roquefortine C on *in vitro* gas production parameters and their stability in the rumen environment. J. Agri. Sci. 153, 163-176.

Gallo, A., Giuberti, G., Frisvad, J. C., et al., 2015b. Review on mycotoxin issues in ruminants: occurrence in forages, effects of mycotoxin ingestion on health status and animal performance and practical strategies to counteract their negative effects. Toxins 7, 3057-3111.

Gil da Costa, R. M., Bastos, M. M. S. M., Oliveira, P. A., et al., 2012. Brackenassociated human and animal health hazards: chemical, biological and pathological evidence. J. Hazard. Mater. 203-204, 1-12.

González Pereyra, M. L., Alonso, V. A., Sager, R., et al., 2008. Fungi and selected mycotoxins from pre- and postfermented corn silage. J. Appl. Microbiol. 104, 1034-1041.

González Pereyra, M. L., Sulyok, M., Baralla, V., et al., 2014. Evaluation of zearalenone, alpha-zearalenol, beta-zearalenol, zearalenone-4-sulfate and beta-zearalenol-4-glucoside levels during the ensiling process. World Mycotoxin J. 7, 291-295.

Gottschalk, C., Ronczka, S., Preiss-Weigert, A., et al., 2015. Pyrrolizidine alkaloids in natural and experimental grass silages and implications for feed safety. Anim. Feed Sci. Technol. 207, 253-261.

Grajewski, J., Błajet-Kosicka, A., Twaruzek, M., et al., 2012. Occurrence of mycotoxins in Polish animal feed in years 2006 - 2009. J. Anim. Physiol. Anim. Nutr. 96, 870-877.

Guerre, P., 2015. Ergot alkaloids produced by endophytic fungi of the genusEpichloë. Toxins 7, 773-790.

Guerre, P., 2016. Lolitrem B and indole diterpene alkaloids produced by endophytic fungi of the genus *Epichloë* and their toxic effects in livestock. Toxins 8, 47. Available from: http://dx.doi.org/10.3390/toxins8020047.

Hassan, H. F., Kassaify, Z., 2014. The risks associated with aflatoxins M1 occurrence in Lebanese dairy products. Food Control 37, 68-72.

Hathout, A. S., Aly, S. E., 2014. Biological detoxification of mycotoxins: a review. Ann. Microbiol. 64, 905-919.

Hoogenboom, L. A. P., Mulder, P. P. J., Zeilmaker, M. J., et al., 2011. Carry-over of pyrrolizidine alkaloids from feed to milk in dairy cows. Food

Addit. Contam. A 28, 359-372.

Hossain, M. Z., Goto, T., 2014. Near- and mid-infrared spectroscopy as efficient tools for detection of fungal and mycotoxin contamination in agricultural commodities. World Mycotoxin J. 7, 507-515.

Huerta-Treviño, A., Dávila-Aviña, J. E., Sánchez, E., et al., 2016. Occurrence of mycotoxins in alfalfa (*Medicago sativa* L.), sorghum (*Sorghum bicolor* (L.) Moench), and grass (*Cenchrus ciliaris* L.) retailed in the State of Nuevo León, México. Agrociencia 50, 825-836.

Iqbal, S. Z., Jinap, S., Pirouz, A. A., et al., 2015. Aflatoxin M1 in milk and dairy products, occurrence and recent challenges: a review. Trends Food Sci. Technol. 46, 110-119.

Ismail, A., Akhtar, S., Levin, R. E., et al., 2016. Aftaloxin M_1: prevalence and decontamination strategies in milk and milk products. Crit. Rev. Microbiol. 42, 418-427.

Kabak, B., Ozbey, F., 2012. Aflatoxin M_1 in UHT milk consumed in Turkey and first assessment of its bioaccessibility using an *in vitro* digestion model. Food Control 28, 338-344.

Karakaya, Y., Atasever, M., 2010. [Aflatoxin B_1 in corn silage and its probable passing to milk]. Kafkas Universitesi Veteriner Fakultesi Dergisi 16, S123-S127, in Turkish.

Keller, L., Abrunhosa, L., Keller, K., et al., 2015. Zearalenone and its derivatives alpha-zearalenol and beta-zearalenol decontamination by *Saccharomyces cerevisiae* strains isolated from bovine forage. Toxins 7, 3297-3308.

Keller, L. A. M., González Pereyra, M. L., Keller, K. M., et al., 2013. Fungal and mycotoxin contamination in corn silage: monitoring risk before and after fermentation. J. Stored Prod. Res. 52, 42-47.

Klotz, J. L., 2015. Activities and effects of ergot alkaloids on livestock physiology and production. Toxins 7, 2801-2821.

Knölker, T. (Ed.), 2016. The Alkaloids, Serial volume 76. Elsevier, Amsterdam, 352 pp.

Kononenko, G. P., Burkin, A. A., 2014. Mycotoxin contamination in commercially used hay. Agri. Biol. No 4, 120-126, in Russian.

Kononenko, G. P., Burkin, A. A., Gavrilova, O. P., et al., 2015. Fungal species and multiple mycotoxin contamination of cultivated grasses and legumes crops. Agri. Food Sci. 24, 323-330.

Kosicki, R., Blajet-Kosicka, A., Grajewski, J., et al., 2016. Multiannual mycotoxin survey in feed materials and feedingstuffs. Anim. Feed Sci. Technol. 215, 165-180.

Latorre, A., Dagnac, T., Lorenzo, B. F., et al., 2015. Occurrence and stability of masked fumonisins in corn silage samples. Food Chem. 189, 38-44.

Lopez, T. A., Cid, M. S., Bianchini, M. L., 1999. Biochemistry of hemlock (*Conium maculatum* L.) alkaloids and their acute and chronic toxicity in livestock. A review. Toxicon 37, 841-865.

Magnusson, J., Ström, K., Roos, S., et al., 2003. Broad and complex antifungal activity among environmental isolates of lactic acid bacteria. FEMS Microbiol. Lett. 219, 129-135.

Mansfield, M. A., Kuldau, G. A., 2007. Microbiological and molecular determination of mycobiota in fresh and ensiled maize silage. Mycologia 99, 269-278.

Mansfield, M. A., Jones, A. D., Kuldau, G. A., 2008. Contamination of fresh and ensiled maize by multiple *Penicillium* mycotoxins. Phytopathology 98, 330-336.

Marroquin-Cardona, A. G., Johnson, N. M., Phillips, T. D., et al., 2014. Mycotoxins in a changing globalenvironment a review. Food Chem. Toxicol. 69, 220-230.

Martinson, K., Coblentz, W., Sheaffer, C., 2011. The effect of harvest moisture and bale wrapping on forage quality, temperature, and mold in orchardgrass hay. J. Equine Vet. Sci. 31, 711-716.

McElhinney, C., Danaher, M., Elliott, C. T., et al., 2015a. Mycotoxin occurrence on baled and pit silages collected in Co. Meath. Irish J. Agri. Food Res. 54 (2), 87-97.

McElhinney, C., OKiely, P., Elliott, C., et al., 2015b. Development and validation of an UHPLC-MS/MS method for the determination of mycotoxins in grass silages. Food Addit. Contam. A 32, 2101-2112.

McElhinney, C., Danaher, M., Elliott, C. T., et al., 2016a. Mycotoxins in farm silages a 2-year Irish national survey. Grass Forage Sci. 71, 339-352.

McElhinney, C., Danaher, M., Grant, J., et al., 2016b. Variation associated with sampling bale or pit silage for mycotoxins and conventional chemical characteristics. World Mycotoxin J. 9, 331-342.

Nichea, M. J., Palacios, S. A., Chiacchiera, S. M., et al., 2015. Presence of multiple mycotoxins and other fungal metabolites in native grasses from a wetland ecosystem in Argentina intended for grazing cattle. Toxins 7, 3309-3329.

Niderkorn, V., Morgavi, D. P., Pujos, E., et al., 2007. Screening of fermentative bacteria for their ability to bind and biotransform deoxynivalenol, zearalenone and fumonisins in an *in vitro* simulated corn silage. Food Addit. Contam. 24, 406-415.

Ogunade, I. M., Kim, D. H., Jiang, Y., et al., 2016. Control of *Escherichia coli* O157:H7 in contaminated alfalfa silage: effects of silage additives. J. Dairy Sci. 99, 4427-4436.

Okabe, I., Hiraoka, H., Miki, K., 2015. Influence of harvest time on fumonisin contamination of forage maize for whole-crop silage. Mycoscience 56, 470-475.

Panariti, E., 1996. Tissue distribution and milk transfer of colchicine in a lactating sheep following a single dose intake. Deutsche Tierärztliche Wochenschrift 103 (4), 128-129.

Panariti, E., Xinxo, A., Leksani, D., 1997. Transfer of C-14-seneciphylline into sheep milk following multiple oral intakes. Deutsche Tierärztliche Wochenschrift 104 (3), 97-98.

Pedroso, A. F., Adesogan, A. T., Queiroz, O. C. M., et al., 2010. Control of *Escherichia coli* O157:H7 in corn silage with or without inoculants: efficacy and mode of action. J. Dairy Sci. 93, 1098-1104.

Polonelli, L., Giovati, L., Magliani, W., et al., 2011. Vaccination of lactating dairy cows for the prevention of aflatoxin B_1 carry over in milk. PLoS One 6, e26777.

Richard, E., Heutte, N., Sage, L., et al., 2007. Toxigenic fungi and mycotoxins in mature corn silage. Food Chem. Toxicol. 45, 2420-2425.

Riet-Correa, F., Rivero, R., Odriozola, E., et al., 2013. Mycotoxicoses of ruminants and horses. J. Vet. Diagnost. Invest. 25, 692-708.

Santos, R. R., Fink-Gremmels, J., 2014. Mycotoxin syndrome in dairy cattle: characterisation and intervention results. World Mycotoxin J. 7, 357-366.

Schmidt, P., Novinski, C. O., Junges, D., et al., 2015. Concentration of mycotoxins and chemical composition of corn silage: a farm survey using infrared thermography. J. Dairy Sci. 98, 6609-6619.

Schneweis, I., Meyer, K., Hörmansdorfer, S., et al., 2000. Mycophenolic acid in silage. Appl. Environ. Microbiol. 66, 3639-3641.

Schollenberger, M., Müller, H.-M., Rüfle, M., et al., 2006. Natural occurrence of 16 *Fusarium* toxins in grains and feedstuffs of plant origin from Germany. Mycopathologia 161, 43-52.

Schumann, B., Lebzien, P., Ueberschär, K. - H., et al., 2009. Effects of the level of feed intake and ergot contaminated concentrate on ergot alkaloid metabolism and carry over into milk. Mol. Nutr. Food Res. 53, 931-938.

Scott, P. M., 2009. Ergot alkaloids: extent of human and animal exposure. World Mycotoxin J. 2, 141-149.

Scudamore, K. A., Livesey, C. T., 1998. Occurrence and significance of mycotoxins in forage crops and silage: a review. J. Sci. Food Agric. 77, 1-17.

Shimshoni, J. A., Cuneah, O., Sulyok, M., et al., 2013. Mycotoxins in corn and wheat silage in Israel. Food Addit. Contam. A 30, 1614-1625.

Shimshoni, J. A., Mulder, P. P. J., Bouznach, A., et al., 2015. *Heliotropium europaeum* poisoning in cattle and analysis of its pyrrolizidine alkaloid profile. J. Agric. Food Chem. 63, 1664-1672.

Silanikove, N., Leitner, G., Merin, U., et al., 2010. Recent advances in exploiting goat's milk: quality, safety and production aspects. Small Ruminant Res. 89, 110-124.

Skládanka, J., Nedelník, J., Adam, V., et al., 2011. Forage as a primary source of mycotoxins in animal diets. Int. J. Environ. Res. Public Health 8, 37-50.

Skládanka, J., Adam, V., Dolezal, P., et al., 2013. How do grass species, season and ensiling influence mycotoxin content in forage? Int. J. Environ. Res. Public Health 10, 6084-6095.

Sotohernandez, M., Jackson, A. H., 1993. Studies of alkaloids in foliage of *Erythrina berteroana* and *E. poeppigiana* detection of beta - erythroidine in goats milk. Phytochem. Anal. 4, 97-99.

Storm, I. M. L. D., Rasmussen, R. R., Rasmussen, P. H., 2014. Occurrence of pre- and post-harvest mycotoxins and other secondary metabolites in Danish maize silage. Toxins 6, 2256-2269.

The European Commission, 2006. Commission recommendation 2006/576/EC of 17 August 2006 on the presence of deoxynivalenol, zearalenone, ochratoxin A, T-2 and HT - 2 and fumonisins in products intended for animal feeding. Official J. Eur. Union, L 229, 7-9.

Turchi, B., Pero, S., Torracca, B., et al., 2016. Occurrence of *Clostridium* spp. in ewe's milk: enumeration and identification of isolates. Dairy Sci. Technol. 96, 693-701.

Uegaki, R., Tohno, M., Yamamura, K., et al., 2015. Natural occurrence of mycotoxins in forage maize during crop growth in Japan: case study. Mycotoxin Res. 31, 51-56.

Upadhaya, S. D., Sung, H. G., Lee, C. H., et al., 2009. Comparative study on the aflatoxin B1 degradation ability of rumen fluid from Holstein steers and Korean native goats. J. Vet. Sci. 10, 29-34.

Van Asselt, E. D., Azambuja, W., Moretti, A., et al., 2012. A Dutch field survey on fungal infection and mycotoxin concentrations in maize. Food Addit. Contam. A 29, 1556-1565.

VanRaamsdonk, L. W. D., Ozinga, W. A., Hoogenboom, L. A. P., et al., 2015. Exposure assessment of cattle via roughages to plants producing compounds of concern. Food Chem. 189, 27-37.

Virgilio, A., Sinisi, A., Russo, V., et al., 2015. Ptaquiloside, the major carcinogen of bracken fern, in the pooled raw milk of healthy sheep and goats: an underestimated, global concern of food safety. J. Agric. Food Chem. 63, 4886-4892.

Wambacq, E., Vanhoutte, I., Audenauert, K., et al., 2016. Occurrence, prevention and remediation of toxigenic fungi and mycotoxins in silage: a review. J. Sci. Food Agric. 96, 2284-2302.

Weidenborner, M., 2012. *Mycotoxins in Feedstuffs*, second ed. Springer Verlag, Berlin, 270 pp.

Wiedenfeld, H., 2011. Plants containing pyrrolizidine alkaloids: toxicity and problems. Food Addit. Contam. A 28, 282-292.

Winkler, J., Kersten, S., Valenta, H., et al., 2015. Development of a multi-toxin method for investigating the carryover of zearalenone, deoxynivalenol and their metabolites into milk of dairy cows. Food Addit. Contam. A 32, 371-380.

Womack, E. D., Sparks, D. L., Brown, A. E., 2016. Aflatoxin M_1 in milk and milk products: a short review. World Mycotoxin J. 9, 305-315.

Yu, W. J., Yu, F. M., Undersander, D. J., et al., 1999. Immunoassays of selected mycotoxins in hay, silage and mixed feed. Food Agric. Immunol. 11, 307-319.

Zachariasova, M., Dzuman, Z., Veprikova, Z., et al., 2014. Occurrence of multiple mycotoxins in European feedingstuffs, assessment of dietary intake by farm animals. Anim. Feed Sci. Technol. 193, 124-140.

Zbib, N., Repussard, C., Tardieu, D., et al., 2015. Toxicity of endophyte-infected ryegrass hay containing high ergovaline level in lactating ewes. J. Anim. Sci. 93, 4098-4109.

第5章

影响奶及奶制品的风味物质

改变饲料的组成可以有效地改变奶的品质，即使将奶制成添加其他成分的奶饮品和奶制品也不例外，例如奶酪品质也受到饲料的影响。养殖场可以销售具有不同品质特性的奶源。在过去的20年，许多研究报道了不同草地植物区系的组成，通常比较山地和低地牧场对奶和奶酪风味的影响。研究了新鲜和青贮牧草中的各类挥发性成分及其对奶的影响。库伦等（2004）和马丁等（2005）综述了饲养牧草种类和奶酪风味特点的关系，并得出了结论。用玉米青贮饲料饲喂奶牛或山羊，与饲喂青贮牧草或干草进行比较，有时会导致奶风味的差异。除了乳脂的颜色受到类胡萝卜素水平的影响外（见第3.3节），牧草作为青贮或干草保存对奶感观特性影响很小。相反，冬季以干草和青贮牧草为基础的饲料饲喂的奶牛产的牛奶和春季转为牧场饲喂的奶牛产的牛奶，两种牛奶生产的奶酪之间，存在感观特性上的主要差异。不能排除饲料的性质影响牛奶中微生物的种群及其活性。

此外，还进一步考虑了风味物质转移到牛奶中，包括奶牛直接通过吸入空气将风味物质带入血液，然后进入牛奶，或者通过瘤胃气体转运到血液和牛奶。

个别饲料种类含有许多不同化学结构的挥发性物质。挥发有机物（VOCs）或挥发物可分为构成性和诱导性。后者是植物叶片在机械损伤后释放出来的，如食草动物进食或在收获期间。诱导性挥发物可分为两类，一类是在破坏后立即释放，另一类是新化合物（主要是戊二烯）合成并在几小时甚至几天后释放（有关讨论见 Holopainen，2004；Arneth 和 Niinemets，2010）。然而构成性 VOCs 和诱导性 VOCs 之间的差异是模糊的，因为正常情况下从健康完整的植物释放的构成性 VOCs 在叶片受损后成为诱导性挥发物。Gang（2005）对植物风味化合物形成的生物化学机制进行了综述。

可以使用牛奶中的一些挥发性和非挥发性微量成分追溯奶牛所食用的饲料类型。这种方法很有效，尤其是对于使用欧盟指定原产地保护（PDO）的奶制品，或保护地理标志（PGI）的奶制品。萜烯和酚类物质化合物是有用的可追踪性参数（Prache 等，2005；Engel 等，2007）。尽管如此，仍有一些保留意见，后续会进行讨论。

食物链中的主要 VOCs：饲料—奶牛—牛奶—奶制品。可按其化学结构分为几类，即烃类、萜类、醇类、醛类、酮类、酸类、酯类、硫化物和杂环化合物。这些化合物有些来自植物，有些是在枯萎、干燥，特别是在青贮发酵过程中产生的。由于采用不同的分离和检测方法，在个别报告中分离/鉴定的挥发物的数量和组成有所不同。通常，从饲料到奶酪的分析基质检测报告的 VOCs 数量范围为 $50 \sim 100~\mu mol/mol$，但有时检测到更高的数值。报告中很少给出挥发物的含量，通常提供发生次数或相对数量的信息。

如果饲喂青贮饲料，特别是质量较差的青贮饲料，牛奶会在大气中产生异味。在瘤胃中可以产生一些具有活性的化合物，例如在微生物酶的催化下不饱和脂肪酸的降解。在奶酪中，增加的挥发物由当前的微生物群的活动而产生。

5.1 挥发物的特性

5.1.1 烃类

除了萜类化合物之外，牧草产生的碳氢化合物或者作为精油中天然的主成分，或者作为由不饱和脂肪酸或类胡萝卜素氧化产生的次级成分。脂肪族和芳香烃族在牧草中也被检测到，但是它们在气味构成中的作用似乎十分有限。

5.1.1.1 萜类

萜类化合物是一类由不饱和五碳反式异戊二烯单元衍生来的次生植物代谢产物（图5.1）。因此名称中也使用了类异戊二烯一词。已知单萜（C10）、倍半萜（C15）和二萜（C20）的预估数量分别为1 000、

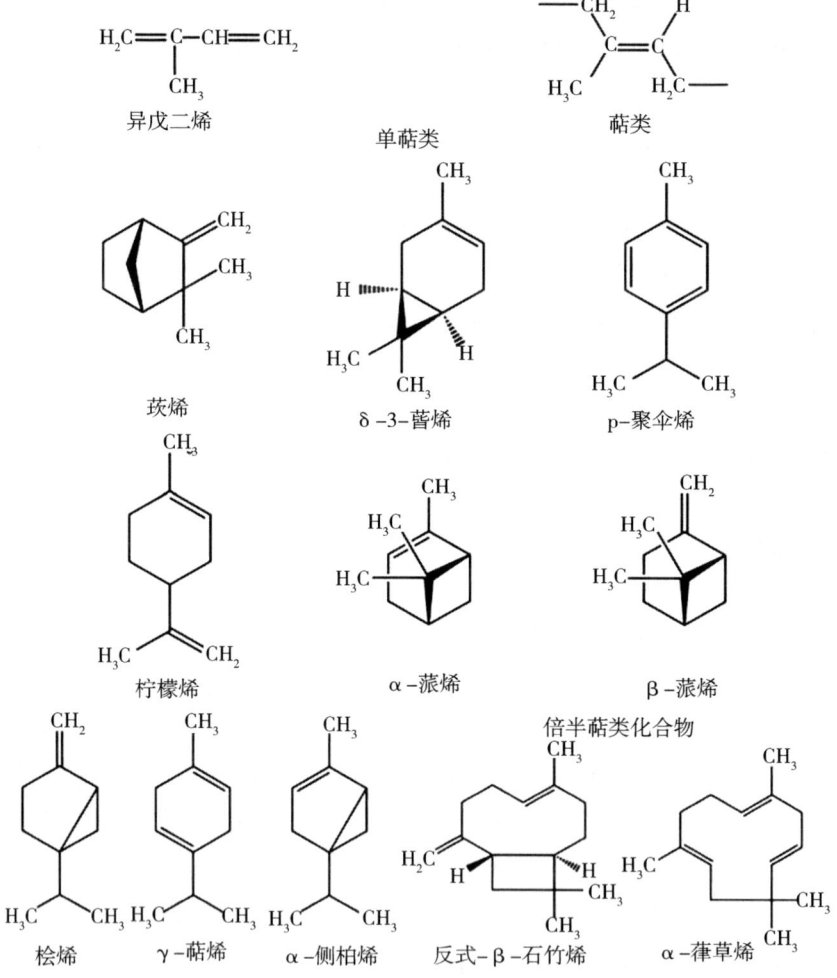

图5.1 牧草、牛奶和奶酪中产生的部分萜烯的化学结构

3 000 和 2 000（原文未注明单位）。C20 的萜烯和类胡萝卜素（C40）通过奶牛进入牛奶，并发生了一些细微的变化。它们变成奶制品一部分的程度高度依赖于它们从饲料中被摄取的量。其中类胡萝卜素在另外的章节介绍（第 3.3 节）。萜类一词用于单萜、倍半萜、二萜以及具有亲脂性不饱和烃特性的衍生萜类，以及它们的含氧衍生物，尤其是醇类和醚类。图 5.1 给出了牧草、牛奶和奶制品中萜类的化学结构。

表 5.1 牧草、牛奶和奶酪中常被报道的萜烯及其气味

萜烯	气味描述
单萜类	
p-聚伞烯	辛辣草本，柑橘类，新鲜
柠檬烯	果味、柑橘类、新鲜、甜
反式-β-罗勒烯	宜人、温暖的草本气息
α-蒎烯	清香、新鲜、针叶类
β-蒎烯	清香、新鲜、针叶类
桧烯	芳香的，木质的，树脂的
γ萜品烯	似柑橘、草本、萜类
α-侧柏烯（双键异构体桧烯）	木质，温热树脂
倍半萜类	
反式-β-石竹烯	作呕的甜味，木香
α-葎草烯	发霉的、木质的

单萜和倍半萜具有特殊的风味。这些萜类化合物是精油的主要成分，并含有不同化学性质的低分子量化合物。芳香植物产生的精油作为次级代谢物，在植物生理中有许多作用。几百种精油被用于制药、农艺、食品、化妆品和香水工业。更多信息可以查看相关的综述，比如 Bakkali 等（2008）和 Rehman 等（2016）发表的论文。图 5.1 描述了牧草、牛奶和奶酪中产生的部分萜烯的化学结构。表 5.1 给出了常见萜类化合物特有的气味描述。

5.1.2 醇类和酚类

游离醇在青贮饲料和瘤胃中是普遍存在的。甲醇由结构多糖果胶释

放,酵母和异源乳酸菌代谢可发酵碳水化合物产生乙醇。其他低级醇可能来自氨基酸分解代谢(例如3-甲基-1-丁醇来自亮氨酸)。乙醇直链上有6~9个碳原子的醇,可能是在不饱和脂肪酸的氧化过程中产生的。

关于牧草中酚类物质的信息一直很缺乏,尚未对它们向牛奶中的转化进行研究。阿魏酸和对香豆酸可能是2-甲氧基-4乙烯基酚和4-乙基苯酚的前体。

5.1.2.1 醛酮类

在牧草、牛奶和奶酪中发现了大量醛和酮,从乙醛(乙醛;C2)和丙酮(丙酮;C3),到具有C8-C9链的脂肪族化合物中都有发现。

很难确定奶酪中醛和酮的来源。其中一些来源于切割后的牧草,一些是在牧草干燥或青贮发酵过程中产生的,还有一些是在奶酪成熟过程中形成的(例如甲酮)。

5.1.2.2 酸和酯

新鲜饲料中含有大量非挥发性有机酸,主要是脂肪族羟基酸和各种酚酸,在青贮发酵过程中,乳酸和乙酸是乳酸杆菌的主要产物。此外,碳水化合物或乳酸发酵还会产生挥发性脂肪酸(特别是丁酸)。植物被切割后,蛋白质分解立即开始释放游离氨基酸。它们可能会经历细菌脱氨,或两步细菌氧化脱氨过程,生成氧代酸,然后脱羧,简化反应如下:

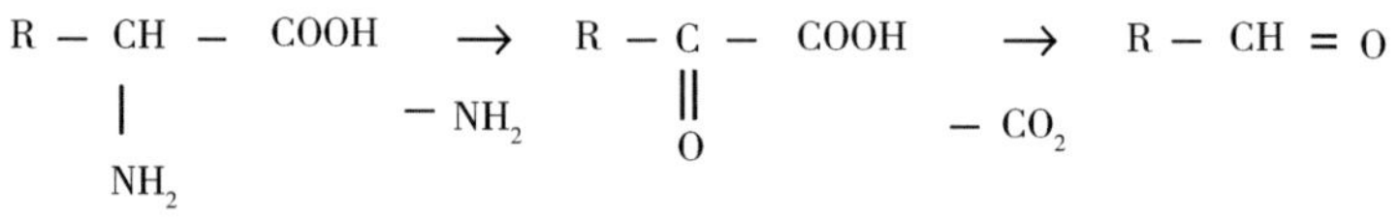

$$\underset{\alpha-\text{氨基酸}}{\underset{|}{\overset{|}{\underset{NH_2}{R-CH-COOH}}}} \xrightarrow{-NH_2} \underset{2-\text{草酸}}{\overset{\overset{\parallel}{O}}{R-C-COOH}} \xrightarrow{-CO_2} \underset{\text{醛类}}{R-CH=O}$$

醛既可以被氧化成羧酸,也可能被还原成醇。例如,缬氨酸可以用上述方法产生异丁酸/2-甲基丙烷-1-醇,亮氨酸可以产生异戊酸/3-甲基丁烷-1-醇。

在生物材料中酸和醇产生的同时也会导致各种酯的产生。乙醇酰基转移酶催化酰基从中间体酰基辅酶到醇羟基的转移。

5.1.2.3 硫化物

各种含硫化合物，特别是硫氰酸酯和异硫氰酸酯（图 5.2），常见于十字花科饲料，它们是在植物组织受到机械损伤后，硫代葡萄糖苷分解而产生的。

$$R-N=C=O \qquad R-S-C\equiv N$$
硫氰酸盐 　　　　　　　　　　　　　　异硫氰酸酯

$$R-SH \qquad R_1-S-R_2 \qquad R_1-S-S-R_2$$
硫醇 　　　　　　　　硫化物 　　　　　　　　二硫化物

图 5.2　某些牧草、牛奶和奶酪中的含硫化合物

另一类具有刺激性气味的硫化合物具有硫醇、硫化物、二硫化物及其氧化产物的化学结构。

5.1.2.4 杂环化合物

有报道证明呋喃、吲哚和吡嗪的衍生物在牧草和牛奶中也含有，但含量很少，它们作为气味成分的作用尚未阐明。

5.2　新鲜牧草中的挥发物

萜类化合物在许多植物物种中都很丰富，特别是在芳香双子叶植物中。它们在牧草中的含量主要受其植物组成、成熟阶段和位置（高低地）的影响。如果饲喂奶牛的饲料是富含双子叶植物的天然牧草，而不是单一的饲料或浓缩饲料，牛奶和奶酪中萜烯的含量较高。

马卡里亚等（1997）公布了瑞士高原和低地牧场 13 科 47 种植物萜类成分的数据。他们从 54 个分离的萜类化合物中鉴定了 42 个，其中反-β-罗勒烯、柠檬烯和反式-β-石竹烯最常见，其次是 γ-萜品烯、α-侧柏烯、α-蒎烯、β-蒎烯。高山牧场的双子叶植物比以禾本科植物为主的低地牧场丰富，富含萜类化合物。各物种的物候阶段可能是萜烯生物合成的主导因素。

在法国奥弗涅高地草原的四种芳香植物中，分别是凤尾草、地榆、欧蓍草和野生百里香，鉴定出67种挥发物。其中，单萜类18个，含氧单萜类15个，倍半萜27个。单萜类α-蒎烯、β-蒎烯、桧烯、β-月桂烯、p-聚伞烯和γ-萜品烯，倍半萜类β-石竹烯和月桂烯D通常占优势。其他的植物，如鸡冠花、蒲公英、甜春草和黄龙胆，其萜类含量较低。一般来说，草原植物中萜类化合物的种类根据其植物种类的不同而有很大的差异，大部分的芹菜科和某些菊科含有的萜类化合物数量多且多样性丰富，而禾本科植物萜类化合物含量低，且只有最常见的化合物（Cornu等，2001）。

Valdivielso等（2016）也报道了类似的结果。他们在西班牙一个山脉的放牧区观察到，在5月和6月期间，单子叶植物在植物物种总数中占60%以上，但只有4科，而双子叶植物有30科。对17种最丰富的植物进行萜烯含量测定，共分离鉴定了40个单萜和32个倍半萜。主要萜类为α-蒎烯、对噻吩、β-紫罗酮、异丁香酚、β-立方苯乙烯、β-石竹烯和γ-杜松烯。

从高寒牧草的红三叶草和白三叶草中分离得到的挥发物含量分别为113 mg/kg和133 mg/kg，如表5.2所示。4-羟基-4-甲基-2-戊酮、2-苯基乙醇和苄醇是53种三叶草挥发物中普遍存在的化合物，而倍半萜大根烯D和1-辛烯-3-醇则是57种白色三叶草挥发物中的主要化合物（Tava等，2009）。

表5.2 高寒牧草新鲜红三叶草和白三叶草挥发物鉴定

挥发物	红三叶草		白三叶草	
	检测到的化合物（112.8 mg/kg）	新鲜物质重量所占比例（%）	检测到的化合物（132.7 mg/kg）	新鲜物质所占比例（%）
烃类	2	0.6	2	0.2
单萜类	5	6.0	2	1.3
倍半萜类	4	1.9	9	18.0
醇类	16	36.1	16	37.3
酚类	3	1.0	4	3.3
醛类	11	7.3	12	11.0
酮类	7	22.8	6	5.9
酸类	3	6.7	3	5.5
酯类	2	1.1	3	3.3

最新的分析方法已经可以检测到数量惊人的VOCs。例如，

Rapisarda 等（2014）在 4 月初报道了西西里岛和意大利南部的自然放牧和人工牧场的 224 种和 192 种挥发物，其中萜类分别为 85 种、68 种，醇类 77 种、67 种，醛类 69、69 种，酮 59 种、55 种等。分析数据经定量分析得到证实，天然牧场比人工牧场气味更丰富，这很可能是由于其植物成分更多样造成的。

5.3　干草和青贮饲料中的挥发物

有关干草中 VOCs 含量的信息非常零散。Figueiredo 等（2007）比较了新鲜、晒干和青贮红三叶草中的 VOCs（表 5.3），因此可以比较主要由饲草保存方法引起的含量变化。不幸的是，保存下来的饲料变种很可能不是由同一种新鲜的红三叶草制成的，共检出 168 种化合物，鉴定出 127 种化合物。在新鲜红三叶草和干草中挥发性有机物以萜烯类含量最多，青贮饲料中以酯类和脂肪酸类含量最多。在干草加工过程中，脂肪族烃含量显著增加可能是由于不饱和脂肪酸和类胡萝卜素的氧化裂解作用。而在还原条件下的青贮饲料中脂肪族烃含量最低。在青贮饲料中，芳樟醇是少数鉴定出的单萜之一。β-石竹烯和 β-法尼烯是主要的倍半萜。青贮饲料中的酯类以乙酯为主。干草和青贮饲料中其他挥发性成分的比例似乎是受到保存过程中的生化反应和挥发性成分排放到环境中的影响（见下文）。

表 5.3　鲜红三叶草和青贮红三叶草中挥发性有机化合物的平均组成（占总挥发性物质的百分比，%）

挥发物	新鲜红三叶草	干草	青贮红三叶草
脂肪烃	4.82	9.20	0.44
萜类	24.5	32.0	13.1
酒精类	15.6	5.73	9.82
醛类	5.38	1.54	0.71
酸类	0	0.44	8.64
雌激素	1.20	0.12	46.0

表 5.4 四种牧草青贮中酒精平均含量（g/100 g 湿重）

青贮饲料	干物质（g/kg）	样本数量	甲醇 平均值	甲醇 最大值	乙醇 平均值	乙醇 最大值	1-丙醇 平均值	1-丙醇 ND	2-丙醇 平均值	2-丙醇 ND	2-丁醇 平均值	2-丁醇 ND
玉米	<250	122	0.03	0.09	0.56	2.25	0.16	6.6	0.03	32.8	0.08	20.5
玉米	>250	37	0.03	0.08	0.45	1.09	0.12	13.2	0.03	44.7	0.11	21.1
草类	<300	34	0.04	0.12	0.13	0.28	0.06	46.7	0.02	36.7	0.04	46.7
草类	301~400	52	0.07	0.13	0.13	0.45	0.03	11.5	0.02	19.2	0.03	38.5
草类	>400	31	0.05	0.11	0.10	0.38	0.03	25.0	0.02	25.0	0.04	25.0
燕麦	301~400	16	0.04	0.08	0.15	0.49	0.03	5.9	0.02	29.4	0.05	11.8
红三叶草	301~400	12	0.10	0.26	0.14	0.40	0.04	25.0	0.02	45.5	0.02	25.0
红三叶草	>400	16	0.09	0.21	0.09	0.38	0.04	18.8	0.01	31.3	0.04	31.3

注：所有样品中仅检测到甲醇和乙醇。其他醇的平均值仅根据可检测到的含量计算。
ND：检测不出的样品所占比例（%）。

资料来源：改编自 Kalač, P., Pivničková, L., 1987. [Evaluation of the occurrence of lower alcohols in haylage and silage]. Živočišná Výroba 32, 641645 (in Czech)。经捷克农业科学院许可。

除乙醇外，关于青贮饲料中低分子量醇的数据一直很有限。320 份青贮饲料样品中 5 种醇含量如表 5.4 所示。玉米青贮中乙醇的含量达到了最高水平，为 2 g/100 g 新鲜样品。红三叶草青贮的甲醇含量最高，干物质在 250 g/kg FM 以上的玉米青贮中，1-丙醇、2-丙醇和 2-丁醇最高含量分别为 0.68 g/100 g FM、0.27 g/100 g FM 和 0.96 g/100 g FM。酒精含量与青贮品质标准没有显著相关性（Kalac 和 Pivnickova，1987）。Weiss 等（2016）在对德国农场 11 种玉米青贮的调查中报告了乙醇含量变化范围大，为 0.1~2.4 g/100 g DM（dry matter，干物质）。Raun 和 Kristensen（2010）测定了来自丹麦 20 个奶牛场的玉米青贮中的 1-丙醇含量，数值从检测不出到 0.91 g/100 g DM。因此，在普通饲养条件下，约 20% 的奶牛 1-丙醇摄取量为每天 75~100 g。Weiss 等（2016）在 11 份分析的玉米青贮中有 9 份检测不到 1-丙醇水平。如上所述，甲醇是从果胶中释放出来的，乙醇是从可发酵的碳水化合物中产生的，其他醇可能来自氨基酸分解代谢。Figueiredo 等（2007）报道了新鲜和青贮红三叶草中 3-甲基-1-丁醇的含量，但在红三叶草干草中含量相当低。可以推测，这种酒精来源于亮氨酸分解代谢。

未凋萎的蒂莫西、草甸羊茅和茅草青贮的 2,3-丁二醇平均含量为 35.0 g/kg DM，而广泛凋萎的牧草青贮的 2,3-丁二醇平均含量极低（Müller 等，2007）。

在醇类中，青贮饲料中乙醇含量最高。但在高干物质牧草青贮饲料中偶尔检测到高乙醇含量。这可能是由于酵母种类的活性，在这种情况下，乳酸发酵是有限的，乙醇是发酵的主要产物。青贮枯萎草中高浓度的可溶性碳水化合物的存在是这一发酵过程的主要前提。然而，水分活动水平也会影响微生物群中各种成分的活性（Driehuis 和 van Wikselaar，2000）。乙醇水平通常在青贮饲料饲喂期间增加，尤其是在温暖的环境温度下。随后酵母会发酵青贮中残留的可发酵碳水化合物为乳酸。

Kriszan 等（2007）在不同品质的低质量干草青贮中测定了 3 种醇、5 种醛和 13 种酯（表 5.5）。挥发性物质在发酵不良的青贮饲料中含量最高。令人惊讶的是，虽然酯类中以乙酯为主，但未检测到游离乙醇。检测到的挥发物中没有一种被证明对生长的牛摄入青贮饲料具有重要意义。

乙醇的直链中含有6~9个碳原子，在牧草和牛奶中也被报道含量很低，可能来源于不饱和脂肪酸氧化，因为不饱和脂肪酸氧化在干草中的发生率和水平高于青贮。

表5.5 不同品质草甸、羊茅和低干物质含量青贮中挥发物平均含量（mg/kg 干物质）

挥发性的	新鲜牧草（$n=2$）	牧草青贮（$n=24$）
酒精类		
甲醇	20.7	22.6±6.65
1-丙醇	0	46.3±83.6
2-丁醇	0	18.4±20.8
醛类		
伊桑塔尔	3.33	2.67±1.70
前腹的	0.89	0.26±0.58
2-甲基丙醛	2.20	4.96±2.30
2-甲基丁醛	1.70	6.09±3.10
3-甲乙基丁醛	3.14	9.97±4.69
雌激素		
醋酸甲酯	0	1.09±0.64
醋酸乙酯	1.11	6.95±3.42
醋酸丙酯	0	4.03±9.69
醋酸丁酯	0	0.53±1.53
丙酸乙酯	0	0.91±1.18
丁酸甲酯	0	1.35±2.22
丁酸乙酯	0	25.8±52.6
丁酸丙酯	0	9.15±20.9
丁酸丁酯	0	3.37±8.77
戊酸甲酯	0	1.23±3.26
戊酸乙酯	0	2.32±4.75
己酸甲酯	0	0.35±1.19
己酸乙酯	0	2.68±7.65

资料来源：Krizsan, S. J., Westad, F., Ådnøy, T., Odden, E., Aakre, S. E., Randby, Å. T., 2007. Effect of volatile compounds in grass silage on voluntary intake by growing cattle. Animal 1, 283-292. 经剑桥大学出版社许可。

第 5 章 影响奶及奶制品的风味物质

关于青贮饲料中酚类物质的资料非常少,而且还没有人研究过这种物质转移到牛奶中的可能性。青草青贮和玉米青贮中 4-乙基酚的平均浓度分别为 30 mg/kg 和 50 mg/kg FM,2-甲氧基-4-乙烯基酚的平均浓度分别为 110 mg/kg 和 85 mg/kg(Chmelováet 等,2008)。酚类化合物可能是由阿魏酸和对香豆酸在青贮饲料中产生的。

青贮饲料中检出大量醛类和酮类物质。Langin 等(1989)分析了 24 种玉米青贮和 13 种草青贮。他们在玉米青贮中分别测定出 108 mg/kg、4.5 mg/kg、7.6 mg/kg、26 mg/kg 和 34 mg/kg FM 的乙醛、丙醛、丁醛、戊醛和 3-甲基丁醛。青贮牧草中含量分别为 40 mg/kg、5.0 mg/kg、7.0 mg/kg、16 mg/kg 和 26 mg/kg FM。在 10~200 mg/kg FM 范围内测定了草料和玉米青贮中 8 种醛的含量,即乙醛、丙醛、丁醛、2-甲基丙醛、戊醛、3-甲基丁醛、己醛和肝醛。己醛和戊醛是含量最高的醛类(Chmelováet 等,2009)。这些值显著高于 Krizsan 等(2007)对牧草青贮的报告(表 5.5)。红三叶草青贮饲料中未检测到脂肪醛,而苯乙醛含量较低(Figueiredo 等,2007)。青贮饲料中的部分脂肪醛可能来源于切割的青贮饲料,因为它们是在植物损伤后不饱和脂肪酸氧化的脂氧合酶途径立即产生的。

关于青贮饲料中酮含量的数据一直非常少。玉米和青贮牧草中丙酮的平均含量约为 7 mg/kg FM,而玉米和青贮牧草中丁酮的平均含量分别为 13.3 mg/kg FM 和 10.5 mg/kg FM,但差异较大(Langin 等,1989)。与红三叶草或其干草相比,红三叶草青贮中的酮含量要低得多(Figueiredo 等,2007)。

新鲜饲料中含有大量的酸,主要是苹果酸、酒石酸、柠檬酸等非挥发性脂肪族羟基酸和各种酚酸。在青贮发酵过程中,乳酸菌活性的主要产物是非挥发性乳酸和挥发性乙酸。此外,碳水化合物或乳酸发酵或蛋白质分解也可产生挥发性脂肪酸。丁酸和丙酸是判定青贮饲料品质的常用参数。异丁酸的含量为 0.8 g/kg FM 下测量,戊酸和己酸的总和为 2.0 g/kg FM,异己酸的出现被认为是低质量青贮饲料的喂养上限,而后面这些酸在质量非常好的青贮饲料中是不存在的(Kalac 等,1987)。

青贮饲料中酸和醇的存在导致各种酯的形成。在 24 份青贮牧草中检测到 13 种酯类，其中乙酸酯和丁酸酯含量最高，而仅乙酸乙酯含量较低。丁酸乙酯、丁酸丙酯和乙酸乙酯，平均含量最高，分别为 25.8 mg/kg、9.2 mg/kg 和 7.0 mg/kg DM（表 5.5）。但不同品种中差异很大，例如，丁酸乙酯浓度在无法检测到的水平和 200 mg/kg DM 之间（Krizsan 等，2007）。Figueiredo 等（2007）也报道了红三叶草青贮中酯类含量与鲜草相比也有增加。青贮挥发物以酯类最多，其中乙基酯类最多。Weiss 等（2016）对德国 11 份农场玉米青贮进行了调查，发现所有检测样品中乳酸乙酯和乙酸乙酯的含量分别为（474±362）mg/kg 和（38±17）mg/kg DM。乙基酯的生成与乙醇的含量有很强的相关性，而与各种酸的含量相关性较小。

最近也从另一个角度评估了青贮挥发物。青贮饲料已被确定为大气中挥发性物质的一个重要来源，它可能导致有害的地面臭氧的形成。Hafner 等（2013）在评估玉米青贮挥发物时，就排放质量和潜在臭氧形成而言，确定乙醇是排放的最大贡献者。乙醇对挥发物平均质量也贡献最大。醛类和酯类比醇类和酸类挥发性更强，它们如果暴露时间短，挥发性比醇和酸更重要。Malkina 等（2011）也报道了类似的结果，他们从玉米、苜蓿、小麦和燕麦青贮中鉴定出 80 种挥发物。醇类在挥发性有机化合物中占相当大的比例。因此，抑制乙醇和其他挥发物形成的可能性已经被测试（Hafner 等，2014，2015）。与对照相比，以 1 g/kg FM 水平施用山梨酸钾可使青贮玉米的乙醇产量降低 0.70%，乳酸乙酯和乙酸乙酯产量降低 0.65%。甲醇、1-丙醇、乙酸甲酯、乙醛、戊醛和己醛的水平未受影响。植物乳杆菌或布氏乳杆菌接种青贮玉米可增加乙醇和 1-丙醇的生成。此外，青贮饲料中乙酸的排放也越来越受到关注。乙酸释放速率与环境温度和乙酸含量呈正相关。因此，最高的排放是在温暖的夏季。丙酸、丁酸和己酸的排放量很小（Alanis 等，2010）。

5.4 反刍动物的乙醇代谢

饲喂青贮饲料的奶牛受到各种醇和低分子量酯的影响。乙醇通过微生物代谢和吸收从瘤胃中清除。低级醇可溶于水和脂肪,因此很容易通过细胞膜。它们以相同的浓度分布在所有体液中。

瘤胃中产生甲醇,特别是植物结构多糖果胶和甲醇部分酯化的聚半乳糖醛酸。瘤胃细菌的果胶酯酶活性可以释放乙醇。然而,释放的甲醇不太可能在瘤胃液中积累,因为它很容易被产甲烷的古细菌利用,它们将甲醇作为一种能量和碳源。假设有以下反应:

$$4CH_3OH \rightarrow 3CH_4 + CO_2 + 2H_2O$$

$$CH_3OH + H_2 \rightarrow CH_4 + H_2O$$

此外,产酸微生物,如柠檬真杆菌和甲基营养丁酸杆菌可将甲醇代谢成乙酸和丁酸盐。

大部分乙醇在瘤胃中代谢为醋酸盐。Kristensen 等(2007)报道,饲喂不同品质的玉米青贮饲料后,动脉血中乙醇和 1-丙醇浓度增加,而葡萄糖水平下降。餐后酒精浓度持续升高 5 h。肝脏是酒精代谢的主要器官。玉米青贮饲料中通常酒精的含量不会干扰内脏代谢,也不会干扰肝脏的酒精代谢途径。然而,即使饲料中酒精含量较低,也可能影响瘤胃代谢,并可能导致外周血酒精浓度升高数小时。进一步的研究(Raun 和 Kristensen,2012)表明,饲喂高剂量 1-丙醇的总体代谢效应产生了糖原性反应,推测是由 1-丙醇在肝脏代谢成丙酸盐驱动的。葡萄糖生成增加,乳脂产量随之降低。

同样,在绵羊日常采食 0.2~1 g/kg 的青贮乙醇时,乙醇易于通过瘤胃微生物区系和动物的酶系统进行模拟代谢。这两个系统都不饱和,血浆乙醇水平保持在 0.25 g/L 以下(Jeanblain 等,1992)。

总的来说,挤奶反刍动物将低分子醇代谢成甲烷或相应的挥发性酸。牛奶中是否含有乙醇并没有很好的记录。然而,在第 5.5 节中提到了少有的信息。

5.5 牛奶中的挥发物

奶牛饲料强烈地影响牛奶和奶制品的品质。这在典型的高质量标签产品中尤其重要,如 PDO 或 PGI,这些产品在市场上售价较高。与其他奶制品如黄油或奶酪相比，鲜奶中的芳香化合物含量很低。如果饲喂奶牛质量较差的青贮饲料，牛奶会在空气中产生异味。然而，当挥发物影响奶及奶制品的风味时，通常存在于劣质发酵青贮饲料中的丁酸和丙酸不会引起奶中的异味。这是合乎逻辑的，因为这些酸在瘤胃发酵过程中会大量形成。

在牛奶中已检测到几十种不同化学性质的挥发物。由于采用不同的分离和测定方法，个别报告中分离/鉴定的挥发物的数量和组成有所不同。目前只有部分文献报道了挥发性物质的含量，而通常只公布了试验变异体的相关数据。表5.6显示了牛奶中挥发物的含量。

表5.6 饲喂以干草（H）、干草和玉米青贮料（HC）或干草、玉米青贮料和草料青贮（HCG）为基础饲料的奶牛所产牛奶中平均挥发物含量（μg/kg）

挥发物	数量	H	HC	HCG	常见挥发物
烃类（C6~C8）	5	10	7	8	1-己烯
萜类	3	0.6	0.4	0.3	柠檬烯
醇类（C2~C7）	8	50	24	7	乙醇在H组和HC组中；1-戊醇在HCG组中
醛类（C2~C9）	9	110	29	58	3-甲基丁醛在H组和HC组；己醛在HCG组
酮类（C3~C8）	8	213	124	184	丙酮
雌激素	4	1.3	1.9	1.2	醋酸乙酯
硫化物	3	2.5	4.3	1.5	二甲基硫
总计	40	388	191	260	丙酮

注：每组从意大利东北部的四个农场采集牛奶。

资料来源：摘自 Toso, B., Procida, G., Stefanon, B., 2002. Determination of volatile compounds in cow's milk using headspace GC-MS. J. Dairy Res. 69, 569-577.

Bendall（2001）通过比较两种风味迥异的牛奶得出结论：风味差异主要是由共同风味化合物的浓度差异引起的，而不是由与特定饲料有关的独特化合物引起的。Mounchili 等（2005）也对青贮饲料喂养后的牛奶异味进行了类似的解释。他们比较了不吃牧草12 h的奶牛所产的牛奶，以及用一定比例的三叶草和红三叶草饲喂的牛所产的牛奶。后者在饲喂后3 h乳中的丙酮、丁酮、己醛和二甲基硫化物含量较高。

Villeneuve 等（2013）在一项比较提摩西牧草、青贮或干草饲喂效果的研究中，观察到牛奶挥发物含量的几种差异。放牧奶牛的牛奶中二甲砜和甲苯含量较高，青贮奶牛的牛奶中丙酮、丁酮和 α-蒎烯含量较高，而干草喂养奶牛的 1-戊醇和戊烷含量较低。

几种乳挥发物，即二甲基砜、甲苯、苯乙醛和 4-甲基-4-羟基戊烷-2-1，被提出作为区分饲喂以干草为基础的日粮、连续放牧下高度多样化的牧草和轮牧下不太多样化的牧草的标记物（Coppa 等，2011）。

在一项试验中，奶牛每天摄入 600 g 纯乙醇，分成 3 餐，并与青贮草一起饲喂，牛奶的感官质量因味道不佳而降低。然而，这种异味并不能完全归因于乙醇转移到牛奶中。在牛奶中回收的乙醇不超过 0.2%~0.3%。牛奶中最高测定含量为 180 mg/kg。乙醇及其代谢产物（如乙醛）进入牛奶可能导致牛奶风味受到污染。当饲料中添加乙醇时，牛奶丙酮的含量增加了一倍。因此应采取预防措施，避免青贮饲料中大量产生乙醇（Randby 等，1999）。

5.5.1 牛奶中的萜类

萜类化合物是研究最多的一类牛奶挥发物。众所周知，萜烯从饲料转移到牛奶的速度非常快，因此可能会在摄入后 24 h 内影响牛奶中萜烯的含量（Lejonklev 等，2013）。Viallon 等（2000）在他们的试验中观察到，即使在第一次和第三次挤奶时，即分别在摄入后 8 h 和 32 h，单萜和二萜也会从蓍草（一种富含萜烯的植物）转移到牛奶中。单萜和倍半萜只受瘤胃细菌的微小改变。

萜烯作为非极性化合物集中在乳脂中。

在高山牧场放牧的奶牛所生产的牛奶和奶酪以其诱人的气味和滋味而闻名。因此，De Noni 和 Battell（2008）研究了意大利高山地区夏季放牧（6月2日至9月）对牛奶中萜烯的影响。牧群从中等海拔地区迁移到海拔最高的地区（1 400~2 200 m），沿着最肥沃的牧场迁移，然后再向下迁移到新生长的地方。在不同牧场放牧的奶牛的乳脂中，单萜谱是相似的。在海拔 1 400 m 的牛奶中发现的萜烯含量最高，主要是 α-蒎

烯和 β-蒎烯。δ-3-蒈烯含量高可能与牧草中川芎比例高有关。倍半萜烯含量可忽略不计。

在 Chion 等（2010）的一项研究中，比较了夏季在意大利山区牧场放牧或饲喂冬季干草日粮的奶牛的乳脂中萜烯的含量。夏季牛奶中的萜烯含量明显高于冬季牛奶。单萜含量按 a-蒎烯＞β-蒎烯＞莰烯＞δ-3-蒈烯＞柠檬烯的顺序递减。

挪威科学家 Borge 等也有类似的研究结果（Borge 等，2016）。对 3 种不同的饲喂方式进行了研究，分别是冬季室内采食储存的饲料和精料，以及在高寒草原上早晨或傍晚放牧。鉴定的牛奶中的主要单萜为 β-蒎烯、α-蒎烯、α-侧柏烯、莰烯、桧烯、δ-3-蒈烯和倍半萜 β-石竹烯。牛奶中的平均总萜含量在高寒草原放牧期间增加了 5 倍。在高寒草原放牧牛奶中仅检测到 α-侧柏烯、桧烯、γ-萜品烯和 β-香茅烯等萜烯类化合物。萜类化合物对牛奶的感官质量没有影响。

Fernández 等（2003）报道了法国高地和低地地区牛奶中萜烯含量的差异。无论是放牧期还是舍饲期，高原地区采集的乳汁中倍半萜的含量都高于低地地区。

Toso 等（2002）报道牛奶中 α-蒎烯、柠檬烯和 p-聚伞烯的平均浓度分别为 0.62 mg/kg、0.43 mg/kg 和 0.33 mg/kg，奶牛分别饲喂干草，干草和玉米青贮饲料，干草、玉米青贮饲料和草贮饲料。在法国农场罐装牛奶成分的一项研究中（Agabriel 等，2007），分离出 32 个已确定的萜烯和 14 个未确定的萜烯。单萜的含量高于倍半萜。在 Toso 等研究中，α-蒎烯、β-蒎烯、柠檬烯和对薄荷-1,8-二烯占优势。在大多数萜烯中，季节是一个影响显著的因素。以玉米青贮为基础，冬饲期 2 月萜烯含量最低。在放牧期间，萜烯含量增加了数倍。

Tornambé 等（2006）从牧草喂养的奶牛的乳脂中分离出 20 个单萜和 23 个倍半萜。单萜以 β-蒎烯，α-蒎烯，γ-萜品烯和柠檬烯为主，而倍半萜以 β-石竹烯、α-Copaene 和 β-柏木烯为主。在放牧初期，牛乳中萜类化合物的含量增加了 8 倍。与此同时，三萜双子叶植物在牧草总生物量中所占的比例由 17% 上升到 31%。

关于牛奶中二萜含量的信息一直很缺乏。Ueda 等（2016）建议将

1-植烯（3，7，11，15-四甲基-1-十六烯）作为放牧奶牛的定量标记物。与牧草青贮、玉米青贮和干草饲喂的奶牛相比，即使在草甸羊茅或白三叶草放牧 4 h 的奶牛的牛奶中，1-植酸的含量也显著增加。

虽然一些研究建议将牛奶中的萜烯含量作为奶牛放牧的标记，无论是利用总化合物或选定化合物或两者的组合，但是 Tornambé 等（2006）对萜烯作为饲料示踪剂的可信度提出了质疑。Coppa 等（2011）表达了更全面的保留意见。由于植物多样性、物候期、地理位置和草地管理等因素的影响，草地中萜类化合物在质量上存在较大差异。此外，其中一些最近在市场上可以买到，并用于牛饲料中作为调味剂或消炎剂。

5.6 牛奶奶酪中的挥发物

奶酪制造商已经注意到，根据奶牛使用的饲料类型不同，奶酪的风味特征有所不同。已经开展相关的研究，特别是近二十年来，人们对牧草类型、植物多样性和保存方法的具体影响进行了研究。此外，一种先进的奶制品感官评价方法有助于更可靠地评估差异。

Curioni 和 Bosset（2002）发表了一篇关于奶酪主要气味的全面综述。他们根据奶酪的化学性质，将数百种挥发性物质分为 12 类。气味的描述、气味的发生、气味的含量（或气味强度的指示）、使用的分析方法，如果可能的话，包括感知的阈值都进行整理。

Martin 等（2005）回顾了早期关于影响奶制品（尤其是奶酪和黄油）品质参数因素的报告。他们得出结论，成熟奶酪的品质在很大程度上取决于生产中的技术因素。饮食只能微妙地改变奶制品的品质，即颜色、质地、香气和味道。

最近有关影响成熟奶酪挥发物成分的因素的研究，请参阅表 5.7，关于储藏奶酪的影响，请参阅表 5.8。从现有的数据中很难得出普遍的结论，到目前为止这些数据都是零零碎碎的。不同的实验室使用不同的分析程序分离和检测挥发物，结果只检测到某些组（例如，只检测到萜烯）。分离出来的挥发物的数量差别很大，从几个到几十个，甚至几百个化合物。而且，它们的含量通常只作为任意单位的相对数据给出。

成熟奶酪中的挥发性成分和含量来源各不相同。有些是从饲料中遗留下来的，有些则是在瘤胃中产生的，例如，来自某些脂肪酸，特别是不饱和脂肪酸的微生物降解所产生的化合物。在奶酪制作过程中，特别是在成熟期，微生物和化学过程会产生很多风味化合物。瘤胃中产生挥发性成分是典型的，尤其是用生乳制作的奶酪。

如上所述，不能排除饲料的性质影响乳中微生物种群的组成及其活性。尽管如此，青贮饲料对于熟奶酪来说还是有风险的，由于缺乏良好的保存、分装和挤奶条件，青贮饲料可能会污染产孢细菌，特别是酪丁酸梭状芽孢杆菌。这种细菌可能引起广泛的丁酸发酵，导致奶酪在成熟过程中延迟吹气，使其不适合食用（见4.4节）。

Bergamaschi 等（2015）对影响奶酪挥发物的因素进行了全面的研究。他们研究了5种不同的高山乳制品系统的影响，30头瑞士棕色奶牛使用150种模型奶酪。总共检测到8种化学基团的55种挥发物，但没有检测到萜类化合物。与不含青贮饲料的TMR日粮相比，使用青贮饲料作为混合饲料成分的乳制品系统生产的奶酪挥发物含量更低，特别是1-丁醇、1-戊醇和1-庚醇。许多挥发物的含量在哺乳期间发生了变化。胎次（哺乳期的顺序）影响1-辛醇、丁酸和庚酸的水平。总体而言，影响奶酪挥发物分布的因素按如下顺序递减：乳系统＞产奶天数＞胎次＞乳产量。

O'Callaghan 等（2016）在3种饲养方案下鉴定了从弗里西斯奶牛的牛奶制备的黄油中存在的25种挥发物：①室内饲养并饲喂饲草青贮、玉米青贮和精料的总混合日粮；②在多年生黑麦草牧场上放牧喂养；③在多年生黑麦草/白三叶草牧场上放牧喂养。用饲喂白色三叶草奶牛产的牛奶制备黄油，其中 β-蒎烯、丙酮和1-戊醇的含量最高。甲苯与饲喂牧草显著相关，而丁酮与饲喂全混合日粮的改变相关。感官分析显示，饲喂牧草奶牛所产牛奶中黄油的得分（包括外观和风味）明显高于饲喂混合日粮奶牛的。

表 5.7 研究奶牛乳中挥发性成分形成因素的文献汇总
（大多标明原产地保护名称）

奶酪	国家/地区	研究因素	主要结果	参考文献
皮埃蒙特（生乳）	意大利山区	F；夏季放牧与冬季饲喂干草	饲喂牧草日粮的奶牛所产的牛奶中萜烯含量高于冬季饲喂干草。将牛奶加工成成熟的奶酪对奶酪中的萜烯含量没有影响	Chion 等（2010）
那诺斯	斯洛文尼亚	F；夏季放牧与冬季饲喂青贮	冬季饲喂青贮的奶牛所产牛奶制作的奶酪中乙酸、丁酸、异丁酸、己酸、辛酸乙酯、癸酸乙酯和丁酮含量较高	Boltar 等（2015）
比托（生乳）	意大利山区	E；在不同海拔高山放牧	成熟奶酪中的 7 种萜烯与牛奶相似	De Noni 和 Battelli（2008）
拉古萨诺（生乳）	意大利西西里	F；在特定西西里牧场与饲喂玉米青贮，麦草干草和精料的 TMR	来自牧场饲喂的奶牛所产牛奶制作的奶酪中的挥发性物质比来自 TMR 饲喂的奶牛所产牛奶制作的奶酪中的挥发性物质含量增加了 2 倍。从以前的干酪中分离出 8 种独特的芳香活性化合物，大多来自牧场植物	Carpino 等（2004）
蒙塔西奥	意大利	F；玉米和 TMR 中的青贮饲料的影响	日粮组成对成熟干酪中挥发性物质的影响似乎与干酪在成熟过程中的发酵作用有关，而不是与乳中挥发性物质的直接转移有关。更多信息见表 5.8	Stefanon 和 Procida（2004）
堪特尔	法国	E；生牛奶与巴氏杀菌牛奶；牧草与干草和浓缩饲料	巴氏杀菌奶酪的香气比较温和，而生乳奶酪的香气比较强烈，而且不受奶牛饲养方式的影响。生乳奶酪中的丁酸强度明显高于未经巴氏杀菌的乳干酪	Cornu 等（2009）

注：E 指在明确条件下的试验研究；F 指农业规模试验，人工生产；TMR 指全混合日粮。

表5.8 饲喂以干草（H）、干草和玉米青贮料（HC）或干草、玉米青贮料和牧草青贮料（HCG）的奶牛所产牛奶制备的蒙塔西奥奶酪中的挥发物

挥发物	数量	常见挥发物	日粮中的显著性
碳氢化合物	2	1-辛烯，甲苯	1-辛烯[a]（HCG>HC, H）
萜烯	2	柠檬烯	柠檬烯（HC, H > HCG）
醇（c_1-c_7）	16	2-丁醇，乙醇	乙醇[b]（HC>HCG>H） 1-丙醇[b]（HC>HCG>H） 2-丙醇[b]（H, HCG>HC） 2-戊糖[a]（H>HCG>HC）
醛类（c_2-c_9）	12	3-甲基丁醛，2-甲基丁醛	
酮（c_3-c_9）	9	丁酮，丙酮，2-戊酮	丙酮[b]（HCG>H>HC） 丁酮[a]（HCG>HC>H） 2,3-丁二酮[a]（HCG >HC, H）
酯类	17	乙酸乙酯，乙酸丙酯，丁酸乙酯	醋酸丙酯[b]（HC >HCG >H） 醋酸丁酯[b]（HC > HCG >H） 丙酸乙酯[a]（HC > HCG >H） 乙酸乙酯[a]（HCG >HC >H）
含硫化合物	4	二甲基双硫	二甲双硫[a]（HCG >HC, H）

注：每组从意大利东北部的四个农场采集牛奶。从数量上看，醇类、酮类和酯类占主导地位。

[a] $P<0.05$, [b] $P<0.01$。

资料来源：Stefanon, B., Procida, G., 2004. Effects of including silage in the diet on volatile compound profile in Montasio cheese and their modification during ripening. J. Dairy Res. 71, 58-65. 比较见表5.6。

5.7 山羊体内的挥发物、羊奶和奶酪

与普通牛奶的味道相比，山羊奶的味道通常被描述为更浓烈。据报道，典型的山羊奶风味的强度取决于多种因素，如品种、季节、饲喂、哺乳期、产奶量和乳脂含量。在泌乳周期的开始和接近结束时，风味强度最低。在影响风味的化合物中，游离脂肪酸C6～C10、支链脂肪酸、甲酚和吲哚已被报道。

从夏乳和冬乳中分离得到的54种气味活性化合物中，鉴定出42

种，其中 30 种是首次在生山羊奶中检测到的。生牛奶中 4-乙基辛酸、skatol（3-甲基吲哚）和一种未知化合物的气味强度很高。高温处理（巴氏杀菌、超高温灭菌）改变了羊奶的感官评价和气味成分。共分离得到 66 种气味活性化合物，其中鉴定出 45 种。与生牛奶相似，4-乙基辛酸、skatol 和苯乙酸是气味活性很强的化合物。此外，在灭菌奶中检测到呋喃醇（Siefarh 和 Buettner，2014）。

Delgado 等（2011）研究了西班牙奶酪 Queso Ibores 的香气形成过程，该奶酪由生羊奶制成，标有原产地保护标识，成熟时间长达 90 天。该奶酪的香气在甜和温和之间变化，它有一个强烈的味道，略酸。奶酪中共检测到 64 种物质：14 种酸、18 种醇、13 种酯、6 种酮和 13 种其他化学物质。奶酪在成熟过程中挥发物的含量变化显著。60 天内，酸、酯和酮的比例增加。成熟期最具特色的香气成分是丁酸、己酸和辛酸、2-丁醇、2-庚醇、己酸乙酯和辛酸乙酯，还有一些甲基酮和 6-癸内酯。

与牛奶相似，萜烯也被提出作为动物饲料和小反刍动物奶产地的示踪剂（Prache 等，2005）。然而，Morand-Fehr 等（2007）声称，用萜烯作为绵羊和山羊不同饮食的证据并不容易。

Galina 等（2007）比较了一种墨西哥手工乳酸奶酪中萜烯的含量，这种奶酪是由春季和夏季在牧场放牧的高山杂交山羊的奶制成的。此外，还检测了放牧和室内饲养苜蓿干草日粮的山羊产的奶所制干酪中萜烯含量差异。春季和夏季牛奶干酪中的单萜含量分别为 0.48 μg/kg 和 0.44 μg/kg，倍半萜含量分别为 0.50 μg/kg 和 1.20 μg/kg。室内饲养山羊乳中的干酪春季和夏季单萜含量分别为 0.21 μg/kg 和 0.23 μg/kg，春季和夏季倍半萜含量分别为 0.08 μg/kg 和 0.75 μg/kg。总的来说，放牧山羊的奶制作的奶酪比室内饲喂的山羊的奶制作的奶酪质量好。

Abilleira 等（2011）测定了 2 月至 7 月间在不同饲喂条件下来自 9 个西班牙农场羊群的生羊奶中萜烯的含量。以苜蓿干草为基础的室内冬季饲料的总平均萜烯浓度为 53.5 μg/kg、89.3 μg/kg 和 377 μg/kg。过渡时期，分别在非栽培草地（白三叶草、红羊茅、群居本草和灌木）上放牧。无论饲喂方式如何，单萜柠檬烯、β-菲兰烯和倍半萜β-石竹烯含量均较高。在整个取样期间，乳汁中均检测到单萜，而倍半萜只在生物多样性较高的非人工草地的乳汁中检测到，而在黑麦草和白三叶草普遍存在的人工草地牧群的乳汁中检测不到。来自同一实验室（Valdivielso 等，2016）的最新结果显示，散装生羊奶中 10 个单萜和 14 个倍半萜的总含量（以任意单位的相对丰度计算）分别为（35.5±13.5）个和（118±28.7）个任意单位，α-蒎烯和 γ-杜松烯是单萜和倍半萜的主要代表物质。从取样的散装奶中制备的伊迪阿扎巴尔干酪的成熟值分别为（18.1±0.9）个和（31.7±5.5）个任意单位。主要萜烯为 α-蒎烯、γ-杜松烯、α-葎草烯和 β-石竹烯。Valdivielso 等（2017）进一步研究了冬季和夏季西班牙羊群乳中萜类成分的变化。6 月初山区放牧期间，苜蓿干草和精料牧草的单萜和倍半萜总量分别为（4.1±2.1）个和（19.1±6.4）个任意单位，而山区放牧期间的单萜和倍半萜总量分别为（27.4±18.9）个和（162±61.7）个任意单位。观察到 α-蒎烯、β-石竹烯、α-葎草烯，α-阿摩芬和 γ-杜松烯含量由室内放牧向山区大面积放牧显著增加。

Papaloukas 等（2016）观察到了牛奶中萜类化合物的类似季节性效应，他们分析了在冬季、春季和夏季从 90 个希腊农场收集的 760 份散装羊奶样本，采用中等规模的生产系统。与春季和夏季的牛奶相比，冬季牛奶中的萜烯含量最低，尤其是倍半萜。α-蒎烯、β-蒎烯、D-柠檬烯和石竹烯是夏季样品中含量最高的主要萜类化合物。

Poulopoulou 等（2012）对经口服萜烯转移到羊奶中的情况进行了测试。他们将纯单萜 α-蒎烯、柠檬烯和倍半萜 β-香樟烯各 1 g，溶解在 10 mL 大豆油中，连续 18 天每天喂母羊。对照组只服用了大豆油。两组的日粮均以苜蓿干草、麦秸和精料为基础。这些动物被关在室外的围栏里。处理组的所有血液和牛奶样品经过 2 天的延迟期后均检出柠檬烯和 α-蒎烯，少量血浆样品和所有牛奶样品检出 β-石竹烯。单萜在血液和牛奶中的转移程度高于倍半萜。在对照组的血液和牛奶中均未检测到萜类化合物。三种萜烯在羊奶制成的奶酪中出现的规律是复杂的。因此，萜烯对于验证羊奶酪的来源似乎不可信。

5.8 结论

改变牧草的组成可以有效地改变奶及奶制品的品质，特别是奶酪。奶及奶制品的味道受到数十甚至数百种挥发性有机成分的影响，在相互组合中引起品质改变反应。挥发物有多种化学性质，包括单倍半萜、醇、酚、醛、酮、酸、酯、硫化合物和杂环化合物。到目前为止，关于牧草、奶及奶制品中各种挥发物的发生情况和相对组成的信息非常普遍，而关于它们浓度的数据却很有限。一般来说，牧草中的总挥发物浓度在每千克鲜奶中几十毫克至几百毫克之间，而鲜奶中的总挥发物浓度仅为微克每千克。

原料奶中的挥发性物质有些来源于植物，有些是在枯萎、干燥过程中产生的，特别是在青贮发酵过程中，更多的挥发性物质在瘤胃中产生。此外，加工乳制品是挥发物的另一个来源。

许多具有特殊风味的单倍半萜和倍半萜来源于典型的新鲜牧草，因为它们在芳香的双子叶植物中含量丰富，但在禾本科植物中含量较低。因此，它们在牧草中的水平主要受其植物成分、地理位置和成熟期的影响。一般来说，在植物丰富的天然草地而不是在耕作的草地中观察到较高的浓度，在高地而不是在低地草地中观察到较高的浓度。有关物候阶段影响的资料是有限的。

关于干草挥发物分布的数据非常零星。然而，优质干草的好闻气味是众所周知的。诱导性挥发物是在收获和干燥过程中对植物叶片进行机械损伤后产生的。青贮过程大大改变了挥发物的组成。上述几组化合物中有数十种不存在于新鲜牧草中，它们主要是由各种细菌的活性产生的。一些摄入的挥发物，特别是非极性萜类，很容易转移到牛奶脂肪中。然而，大多数其他挥发物在挤奶动物的生物体内的代谢途径尚未阐明。

一般来说，对奶酪的品质分析显示，饲喂牧场或新鲜割草所获得的奶酪得分（包括味道）高于饲喂以玉米青贮、牧草青贮和精料为基础的混合日粮所获得的奶酪。研究人员观察到，用冬季日粮饲喂的奶牛生产的牛奶制成的奶酪与在春季转向放牧草场饲喂的奶牛生产的牛奶制成的奶酪之间的品质存在很大差异。

参考文献

Abilleira, E., Virto, M., Nájera, A. I., et al., 2011. Effects of seasonal changes in feeding management under part-time grazing on terpene concentrations in ewes' milk. J. Dairy Res. 78, 129-135.

Agabriel, C., Cornu, A., Journal, C., et al., 2007. Tanker milk variability according to farm feeding practices: vitamins A and E, carotenoids, color, and terpenoids. J. Dairy Sci. 90, 4884-4896.

Alanis, P., Ashkan, S., Krauter, C., et al., 2010. Emissions of volatile fatty acids from feed at dairy facilities. Atmos. Environ. 44, 5084-5092.

Arneth, A., Niinemets, U., 2010. Induced BVOCs: how to bug our models? Trends Plant Sci. 15, 118-125.

Bakkali, F., Averbeck, S., Averbeck, D., et al., 2008. Biological effects of essential oils: a review. Food Chem. Toxicol. 46, 446-475.

Bendall, J. G., 2001. Aroma compounds of fresh milk from New Zealand cows fed different diets. J. Agric. Food Chem. 49, 4825-4832.

Bergamaschi, M., Aprea, E., Betta, E., et al., 2015. Effects of dairy system, herd within dairy system, and individual cow characteristics on the volatile organic compound profile of ripened model cheeses. J. Dairy Sci. 98, 2183-2196.

Boltar, I., Cěnzěk Majhenič, A., Jarni, K., et al., 2015. Volatile compounds in Nanos cheese: their formation during ripening and seasonal variation. J. Food Sci. Technol. 52, 608-623.

Borge, G. I. A., Sandberg, E., Øyaas, J., et al., 2016. Variation of terpenes in milk and cultured cream from Norwegian alpine rangeland-fed and indoor-fed cows. Food Chem. 199, 195-202.

Carpino, S., Mallia, S., La Terra, S., et al., 2004. Composition and aroma compounds of Ragusano cheese: native pasture and total mixed ration. J. Dairy Sci. 87, 816-830.

Chion, A. R., Tabacco, E., Ciaccone, D., et al., 2010. Variation of fatty acid and terpene profiles in mountain milk and "Toma piemontese" cheese as affected by diet composition in different seasons. Food Chem. 121, 393-399.

Chmelová, Š., Tříska, J., Růžičková, K., et al., 2008. [Determination of volatile compounds in grass and maize silages]. Chem. Listy 102, 1138–1144 (in Czech).

Chmelová, Š., Tříska, J., Růžičková, K., et al., 2009. Determination of aliphatic aldehydes in maize and grass silages using on-fibre derivatisation with O-(2, 3, 4, 5, 6 - pentafluoro) benzylhydroxylamine. Anim. Feed Sci. Technol. 152, 152–160.

Coppa, M., Martin, B., Pradel, P., et al., 2011. Effect of a haybased diet or different upland grazing systems on milk volatile components. J. Agric. Food Chem. 59, 4947–4954.

Cornu, A., Carnat, A. P., Martin, B., et al., 2001. Solid-phase microextraction of volatile components from natural grassland plants. J. Agric. Food Chem. 49, 203–209.

Cornu, A., Rabiau, N., KOndjoyan, N., et al., 2009. Odour-active compound profile in Cantal-type cheese: effect of cow diet, milk pasteurization and cheese ripening. Int. Dairy J. 19, 588–594.

Coulon, L. B., Delacroix-Buchet, A., Martin, B., et al., 2004. Relationships between ruminant management and sensory characteristics of cheeses: a review. Lait 84, 221–241.

Curioni, P. M. G., Bosset, J. O., 2002. Key odorants in various cheese types as determined by gas chromatography-olfactometry. Int. Dairy J. 12, 959–984.

Delgado, F. J., González-Crespo, J., Cava, R., et al., 2011. Formation of the aroma of a raw goat milk cheese during maturation analysed by SPME-GC-MS. Food Chem. 129, 1156–1163.

De Noni, I., Battelli, G., 2008. Terpenes and fatty acid profiles in milk fat and "Bitto" cheese as affected by transhumance of cows on different mountain pastures. Food Chem. 109, 299–309.

Driehuis, F., van Wikselaar, P. G., 2000. The occurrence and prevention of ethanol fermentation in high-dry-matter grass silage. J. Sci. Food Agric. 80, 711–718.

Engel, E., Ferlay, A., Cornu, A., et al., 2007. Relevance of isotopic and molecular biomarkers for the authentication of milk according to production zone and type of feeding of the cow. J. Agric. Food Chem. 55, 9099–9108.

Fernandez, C., Astier, C., Rock, E., et al., 2003. Characterization of milk by analysis of its terpene fractions. Int. J. Food Sci. Technol. 38, 445–451.

Figueiredo, R., Rodrigues, A. I., doCéu Costa, M., 2007. Volatile composition of red clover (Trifolium pratense L.) forages in Portugal: the influence of ripening stage and ensilage. Food Chem. 104, 1445-1453.

Galina, M. A., Osnaya, F., Cuchillo, H. M., et al., 2007. Cheese quality of milk of grazing or indoors Zebu cows and Alpine crossbread goats. Small Rumin. Res. 71, 264-272.

Gang, D. R., 2005. Evolution of flavors and scents. Annu. Rev. Plant Biol. 56, 301-325. Hafner, S. D., Howard, C., Muck, R. E., Franco, R. B., Montes, F., Green, P. G., et al., 2013. Emission of volatile organic compounds from silage: compounds, sources, and implications. Atmos. Environ. 77, 827-839.

Hafner, S. D., Franco, R. B., Kung, L., et al., 2014. Potassium sorbate reduces production of ethanol and 2 esters in corn silage. J. Dairy Sci. 97, 7870-7878.

Hafner, S. D., Windle, M., Merill, C., et al., 2015. Effect of potassium sorbate and Lactobacillus plantarum MTD1 on production of ethanol and other volatile organic compounds in corn silage. Anim. Feed Sci. Technol. 208, 79-85.

Holopainen, J. K., 2004. Multiple functions of inducible plant volatiles. Trends Plant Sci. 9, 529-533.

Jeanblain, C., Durix, A., Tranchant, B., 1992. Kinetics of ethanol metabolism in sheep. Reprod. Nutr. Dev. 32, 83-90.

Kalač, P., 1987. [Evaluation of the occurrence of volatile fatty acids in silage and haylage]. Živocišná Výroba 32, 559-566 (in Czech).

Kalač, P., Pivničková, L., 1987. [Evaluation of the occurrence of lower alcohols in haylage and silage]. Živocišná Výroba 32, 641-645 (in Czech).

Kristensen, N. B., Storm, A., Raun, M. M. L., et al., 2007. Metabolism of silage alcohols in lactating dairy cows. J. Dairy Sci. 90, 1364-1377.

Krizsan, S. J., Westad, F., Ådnøy, T., et al., 2007. Effect of volatile compounds in grass silage on voluntary intake by growing cattle. Animal 1, 283-292.

Langin, D., Nguyen, P., Dumon, H., et al., 1989. [Aldehydes and ketones in silages: quantitative determination by high performance liquid chromatography]. Ann. Rech. Vét. 20, 119-127 (in French).

Lejonklev, J., Løkke, M. M., Larsen, M. K., et al., 2013. Transfer of terpenes from essential oils into cow milk. J. Dairy Sci. 96, 4235-4241.

Malkina, I. L., Kumar, A., Green, P. G., et al., 2011. Identification and quantitation of volatile organic compounds emitted from dairy silages and other feedstuffs. J. Environ. Qual. 40, 1-9.

Mariaca, R. G., Berger, T. F. H., Gauch, R., et al., 1997. Occurrence of volatile mono- and sesquiterpenoids in highland and lowland plant species as possible precursors for flavor compounds in milk and dairy products. J. Agric. Food Chem. 45, 4423-4434.

Martin, B., Verdier-Metz, I., Buchin, S., et al., 2005. How do the nature of forages and pasture diversity influence the sensory quality of dairy livestock products? Anim. Sci. 81, 205-212.

Morand-Fehr, P., Fedele, V., Decandia, M., et al., 2007. Influence of farming and feeding systems on composition and quality of goat and sheep milk. Small Rumin. Res. 68, 20-34.

Mounchili, A., Wichtel, J. J., Bosset, J. O., et al., 2005. HS-SPME gas chromatographic characterization of volatile compounds in milk tainted with off-flavour. Int. Dairy J. 15, 1203-1215.

Müller, C. E., Möller, J., Krogh Jensen, S., et al., 2007. Tocopherol and carotenoid levels in baled silage and haylage in relation to horse requirements. Anim. Feed Sci. Technol. 137, 182-197.

O'Callaghan, T. F., Faulkner, H., McAuliffe, S., et al., 2016. Quality characteristics, chemical composition, and sensory properties of butter from cows on pasture versus indoor feeding systems. J. Dairy Sci. 99, 9441-9460.

Papaloukas, L., Sinapis, E., Arsenos, G., et al., 2016. Effect of season on fatty acid and terpene profiles of milk from Greek sheep raised under a semi-extensive production system. J. Dairy Res. 83, 375-382.

Poulopoulou, I., Zoidis, E., Massouras, T., et al., 2012. Terpenes transfer to milk and cheese after oral administration to sheep fed indoors. J. Anim. Physiol. Anim. Nutr. (Berl).96, 172-181.

Prache, S., Cornu, A., Bedague, J. L., et al., 2005. Traceability of animal feeding diet in the meat and milk of small ruminants. Small Rumin. Res. 59, 157-168.

Randby, Å. T., Selmer-Olsen, I., Baevre, L., 1999. Effect of ethanol in feed on milk flavor and chemical composition. J. Dairy Sci. 82, 420-428.

Rapisarda, T., Pasta, C., Carpino, S., et al., 2014. Volatile profile differences between spontaneous and cultivated Hyblean pasture. Anim. Feed Sci. Technol. 191, 39-46.

Raun, B. M. L., Kristensen, N. B., 2010. Propanol in maize silage at Danish dairy farms. Acta Agric. Scand. A 60, 53-59.

Raun, B. M. L., Kristensen, N. B., 2012. Metabolic effects of feeding high doses of propanol and propylacetate to lactating Holstein cows. Livest. Sci. 144, 37–47.

Rehman, R., Hanif, M. A., Mushtaq, Z., et al., 2016. Biosynthesis of essential oils in aromatic plants: a review. Food Rev. Int. 32, 117–160.

Siefarth, C., Buettner, A., 2014. The aroma of goat milk: seasonal effects and changes through heat treatment. J. Agric. Food Chem. 62, 11805–11817.

Stefanon, B., Procida, G., 2004. Effects of including silage in the diet on volatile compound profile in Montasio cheese and their modification during ripening. J. Dairy Res. 71, 58–65.

Tava, A., Ramella, D., Grecchi, M., et al., 2009. Volatile constituents of Trifolium pratense and T. repens from N. E. Italian Alpine pastures. Nat. Prod. Commun. 4, 835–838.

Tornambé, G., Cornu, A., Pradel, P., et al., 2006. Changes in terpene content in milk from pasture-fed cows. J. Dairy Sci. 89, 2309–2319.

Toso, B., Procida, G., Stefanon, B., 2002. Determination of volatile compounds in cow's milk using headspace GC–MS. J. Dairy Res. 69, 569–577.

Ueda, Y., Asakuma, S., Miyaji, M., et al., 2016. Effect of time at pasture and herbage intake on profile of volatile organic compounds of dairy cow milk. Anim. Sci. J. 87, 117–125.

Valdivielso, I., Bustamante, M. A., Aldezabal, A., et al., 2016. Case study of a commercial sheep flock under extensive mountain grazing: pasture derived lipid compounds in milk and cheese. Food Chem. 197, 622–633.

Valdivielso, I., de Renobales, M., Aldai, N., et al., 2017. Changes in terpenoid composition of milk and cheese from commercial sheep flocks associated with seasonal feeding regimens throughout lactation. J. Dairy Sci. 100, 96–105.

Viallon, C., Martin, B., Verdier – Metz, I., et al., 2000. Transfer of monoterpenes and sesquiterpenes from forages into milk fat. Lait 80, 635–641.

Villeneuve, M. -P., Lebeuf, Y., Gervais, R., et al., 2013. Milk volatile organic compounds and fatty acid profile in cows fed timothy as hay, pasture, or silage. J. Dairy Sci. 96, 7181–7194.

Weiss, K., Kroschewski, B., Auerbach, H., 2016. Effects of air exposure, temperature and additives on fermentation characteristics, yeast count, aerobic stability and volatile organic compounds in corn silage. J. Dairy Sci. 99, 8053–8069.

第6章

结　论

奶及奶制品历来是西方营养学中的主食。消费者普遍认为，与采食全混合日粮的奶牛相比，来自放养并采食鲜草的奶牛生产的奶及奶制品相对较好。这种"绿色形象"或"附加值"已经成为普遍使用鲜草饲料的国家，用于推广奶及奶制品的重要营销平台。饲草是泌乳反刍动物最经济的营养来源。关于饲草影响乳产量和乳主要成分（蛋白质、总脂肪、乳糖和矿物质）的文献报道较多，然而关于饲草影响活性成分的文献相对较少。关于乳脂肪的脂肪酸（FA）组成、维生素、类胡萝卜素、植物雌激素、霉菌毒素、生物碱和有害细菌，以及影响牛奶风味的挥发性成分的有效数据：新鲜和发酵饲草-泌乳动物-奶及奶制品的内容在前面的章节中已经进行了阐述。

6.1　乳脂肪的脂肪酸组成

尝试改变反刍动物乳中脂肪酸的组成是一项长期的策略。已有的一些策略，通过降低胆固醇饱和脂肪酸的方式，提高不饱和脂肪酸（UFA）的比例，主要是多不饱和脂肪酸（PUFA）、共轭亚油酸（特别是瘤胃酸）和反式烯酸的比例。其中主要的一种策略就是改变饲料。尽管饲草脂肪中FAs含量相对较低，但它们是反刍动物饲料中最经济和主要的UFA来源。α-亚麻酸是新鲜牧草（玉米除外）中的主要脂肪酸，其次是棕榈酸和亚油酸。

饲草中含有较低含量的脂类，占干物质（DM）的 15~30 g/kg。青贮在制作的初始阶段，经过收割、枯萎、田间干燥等过程后，利用植物酶催化水解脂肪。释放出 UFA（尤其是 α-亚麻酸和亚油酸）容易受到紫外线引发的自由基氧化辐射。特别是在青贮制作前的长期萎蔫、田间干燥成干草以及青贮饲料出料期间，多不饱和脂肪酸会因氧化而损失。青贮饲料，特别是来自未经过枯萎过程的草料（如玉米），与干草制作相比，可以减少多不饱和脂肪酸的氧化损失。多不饱和脂肪酸损失的主要原因是，青贮饲料内的厌氧条件与田间干燥和干草储存期间的有氧条件之间存在较大差异。

青贮制作期间发生的脂肪水解提高了瘤胃中多不饱和脂肪酸生物氢化的速率。因此，与饲喂青贮饲料和或干草的奶牛相比，饲喂新鲜草料（特别是饲喂物种丰富的草原或豆类草料）的奶牛乳中 UFA 与 SFA 的比例相对较高，并且具有高营养价值的反式-FA（即瘤胃酸和反式牛油酸）含量也相对更高。物种丰富的牧草可能会影响瘤胃微生物区系或脂肪酶的活性，从而降低生物氢化的程度。抑制率与红三叶草中多酚氧化酶的活性有关。与草类相比，豆类牧草具有较高的 PUFA 向牛乳脂肪的转移效率。与饲喂玉米青贮饲料相比，饲喂青草或豆类青贮饲料的奶牛，乳脂肪中具有较为优质的 FA 组成。然而，饲喂青草或豆类青贮饲料的奶牛生产的乳中脂肪更容易被氧化。

尽管相关文献较少，母绵羊和山羊奶中也有与奶牛类似的情况。比如说，与山羊乳脂相比，母绵羊乳脂富含瘤胃酸和反式牛油酸。与干草、青贮饲料或全混合日粮相比，新鲜牧草对乳脂成分具有较为积极有益的影响。

尽管如此，乳脂成分是多种饲料、动物和环境因素综合作用的结果，其中，牧草种类只是影响因素之一。此外，FA 组成也只是在畜牧管理系统内进行决策时考虑的重要因素之一。

6.2 维生素

动物体内会产生多种类胡萝卜素，特别是胡萝卜素，比如，全反式-β-胡萝卜素是全反式-视黄醇（维生素 A_1）的维生素前体。一般来讲，日粮未添加 β-胡萝卜素和视黄醇等化合物，奶牛乳中含有 β-胡萝卜素和视黄醇，其含量分别为 0.15~0.25 mg/L 和 0.3~0.4 mg/L。乳脂中 β-胡萝卜素含量的变化主要取决于日粮。目前，山羊和母绵羊原料乳中 β-胡萝卜素和视黄醇含量的数据相对较少。山羊乳中只含有微量的 β-胡萝卜素，视黄醇的含量可能高于牛乳中的含量。

饲草中 β~胡萝卜素的含量通常在 40~60 mg/kg DM 的范围内变化，其含量主要受到内在和环境因素的影响。总之，新鲜牧草是乳脂中 β-胡萝卜素最为丰富的来源。与饲喂青贮饲料相比（特别是由未枯萎牧草制成的青贮饲料），干草中 β-胡萝卜素的损失相对较多。与青贮草料和豆科植物相比，玉米青贮饲料的 β-胡萝卜素可利用率较低。

维生素 E 是一组四种异构生育酚和四种生育三烯酚的通用名称，其中 α-生育酚在营养成分上有着最为重要的作用。植物油是人体营养中维生素 E 的主要来源。α-生育酚含量各不相同，在饲料中未添加合成生育酚的情况下，通常在奶牛的牛乳中含量为 0.3~1.2 mg/L，例如有机牛乳。与常乳相比，初乳中维生素 E 含量相对较高。尽管目前有限的数据无法得出一般性结论，但与牛乳相比，母绵羊乳中的 α-生育酚含量相当或更高，而山羊乳中的 α-生育酚含量低于同类生鲜乳。

饲草中的 α-生育酚会受到青贮制作前期枯萎过程的影响，α-生育酚的损失占到初始含量的 20%~35%，并且随着枯萎时间的延长，α-生育酚的损失随之增加。因此，在干草制作过程中，α-生育酚的损失甚至更高。由于目前数据有限，所以还没有计算 α-生育酚损失的方法。青贮制作对 α-生育酚含量的影响因素很多，但目前全作物玉米青贮的数据较为缺乏。总而言之，与干草相比，青贮饲料中 α-生育酚含量更高，这可能是因为 α-生育酚的含量在饲草晒干和干草储存期间的损失更高。

饲草中麦角甾醇（ERG）、维生素 D_2 前体和维生素 D_2 的含量通常被认为是真菌生物量水平的标志。饲草的延迟收割是影响 ERG 含量的主要因素。此外，夏季和冬季割草的间隔时间越长，ERG 含量越高。在秋季和冬季，当条件有利于霉菌生长时，随着湿度的增加和温度的降低，ERG 含量增加。然而，关于饲草保存过程，特别是干燥过程和青贮制作过程中，ERG 和维生素 D_2 变化的可靠数据有限，以及饲草和牛乳中 ERG 之间的相互联系也并不清楚。

与脂溶性维生素不同，水溶性维生素（B 族）可用于合成瘤胃微生物。牛乳和乳制品对西方饮食中核黄素（维生素 B_2）的摄入量贡献最大，使其成为水溶性维生素中的佼佼者。此外，牛乳中丰富的维生素 B_{12}（类可啉）更容易被人体利用。关于饲料和遗传对牛乳中水溶性维生素含量的影响需要进一步研究。

6.3 类胡萝卜素

牛乳中类胡萝卜素含量取决于日常摄入饲草的性质和数量，以及从植物转移到乳腺的情况。从牛乳中类胡萝卜素回收率低的情况，可以推断出转移效率似乎受到了限制。牛与其他反刍动物的不同之处在于，大量的类胡萝卜素（尤其是 β-胡萝卜素）在血浆中循环并储存在脂肪组织中。

叶黄素、紫黄素和 β-胡萝卜素是新鲜牧草中存在的主要类胡萝卜素。总类胡萝卜素含量通常为 250~500 mg/kg DM，然而，利用现有数据对新鲜牧草中的类胡萝卜素含量进行预测较难实现。

饲草保存过程中类胡萝卜素的总损失量依次为：未枯萎牧草青贮<枯萎牧草青贮<风干<田间干燥。损失发生在保存和后续存储期间，并且损失的含量为初始含量的 20%~80%。新鲜牧草是牛乳中类胡萝卜素的最佳来源，青贮饲料在冬天比干草更有利于获得类胡萝卜素，而玉米青贮饲料是相对较差的类胡萝卜素来源。

总体而言，与冬季里饲喂干草和青贮饲料相比，用放牧奶牛牛乳制成的奶制品颜色相对更黄。与干草或青贮饲料相比，用玉米青贮饲料饲喂奶牛的牛乳制成的黄油和奶酪相对更白。而且，与干草相比，用青贮饲料饲喂奶牛的牛乳制成的奶制品相对更黄。山羊乳只含有微量的呈白色的类胡萝卜素。

6.4 植物雌激素

植物雌激素代表具有雌激素和抗雌激素特性的植物化合物。植物雌激素具有多种健康益处，也有许多植物雌激素被认为是内分泌干扰物。根据体外和体内研究结果，植物雌激素的作用效果排列如下：17β-雌二醇>香豆素>染料木素和雌马酚>黄豆黄素>大豆苷元>芒柄花素和生物链素 A。

日粮中的雌马酚是植物异黄酮（主要是芒柄花苷和黄豆苷元）的代谢物，存在于某些哺乳动物来源的食物中，其中牛奶是重要的来源。人类的不同之处在于，只有 20%~35% 的西方成年人能够将摄入的大豆或异黄酮补充剂转化为雌马酚，而亚洲国家的成年人摄入的豆制品相对较多，可以转化雌马酚的频率更高，约为 50%~55%。对于不能转化出雌马酚的群体，牛奶中含有较高含量的雌马酚是有益的。

新鲜或青贮的红三叶草是迄今为止最丰富的异黄酮来源。现有数据表明，在青贮制作过程中，芒柄花素和黄豆苷元均减少，特别是由于青贮制作前的枯萎过程。芒柄花素含量分别为红三叶草青贮饲料干物质的 2.5~3 mg/g，白三叶草青贮饲料干物质的 0.15 mg/g，以及牧草青贮饲料干物质的 <0.05 mg/g，黄豆苷元的含量相对较低。

异黄酮的主要代谢发生在瘤胃中。异黄酮主要通过粪便排泄掉，只有一小部分被带到牛奶中。虽然牛奶中的芒柄花素和黄豆苷元的含量大多高达 10 μg/L，但雌马酚水平差异很大，大约相差数十和数百 μg/L 的数量级。新鲜或者青贮类型的红三叶草是牛奶中雌马酚的主要来源。

6.5 霉菌毒素

霉菌毒素是由丝状真菌（霉菌）产生的低分子量化合物，通过人类和其他脊椎动物的自然接触引起毒性反应。霉菌毒素中毒是指因食物摄入、皮肤接触或吸入而引起的综合征。霉菌的普遍存在使得作物（如饲草）容易受到收获前和收获后的污染。在收获前草料上生长的各种霉菌中，曲霉属、镰刀菌属和链格孢属的毒素物种最为普遍。在饲草中，青贮饲料，尤其是全麦玉米，是比干草或新鲜牧草更主要的霉菌毒素来源。尽管如此，饲草通常比精料受到的污染要少。在约300种已知的霉菌毒素中，欧盟立法中有5种在动物饲料中受到管制：黄曲霉毒素 B_1、脱氧雪腐镰刀菌烯醇、伏马菌素 B_1 和 B_2 的总和、赭曲霉毒素 A 和玉米赤霉烯酮（呕吐毒素）。农场生产的青贮饲料会不定期地进行霉菌毒素分析。产毒霉菌菌株和霉菌毒素在青贮窖贮存和户外饲用的青贮饲料中分布不均。因此，很难采集有代表性的样品用于测定霉菌和霉菌毒素。此外，产毒真菌物种与真菌毒素活性之间不一定存在直接联系。青贮饲料和全混合日粮容易受到霉菌毒素的污染。然而，真菌混合物对牛的影响研究较少。并且，接触多种真菌毒素可能会产生叠加、协同或拮抗作用。此外，霉菌毒素通过掩蔽或结合在糖类或蛋白质上的研究也值得关注。修饰的霉菌毒素在胃肠道中被水解成有毒的前体化合物，造成动物体的毒性。因此，如果仅用常规分析方法检测游离霉菌毒素的毒性，可能会低估其毒性。

在饲草收获前期、保存期间和饲养期间，预防霉菌生长和后续产生霉菌毒素是主要的解决方案。湿度低于 300 g/kg 的干草中霉菌毒素较少。青贮饲料的霉菌毒素污染是不可避免的。然而，污染率是农场管理的一面"镜子"。在农场条件下，与化学或物理处理相比，通过微生物学结合和/或生物降解法减少真菌毒素的有效性和可行性更强。尽管瘤胃是抵御霉菌毒素的天然屏障，饲料（包括草料）中含有较低水平霉菌毒素，可以一定程度上预防反刍动物霉菌毒素中毒导致的免疫力和生产性能下降。瘤胃液被认为是抵御二乙酰氧基香菇醇、赭曲霉毒素 A、T-2 毒素和玉米赤霉烯酮的第一道防御系统，而对黄曲霉毒素 B_1、伏马菌素和棒曲霉素无效。

黄曲霉毒素与肝细胞癌密切相关。饲料中存在的黄曲霉毒素 B_1 及其致癌代谢物黄曲霉毒素 M_1 一旦转移到牛奶中，尽管残留率仅占摄入黄曲霉毒素 B_1 的百分之几，但其对人体健康会造成巨大安全风险。然而，牛乳中的黄曲霉毒素 M_1 随着产奶量呈指数增加的原因需要进一步研究。黄曲霉毒素 M_1 对巴氏杀菌、灭菌或其他牛奶加工过程具有较强的耐热性。黄曲霉毒素 M_1 也会大量聚积在奶酪中，而酸奶中黄曲霉毒素 M_1 的含量较低。山羊和母绵羊乳中黄曲霉毒素 M_1 含量低于牛乳。发展中国家牛乳中黄曲霉毒素 M_1 的发生率和浓度普遍高于发达国家。

综上所述，饲料中其他霉菌毒素转移到牛乳中的情况非常有限，因此对人类健康构成较低风险。

6.6 生物碱

生物碱存在于植物中，使得植物呈现苦味并表现出急性毒性。这些植物通常适口性较差，在放牧反刍动物时会尽量避免采食含有生物碱的植物。如果没有可替换的饲草，或者有毒的植物污染了饲槽中的新鲜牧草、干草，或者青贮饲料，反刍动物就会误食含有生物碱的植物。

吡咯里西啶生物碱（PA）是剧毒的致癌物和具有遗传毒性的植物化学物质。约有 6 000 多种植物含有 PA，其中目前已鉴定出 600 多种 PA 和 PA-N-氧化物。牛和人类对含有 PA 的植物中毒非常敏感，而绵羊，尤其是山羊则不敏感，除非摄入了极高含量的含有 PA 的植物。被千里光属植物污染的干草和青贮饲料，特别是新疆千里光属植物（同义词 *Jacobaea vulgaris*；艾菊艾草）、欧洲千里光属植物（普通千里光属植物）和澡生千里光属植物（沼泽千里光属植物）是牛食物中毒的主要原因。新疆千里光属植物主要成分包括夹可宾千里光碱（jacobine）、夹可宁千里光碱（jaconine）、菜叶千里光碱（erucifoline）、千里光宁碱（senecionine）、千里光菲灵碱（seneciphylline），以及其相应的 N-氧化物组成。

干草中 PA 的含量相对恒定。通常，在青贮过程中 PA 会发生降解。然而，相对于饲草中被 PA 植物污染的概率，PA 植物降解的概率较低。如果干草和青贮饲料中有 2%～3%（w/w）被含有生物碱的植物污染，则不能饲喂给动物。

关于 PA 是否会从饲料转移到牛乳中的问题非常重要，特别是新生儿和胎儿，以及儿童对 PA 的敏感性远高于成人。总体来看，牛乳和山羊乳中 PA 的残留相对较低。绵羊似乎对 PA 的毒性抵抗力较强，因此推测母绵羊乳中 PA 的含量可能会相对较高。

除了吡咯里西啶生物碱，从饲料转移到奶牛、山羊和母绵羊乳中的可能性，以及其对人类健康的影响微乎其微。

6.7 蕨类植物中的吡喹酮

蕨类植物（Pteridium aquilinum）含有多种化学性质不同的有害成分。整株植物都是有毒的，尤其是草食动物偏爱的嫩枝和嫩叶，富含有毒颗粒。此有毒颗粒的有效成分可能是对人类致癌的吡喹酮（2B 组）。

通常，蕨类植物中的吡喹酮含量在从每千克 1/10 克到几克。据报道，奶牛从蕨类植物中摄入的吡喹酮（约 8.6%±1.2%）以剂量依赖的方式转移到牛乳中。这比黄曲霉毒素 M_1 或 PA 从饲料转移到牛乳中的比例要高得多。因此，有些农村的人们直接食用牛乳，而这些牛乳又来源于饲喂蕨类植物的奶牛所生产，导致人们食用被吡喹酮污染牛乳的可能性增加。巴氏杀菌可以降低乳中 50% 的吡喹酮，高温杀菌可以降低乳中 75% 的吡喹酮。

总体而言，在有蕨类植物的草地上放牧反刍动物，可增加乳中致癌性吡喹酮的含量，进而增加人类接触此种奶制品的风险。

6.8 从青贮饲料传递到牛乳的有害细菌

青贮饲料中存在的有害细菌可分为两类：①形成内生孢子的梭状芽孢杆菌（Clostridium）和芽孢杆菌（Bacillus）；②人畜共患病病原菌单核细胞增生李斯特菌（Listeria monocytogenes）和大肠杆菌（Escherichia coli）。

在青贮饲料中摄入的细菌孢子不受肠道的影响，会随着粪便排出体外，随后通过粪便污染乳腺转移到牛乳中。奶酪牛奶中存在厌氧酪丁酸梭菌孢子，会导致半硬奶酪和硬奶酪出现迟吹的问题。这可能是由奶酪成熟过程中的丁酸发酵引起的。丁酸发酵导致过多的气体形成，造成质地缺陷和腐臭异味的形成。但是厌氧酪丁酸梭菌对人和动物是无害的。

巴氏杀菌乳和奶制品主要是在冷藏温度下储存，而需氧孢子形成的蜡样芽孢杆菌是其主要腐败微生物。为了使巴氏杀菌乳的保质期至少为7天，农场储奶罐中的牛乳最大孢子数不得超过10^3个/L。尽管发现青贮饲料是原料乳中蜡状芽孢杆菌孢子的重要来源，放牧期间奶牛的乳头被土壤污染，以及未充分清洁的挤奶设备，也是奶牛场控制牛乳细菌数量的关键因素。

兼性厌氧细菌单核细胞增生李斯特氏菌是导致李斯特菌病的食源性病原体。几十年来，青贮饲料一直被认为是单核细胞增生李斯特菌污染的重灾区。青贮饲料制作时的需氧腐败过程会导致李斯特菌的出现，特别是在霉菌区域。低酸度的劣质青贮饲料是原料乳中出现单核细胞增生李斯特菌的主要原因之一。幸运的是，单核细胞增生李斯特菌对热处理非常敏感，可以通过巴氏杀菌有效地灭活此细菌。然而，由未经巴氏消毒的牛乳制成的软奶酪和半软奶酪中，可能会出现单核细胞增生李斯特菌的污染风险。

牛被认为是大肠杆菌的主要宿主，它们会从粪便中排出病原体。最近，大肠杆菌O157:H7菌株的研究较为热门，这个菌株是产生志贺毒素的食源性病原体。巴氏杀菌法是奶制品行业常用的杀菌手段，而巴氏杀菌法可以有效地杀死牛乳中包括O157:H7在内的大肠杆菌菌株。

6.9 影响奶及奶制品风味的挥发性成分

不同的饲料组成可以有效地改变牛乳的感官质量，包括罐装的混合奶和奶制品，尤其是奶酪。一般来说，奶牛采食以干草和青贮饲料为基础的日粮，或者春季放牧采食生产的牛乳，制作成奶酪后感官质量有较大差异。

不同牧草品种含有化学结构各异的挥发性物质。挥发性有机化合物（VOC）或挥发性成分可以分为组成型和诱导型。在收获期间。诱导型挥发性成分在植物叶子受到机械损伤后散发出来。在饲喂—反刍动物—奶—奶制品整个生态链中，根据化学结构的差异，主要的VOC可以被分为：烃类、萜类、醇类、醛类、酮类、酸类、酯类、硫化合物、杂环化合物等几类。其中，一些化合物来自植物，一些化合物来自青贮发酵制作中的萎蔫、干燥过程。通常，从草料转移到奶酪的 VOC 种类在 50~100 种，有时甚至会更高。

目前，已在许多植物物种中检测到数十种芳香萜烯，尤其是在芳香双子叶植物中。因此，草本植物中的萜烯含量受植物成分、成熟阶段和种植位置的影响。伞形科，一些菊科和唇形科植物中萜烯含量较高且种类繁多，而禾本科植物的含量较低，禾本科植物中只含有最常见的化合物，如 α-松烯和 β-松烯，以及 β-石竹烯。一般来说，新鲜牧草中总挥发物的浓度范围在每千克鲜物质几十到几百毫克。因此，如果给泌乳奶牛饲喂富含双子叶植物的天然牧草，尤其是山地牧场，牛乳和奶酪中的萜烯含量会高于单一特定饲草或精料基础饲料。

关于干草中 VOC 的组成研究较少。然而，优质干草的气味是众所周知的清香。青贮制作过程较大程度地改变了挥发物的组成。新鲜牧草中有数十种化合物是原本不存在的，主要是由各种细菌作用产生，比如有机酸、醇及其相互作用的酯类。

奶牛从日粮中摄入的挥发性成分（如非极性萜烯）容易转移到乳脂中。然而，泌乳动物通过日粮摄入的大部分挥发性成分具体流向还并不清楚。总体来说，泌乳反刍动物可以将低分子醇代谢为甲烷或相应的挥发性酸。而乙醇是否可以从饲料转移到牛乳中目前并没有研究结果。

通常生牛乳中总挥发性成分的浓度仅为每千克数十至数百微克。奶牛、山羊和绵羊乳中研究最多的是萜烯类。研究表明，牛乳或奶酪中萜烯的表达谱可用于验证放牧奶牛和绵羊奶酪的来源。

通常与牛乳的纯牛乳味相比，山羊乳的味道被认为更浓郁、具有蜡质和动物样的味道。特别是山羊乳中的游离脂肪酸 C6~C10、支链脂肪酸、甲酚和吲哚，会很大程度上影响山羊乳的风味。

成熟奶酪中的挥发性成分来源丰富。一些来源于饲料，一些是在瘤胃中产生，比如瘤胃微生物降解可以产生许多以不饱和脂肪酸为主的挥发性化合物。在利用生乳制作奶酪过程中，尤其是在成熟阶段，微生物发酵和化学过程也会产生许多含有特殊风味的化合物。